식민지의 소란,
대중의 반란

식민지의 소란, 대중의 반란

기유정 지음

여섯 개의

테 마 로 본

대 중 정 치 의

동 학

산처럼

식민지의 소란, 대중의 반란
차례

들어가며

> 진정한 정치 이론이란 모두 인간을 '악한 것'으로 전제하는,
> 즉 결코 문제가 없는 것이 아니라 '위험하고' 역동적인 존재로
> 간주한다는 기묘하고도 많은 사람들을 확실히 불안하게 하는 확인이다.
> 이러한 것은 어느 정치 사상가에게서나 쉽게 찾아볼 수 있다.
> … 마키아벨리, 홉스, 보쉬에, 피히테, 드 메스트르, 도노소 코르테스의
> 이름을 열거하는 것으로 충분하다.
> ― 카를 슈미트, 『정치적인 것의 개념』, 2012.

대학원에서 박사 논문을 준비하며 주제를 못 찾아 한참 방황할 때였다. 그 시절 가장 중요한 일과는 대학 도서관에서 종일 신문 자료를 보는 것이었다. 1910년대부터 1930년대까지 여러 종류의 신문 기사들을 매일 읽으며 시대를 이해하는 감을 키우려고 애쓰는 도중 내 시선을 강하게 끌어당기던 것이 있었다. 그건 딱히 공식적인 이름을 붙이기도 힘든 이른바 조선인 군중 소요들, 즉 식민지 대중의 소란들이었다. 그런데 그냥 소란이 아니었다. 돌팔매질로 파출소 유리창을 깨거나 여럿이 모여 사람 하나를 두들겨 패는 … 그야말로 폭력이 난무한 소란들이었다. 적게는 수십 명, 많을 때는 수백 명에서 수천 명

이 모이는 경우도 허다했다. 그 현장! 대중이 일으키던 그 소란스러운 역사 속 현장들이 오래된 신문 속에서 튀어나올 듯한 힘을 내뿜으며 나를 끌어당겼던 기억이 아직도 생생하다.

그러나 이를 박사 논문 주제로 정할 수는 없었다. 연구 대상으로 한정하기 쉽지 않았고, 서사의 일관성도 없으며, 제각기 흩어져 있는 이 다양한 소란들을 하나로 묶어서 이야기할 지성은 물론이거니와 배포도 그때는 없었다. 그러나 그 후에도 오랫동안 그때 그 도서관 자료실에서 내 기억에 담아둔 식민지 대중이 분출하던 세상 무서울 것 없는 거칠고도 야만적인 열기를 연구하고 싶다는 생각은 계속되었다. 문제는 이들을 소위 민중사관이나 민족사관으로 불리는 식민 시대를 바라보는 익숙한 문제 틀로는 접근하기 어렵다는 점이었다. 민중사관과 민족사관이 잘못되었다는 것이 아니다. 그 같은 역사 방법론으로는 최소한 내가 읽었던 신문 기사 속 다수자, 그들의 행동을 전부 설명하기 어렵기 때문이다.[1]

우선 그들은 너무나 폭력적이었다. 사건 현장에서 즉각 다수가 된 이들이 스스로 어떤 것을 '죄'라고 판단하고 그 죄지은 대상을 응징하던 행위! 그 응징에 백정도 되놈도 왜놈도 순사도 가리지 않던 폭력은 기존의 수탈당하고 탄압받던 식민지 민중론의 전형성을 깨부수고 있었다. 그 폭력은 수동적이기보다는 적극적이고, 대항적이기보다는 선제적이었다. 그런 의미에서 식민지 대중은 권력의 억압받는 피수탈자나 정치의 선한 예지자 같은 —당대 그리고 현대— 지성계의 익숙한 시선에서 이탈하고 있었다. 물론 그들의 소란에는 실제로 우리가 식민지 대중에게 기대하는 어떤 전형성이 그대로 있기도 했다. 길거리에서 순사에게 맞아 죽어가는 조선인을 그냥 지나치지 않고 돌을 던져 탈취해올 때, 그때 대중이 보여주던 폭력은 식민 권력에 대한 민족적 저항으로서 '반란'이었다.

그러나 이 책에서 우리가 앞으로 보게 될 대중 폭력의 또 다른 중요한 한 축은 이른바 우리가 사회적 약자라고 부르는 이들 혹은 같은 조선인들 사이에서 벌어지던 폭력이었다. 농민과 도시 하층 노동자들이 백정이나 중국인을 폭행하느라 식민지 법질서를 교란시키던 행위가 그것이었다. 이런 종류의 대중 반란은, 한편으로는 앞서 말한 식민 경찰에게 돌을 던지던 '반란'과는 전혀 다른 것처럼 보인다. 전자는 사회적 강자에 대한 항거이며 후자는 사회적 약자를 향한 폭력적인 세의 과시로 보이기 때문이다. 이렇게 두 행위를 질적으로 다른 것으로 보게 될 경우, 자칫 우리는 선한 대중과 악한 대중, 저항하는 대중과 반동적 대중이 따로 있는 것으로 접근할 수 있다. 그러나 우리는 앞으로 식민 경찰을 향한 돌팔매질과 중국인 상점을 부수던 대중의 폭력이 서로 동일한 형식논리를 가지고 있었음을 확인하게 될 것이다. 식민지 대중 안에 영웅이자 범죄자이며, 정치적 혁명가이자 반동자로서의 이중성이 존재하고 있었던 것이다. 그런 의미에서 식민지 대중의 폭력을 일관된 하나의 가치 평가 논리로 규정하는 것은 어렵다. 식민 대중의 폭력에 내재된 역설과 모순을 설명하지 않은 채, 대중과 그 정치를 설명하는 것은 불가능함을 이야기하고자 하는 것이 이 책의 주요 문제의식 중 하나다.

따라서 여기서 말하는 대중의 반란이란 대중의 기성 권력에 대한 반란을 뜻하는 것이자 우리의 인식론적 작업에 내재된 익숙한 논리적 일관성에서 대중이 일탈, 즉 반란을 시도하고 있었음을 표현한 것이기도 하다.

물론 혹자는 이 책이 보여주는 다양한 대중의 집합적 행동과 그것이 만든 사건들은 모두 제각기 다른 사연과 동기를 가지고 있으며 그래서 그 안의 대중 역시 모두 다르게 봐야 하지 않느냐고 반문할 수 있을 것이다. 이 각기 다른 대중 행위를 함께 묶어 '대중 폭력'은 저항인가 반동인가라고 묻는 것 자체가 잘못이며 지나치게 거칠고 모호하다고 말이다. 어떤 사건 속 대중은 민족 의식적이고, 다른 사건 속 대중은 그렇지 않을 수 있기에 이들 모두를 각기 개별적으로 평가해야 한다고 말할 수 있다.

그러나 이는 우리가 역사 속 사건을 접근할 때, 행위자들의 '행태'가 가진 형식적 논리보다는 그 행위가 목적했던 '내용' 혹은 당시 그 사건에 대한 '의의'에 주목할 때 나오는 문제 제기에 가깝다. 반형평사反衡平社 소요와 조선인 배화排華 폭동을 전혀 관련이 없는 다른 사건으로 접근할 때 중요하게 보는 것은 이 사건들을 둘러싼 각기 다른 시대적 배경의 '내용'이다. 그리고 이 과정에서 백정에 대한 양민의 전통적인 혐오나 재만 동포를 둘러싸고 역내 조선인이 중국인에게 보이는 혐오는 행위 주체도 대상도 전혀 다른 사건이 된다.

물론 사건을 논하면서 사건의 내용이 배제될 수는 없다. 그러나 그보다 이 책이 호기심을 갖고 보는 문제는 이 같은 내용적 차이에도 불구하고, 대중이라는 다수자가 전혀 달라 보이는 사건들을 관통해서 표현하던 공통의 형식논리다. 사전에 모의하지 않았음에도 우연히 마주친 특정 사건에 붙들려 어느 순간 수십 명이나 수백 명의 '무리'로 변신하던 행위![2] 그 변신의 과정에 언제나 이쪽 아니면 저쪽이라는 단순하고도 명쾌한 이항의 배치가 각기 다른 이해와 사연 속 개별자들을 하나의 무리로 뭉치게 만들고 있던 것! 혹은 그 같은 배치를 현실화시키는 데 양측 간에 오가던 유형무형의 폭력이 언제나 가장 중요했다는 것! 그리고 그때의 폭력은 도덕적인 옳고 그름을 넘어서고 있었다는 것 등 …. 이것이 이 책에서 대중 행위의 공통적인 형식논리로 우리가 주목해야 한다고 주장하고자 하는 주제들이다. 따라서 이 책에서 다루는 개념적 테마들 즉, '마주침'과 '모방', '적대'와 '열광', '애도'와 '폭력'은 개별 사건들의 '내용'과 '의미'를 넘어서 서로 다른 사건들 속에서 대중 행위가 공통적으로 내재하던 '형식'논리를 설명하기 위해 이 책이 끌어오고 있는 개념 틀이다.

이런 의미에서 이 책에서 필자가 말하는 '대중'은 그냥 수적인 '다수자'를 가리킨다. 다수자多數者이자 일자一者인 대중이 수數의 논리로 보여주던 그 행위의 독특함을 보고자 하는 것이다. 따라서 대중에 대해 부여하는 의미들, 예를 들면 권력에 대한 선한 저항자로서의 '민중'이나 역사 발전을 거스르는 악한 반동자로서의 '폭도'로도 대중을 접근하지는 않는다. 이 두 용어는 다수자에 대한 일정한 —현재적 관점에 근거할 수밖에 없는— 가치 평가를 전제한 하나의 거울 속 다른 두 모습일 수 있다. 그러나 이 책은 다수자에 대한 이 같은 가치 평가의 문제보다는 다수자의 행위가 보여주던 논리의 공통성과 그것이 당대 사회에 던져주던 효과가 무엇이었는지를 묻는 것에 집중한다.

더불어 이 책은 단순히 극장이나, 시장, 공원, 운동장처럼 거대 공간에 함께 머무르며 무언가를 같이 향유하던 다수자는 연구 대상에서 제외했다. 이 책은 오히려 이 공간에서 무언가와 싸우는 과정에서 하나가 된 다수자를 연구 대상으로 한다. 우리가 보게 될 식민지 소란 속 대중들은 이쪽과 저쪽으로 나뉘어 서로가 서로를 공격하며 처절하게 싸우던 다수자다. '적'을 향해 돌을 집어 던지는 과정에서 만들어져 그 적이 사라진 순간 적과 함께 소멸하던 다수자인 것이다. 이 책은 이같이 상호 '적대적' 지형 위에 놓여 싸우는 대중을 전자의 대중(이 책은 이를 '문화적 대중'이라 부르고자 한다)과 구별해 '정치적 대중'이라 부르고자 한다. 특정 정책이나 법률의 입안을 두고 이해를 달리하다 마치 수요와 공급 곡선의 만남처럼 보이지 않는 어떤 힘에 의해 타협을 이루는 그런 종류의 대중을 이 책은 투쟁하는 대중이기보다는 갈등하는 대중에 가깝다고 본다. 이런 의미에서 갈등하는 대중은 정치적이기보다는 오히려 경제적이다. 따라서 이 책은 '정치적 대중'과 구별해 이 후자의 갈등하는 대중을 '경제적 대중'이라 부르고자 한다. 이들 문화적 혹은 경제적 대중과 비교해 이 책이 보는 싸우는 대중, 즉 '정치적 대중'은 예기치 못한 상황에서 '적'을 향해 돌을 집어 던지는 상황적인 판단 즉, 결단으로 순식간에 만들어졌다 또 그렇게 사라지는 대중이다.

그런 의미에서 이 책의 '정치' 개념은 데이비드 이스턴David Easton보다는 카를 슈미트Carl Schmitt를 통해 더 잘 설명될 수 있다. 정치를 상호 갈등하는 이해 집단 간의 조율이라고 보기보다는 적敵과 동지同志의 구분이자 그들 간의 실존을 건 투쟁 즉, 전쟁으로 보는 정치 관념에 기초하고 있기 때문이다. 그런 의미에서 슈미트의 정치 개념은 앞으로 우리가 보게 될 대중 행위 설명에 매우 적합하게 맞아떨어질 것이다. 이처럼 정치를 이항의 전쟁으로 설명하고 그것이 사회제도 권력의 밖이 아닌, 그 안에 이미 내재하는 힘이자 국가 구성의 근본 논리라고 보는 생각은 비단 슈미트만의 것이 아니다. 아주 멀리로는 스토아적 정치철학을 거부하고 능력virtus과 운fortuna의 마주침을 시험하는 전쟁 속에 정치가 내재한다고 말하던 니콜로 마키아벨리Niccolò Machiavelli부터, 전쟁 상태에서 국가가 탄생했다고 보았던 토머스 홉스Tomas Hobbes 그리고 "대립"을 사회 구성과 분기의 핵심 논리로 보았던 가브리엘 타르드Gabriel Tarde 등 모두 '정치'를 궁극적으로는 결국 둘로 나뉠 수밖에 없는 이항의 투쟁, 즉 전쟁으로 본다.[3] 특히, 전쟁 개념이 국가 간의 대외적 충돌에 한정되지 않는 정치권력의 근본 논리라고 주장하며 자유주의 정치철학에 종언을 선언했던 한스 모겐소Hans J. Morgenthau나 전쟁의 사회 내 흡수로 국가권력의 탄생을 설명하던 피에르 클라스트르Pierre Clarstres 그리고 대중을 "전쟁기계"로 칭하며 그것의 혁명성과 반동성(미시파시즘)의 힘puissance을 동시에 이야기하던 질 들뢰즈Gilles Deleuze의 철학 모두는 '정치'를 '전쟁'이라는 운동 속에서 설명한다. 이들은 모두 정치를 법 제도의 안과 밖을 넘나드는 '운동'이자 '실천'이며 '욕망'으로 접근할 뿐만 아니라, 이 정치에서 적대가 —도덕과는 상관없이— 핵심적인 역할을 한다고 말하고 있기 때문이다. 그런 이유에서 이 책의 문제의식은 대중의 일탈, 그들의 반란을 설명하기 위해 이들 철학에 많은 부분을 기대고 있다.

이 같은 접근은 이 책이 기존 역사학계에서 크게 주목하지 않았던 대중의 사건 사고들을 다루는 동시에 이를 철학적 문제의식에 기대어 새롭게 들여다보려는 정치 이론적 시도라는 것을 말해준다. 역사와 이론 또는 역사와 철학을 접합시키려는 시도는 사실 많은 위험 부담을 갖는다. 그래서 일반적으로 역사적 사실에 집중하고자 하는 연구자들은 —특정 인물의 사상이나 철학 담론 자체가 연구 대상이 아닌 한— 그 앞에 함부로 철학을 내세우지 않는다. 그 반대의 경우도 마찬가지다. 철학이나 사상을 전공하는 연구자들조차도 위에서 열거한 여러 철학자를 함께 묶어 생경한 사실들에 각기 다른 그들의 관념적 논의를 적용하는 것에 분명히 떠악해할 것이다. 이런 시도는 자칫연구자의 이른바 '뇌피셜'이나 말장난으로, 또는 정교하지 못한 개념의 난발로 충분히 비판받을 수 있다.

그렇지만 이 같은 여러 위험 부담에도 불구하고, 이러한 시도를 하게 된 가장 큰 이유 중 하나는 이 책에서 다루는 질문의 성격 때문이다. 철학적 문제의식 없이 사료만을 보거나, 그 반대로 역사적 지반없이 이론적 논의만을 하는 것으로 충분치 않은 질문이 이 책 안에있다. 대중, 그것도 한국 사회에서 대중은 무엇이고, 이들은 우리 정치에 어떤 의미를 갖는가? 과연 대중 행위에서 우리가 정치라고 이야기할 수 있는 것은 어디까지이며, 그 행위의 논리를 우리는 어떻게개념화할 수 있는가? 이를 철저히 한국적 상황과 역사 속에서 이야기할 때 필요한 것은 무엇인가? 이런 것들이 이 책의 근원적 질문이다. 그리고 이 책에서 보는 3·1운동 이후 식민 사회는 이 같은 질문을 풀기 위한 시작이자 대중의 힘과 그 위험성이 꿈틀대는 그 자체로살아 있는 소중한 역사적 지반이다.

중요한 것은 이 지반이 섣부른 이론적 덧씌우기로 과잉 담론화되지 않은 채, 자신을 기성과는 다른 방식으로 무리 없이 드러낼 수 있게 해야 하는 것이다. 이 책은 이 같은 문제의식 위에서 만들어진 작은 시도 중 하나다. 모쪼록 이 책의 이 같은 문제의식과 고민이 식민지 조선인의 소란스런 사건들을 통해 독자들에게 잘 전달될 수 있기를 기대해본다.

제1장

대중과 공포

개인은 내면 속에서 순응주의가 보장해주는 평온함의 감정에 의해서
유혹을 받을 뿐 아니라 그와 동류의 사람들이 그에 대해서 가할 수 있는
폭력에 대한 두려움에 의해서도 그러한 유혹에 끌리게 된다.
무리는 폭풍우나 광포한 바다처럼 그 규모만으로도
저항의 의지를 소멸시켜버린다.
— 조르주 르페브르, 『1789년의 대공포』, 2002.

1920년 10월 10일 오전 11시, 경성상업회의소는 조선 각 지역의
상업회의소와 부협의회府協議會(지금의 시市 자문위원회) 그리고 학교평
의회(지금의 학교조합) 등에서 의원을 역임하고 있던 일본인 유력 인
사 119명으로 몹시 북적였다. 이들은 1920년 10월 10일부터 12일까
지 경성상업회의소에서 3일간에 걸쳐 열린 이른바 "전선내지인간화
회全鮮內地人懇話會"에 참석하기 위해 모여든 것이었다. 당시 조선은행
총재였던 미노베 슌키치美濃部俊吉는 이 회의의 취지를 다음과 같이
설명했다.

"아시는 바와 같이 작년 이래 조선인의 사상이 매우 격변해왔습니다. 1

년이 지난 오늘까지도 이를 교정하는 것이 불가능할 뿐 아니라, 그저 지켜보는 것만으로는 오히려 더 악화되는 경향이 있습니다. 그 이유로는 여러 가지가 있어서 일일이 지적하기 어렵습니다만, … 우리 모두는 조선에 와서 사업을 하고 있는 사람으로서 하루도 이를 내버려둘 수 없는 문제인 것으로 단순히 관헌의 힘에만 이를 의뢰해서는 안 됩니다. … 이러한 취지로 각지 유력 실업계의 대표자들을 초청한 것으로, 각지의 사정을 상세히 하고 이에 대한 희망 사항을 어떻게 해결할 것인가에 대해 이러저러한 상담을 드리려고 생각한 것입니다."[1]

미노베에 따르면 "작년 이래" "조선인의 사상이 매우 격변"했고, 1년여가 지난 현재까지도 교정이 되지 않고 있었다. 여기서 미노베가 말하던 "작년"이란 바로 한반도 전역을 "만세" 신드롬으로 몰아갔던 3·1 운동, 즉 식민 세력이 "기미년 소요"라 부르던 사건이었다. 그로부터 1년여가 지나 지역 내 일본인 유력 인사 119명이 3일에 걸쳐 그 대책을 논의하려고 모인 것이었다. 그것도 당시 조선 경제계를 사실상 장악하고 있던 대표적 인사이자 상업회의소의 임원이던 이들이 조선 전역에서 몰려든 것이었다. 도대체 그사이 조선에서 무슨 일이 있었던 것일까?

"우리 쪽은 거의 비슷하겠지만, 현재 극도로 험악합니다. … 밤에도 피스톨을 갖고 있지 않으면 안심할 수 없는 사정입니다. … 읍내 쪽 중심에 학교가 있지만, 아이들이 통학하기에 매우 위험합니다. … 물론 경찰의 보호가 있긴 하지만 그래도 역 쪽은 역에서 부형父兄이 반드시 보내고 데

경성상업회의소. 1920월 7월 10일 소공동에 세워진 건물인데, 1929년 조선박람회 행사장으로 이용되기도 하고, 다양한 공연 활동에 활용되기도 했다. 1920년 10월 10일 열렸던 전선내지인간화회가 이 건물 2층 경성공화당에서 열렸다.

리러 가야 하고, 읍내 쪽에서는 읍내 쪽대로 그리해야 하는 상황입니다. … 이발소 경우만 보더라도 일본인 이발소에는 조선인이 한 명도 가지 않고, 우연히 모르고 일본인 이발소에 조선인이 들어가게 되면, (그 조선인이 말하길―인용자) '조선인이 와서 더러울지도 모르는데 조선인의 이발이 괜찮겠느냐'라며 맹렬하게 협박하는 것이어서 일본인 이발소는 운영이 불가능합니다. … 작년의 만세 소요 때에도 황주에서 84명가량의 범죄자가 있었는데, 이들이 무죄로 돌아왔습니다. 이들이 돌아온 날은 조선인한 무리가 역에 나와 장날도 아닌데 사람이 매우 많았습니다. … 이들은 감옥에 갔다 오면 훌륭한 국사國士가 되는 것 같은 분위기가 될뿐더러, 이전보다 훨씬 사회적인 힘이 생겨서 길을 걸을 때도 활개 치고 다니면서, 일본인을 보기라도 하면 어깨를 부딪쳐 소란을 만들려고 합니다. … "[2]

1905년 조선에 건너와 황해도 황주에서 과수원을 운영하던 호사카 슈이치穗坂秀一의 발언이었다. "3·1 소요" 이후 치안 불안과 조선인 민심의 변화를 열거한 이 발표에서 호사카가 주목하던 것은 "기미년 소요" 이후 조선인들이 예전과 달리 뭔가 기세등등해져서 자신들을 불안하게 만든다는 것이었다. 청주에서 면장을 하고 있던 안도 다다시安東正의 말도 이와 다르지 않았다. 그에 따르면 청주의 조선인은 원래는 매우 온건한 편인데도 내지인(일본인)에게 공공연히 찾아와 협박을 하거나, 관청의 조선인 서기를 향해 "당신이 매국노여서 외국 일본에 조선이 팔려간 것"이라고 공개적으로 "폭언"을 하는 상황까지 생기고 있다고 말했다. 이들의 주장에 따르면 이 같은 분위기는 조선 이남鮮南이보다 조선 이북鮮北이 더 강했다.

> "조선 이북의 경우는 실로 참상이 극에 달해서 소요가 진압되지 않을까 하여 처자를 내지內地(일본 본토—인용자)로 돌려보내는 자가 이어지고 있습니다. … 며칠 전에도 청천강 부근에서 헌병 오장伍長을 하던 사람이 농업을 하며 살고 있는 것을 이들 불령선인不逞鮮人이 잡아서 … 너는 뭐하는 자냐며 피스톨로 위협하는 일이 있었습니다. 실로 일본인으로서 어찌 면목이 있다 하겠습니까. … 목욕탕에 가서도 선인鮮人 부녀자가 순사 부인을 향해 '오늘은 목욕하러 들어오지만 2, 3일이 지나면 반드시 살해될 것이니 깨끗이 씻어 놓으라'고 말했습니다."[3]

군집에의 공포

재조 일본인이 느끼고 있던 이 같은 위협감, 공포심은 정확히 어디에서 비롯된 것이었을까? 3·1운동이 단순한 평화 시위가 아니라 관공서 등에 대한 방화와 재조 일본인 거주지에 대한 폭력을 동반한 무력 투쟁의 성격을 가지고 있었음은 이미 새로운 사실이 아니다.[4] 그러나 무력과 경제력에서 압도적 우위를 뒷배로 하던 조선의 일본인 상인들은 사실상 소요가 진압된 지 1년이 지난 시점에서도 이 같은 치안의 불안을 호소하고 있었다. 더구나 이들은 치안 자체를 넘어 무언가에 상당히 위협감을 느끼고 위축된 모습이었다. 다음의 요시다 미노루吉田豊의 발언을 통해 이들을 심리적으로 위협하고 있던 실체가 무엇이었는지 구체적으로 확인해보자.

"… 매년 … 일선日鮮 합동 운동회가 있는데, 나 역시 운동회 위원 중한 명입니다만, 올해는 왠지 운동회에 국기를 내걸지 못했습니다. 이를하고 싶다 생각하면서도 어떤지 **소수 대 다수**(강조─인용자), 생각건대웬일인지 그들이 소요를 일으키지 않을까라고 생각해서 유감스럽게도 국기를 걸지 못한 채, 운동회를 열었던 것입니다. 그처럼 예년 운동회는 일선 합동이었지만 올해 운동회는 조선인 측만 하게 되어서 일본 학교 생도는 참가하지 못했습니다."[5]

조선인들과의 관계에서 어쩐지 "소수 대 다수"라고 느끼게 된다는 요시다의 이 발언은 의미심장했다. 조선상업회의소의 통계에 따르면, 1920년 현재 조선 내 일본인 수는 34만 7,850명이었다. 같은 시기 전체 조선인 인구가 1,691만 6,078명이었음을 감안했을 때, 일본인은 조선인 전체 인구의 2퍼센트에 불과했다.[6] 구한 말부터 이주 정착해 조선 내에서 이미 상당한 정치 경제적 우위에 있던 이들이 사실은 수적으로 말도 되지 않은 "소수자"라고 스스로를 인식하게 된 데에는 분명히 기미년의 전국적 3·1운동의 여파가 막대한 영향을 끼쳤다. 기미년의 3·1운동 과정에서 단순한 수적 다수자에 불과한 조선인들이 군집하는 현상, 그 같은 군집이 소수의 권력자들에게 어떤 위협이 되는지를 경험했기 때문이다. 당시 소요를 진압하던 조선헌병대 사령부의 다음 보고서를 보면 소요 당시 조선인들이 실제로 "군집"의 힘, 다수자의 힘에 대해 자각하고 있었음을 알 수 있다.

일본인에 대해 '이 원수를 언제 갚을 것이냐' 또는 '너희들은 다년간 조선인을 멸시해왔으나, 조선인은 이제 병합 당시의 조선인이 아니다. 너희들이 후회할 날은 목전에 닥쳐오고 있다', 혹은 '너희들 왜놈은 지금 조선에 몇만 명이 있느냐. 우리 동포는 수천만 명이 있다. 너희와 승부를 결하자'는 등 불온 과격한 언동을 했다고 합니다.[7]

따라서 우리는 3·1운동을 통해 재조 일본인 사회가 군집의 공포를 경험했을 것이라고 생각할 수 있다. 자신에게 적의를 가진 이들이 어느 순간 떼로 몰려와 에워쌀 때 그들이 가지던 정치, 사회적인 추상적인 힘은 그 자리에서 의미 없어지고 오직 '다수 앞의 소수'라는 수적 차이만이 실질적인 힘을 발휘하게 되는 상황을 경험하게 된 것이었다. 그것이 바로 이들이 말하던 "조선인 사상의 격변"이었다. 마쓰바라 하야조松原早藏는 실제로 이를 "군집성"이라고 표현했다. 1890년부터 부산으로 건너와 1899년 마산으로 이주할 당시에 이미 대지주였던 마쓰바라는 1906년부터 마산 상업회의소 회장과 부협의원을 거쳐 1920년 이래 경상남도 평의원을 지내던 마산의 유력 인사였다.

"이들 조선인이라는 자는 일종의 군집성을 이루는 경향이 있어서 내지
인과 의견이 충돌하기라도 하면 곧바로 수백 명이 집단을 이루어 압박해
오는 경향이 근래 특히 현저해졌습니다. … 즉 언제 이들이 집단을 이루
어 박해를 가할지 예측하기 어려운 상황에서 인심이 갈수록 두려워지고
있는 상태입니다. 따라서 내지에서 조선으로 이주하려고 들어온 이들 중
자본계급들은 현재 상황을 보고 곧바로 들어오지 못하고 있습니다. 이는
실로 큰일이라고 생각합니다."[8]

이후에 보겠지만, 조선인들이 일시에 군집해 소란을 일으키는 현
상이 3·1운동 이후 생겨난 완전히 새로운 모습은 아니었다. 그렇지
만 조선인의 군집이 일본인 사회에 공포를 주는 상황에 3·1운동이
분기점이었던 것은 사실이다. 당시 『광주일보』 주필이던 고바야시
히데조鹿野秀三의 다음 증언은 이 소수자 대 다수자의 구도가 일상에
서 구성되는 방식 그리고 그것이 만들어낸 사회적 효과를 구체적으
로 보여주고 있었다.

"제가 살고 있는 전라남도 장흥군에 사이토 아무개齊藤某라는 사람이
있었습니다. 그 사람은 대략 60세가 넘은 사람으로 10년 넘게 그 토지에
거주해오다 우연히 방역 위원으로 선택되어 호열자 예방에 종사하고 있
었습니다. 이때 그는 어떤 한 조선인으로부터 소독약을 뿌려달라는 부탁
을 받고, 즉시 물뿌리개로 소독약을 끼얹었던 것이 불행히도 그 조선인

의 의류에 액체를 뿌리게 되었습니다. 그러자 그 조선인은 매우 화가 나서, 사이토 씨의 손에서 물뿌리개를 빼앗아 그를 구타하는 바람에 그곳에서는 일대 격투가 일어났습니다. 결국 쌍방이 부상을 입어 시비를 가리게 되었습니다. 그런데 그 결과가 어떠한고 하니, 언쟁 양쪽을 모두 처벌 喧嘩兩成敗하는 것이 마땅하다는 것이었습니다. 그런데 때렸던 조선인 쪽은 한 사람이 아니었습니다. 덩달아서 떠들어댔던 구경꾼인 다수의 조선인, 30명 아니 50명이 군집해서 이 육십 넘은 노인을 때렸던 것입니다. 사이토 씨는 이 때문에 3일 전에 그 토지를 처분하고 귀국했습니다. 10년 이상 세월을 들여서 경영하던 토지를 버리고 떠난 것입니다. … 이와 같이 당국 쪽이 시비선악의 구별을 충분히 하지 않고, 쌍방 언쟁 처벌이라는 양자 간의 문제라고 보는 것, 그 구경꾼으로 왔던 사람들을 간과하는 것 같은 일은 조선 통치상에 있어 어떠하다고 해야 할 것인가. 그 결과는 10년, 15년 전에 강렬한 신념으로 이 반도에 왔던 사람이 헛되이 위축되기에 이른 것은 아닌가라는 것입니다."[9]

고바야시가 주목하는 것은 당시 사건이 일본인 한 사람과 조선인 한 사람 간의 충돌로 처리된 것이 가진 부당함이었다. 문제의 당사자가 이들 두 사람이었다고 하더라도 이 과정에서 둘의 싸움을 보고자 모여들었던 조선인 구경꾼들이 합세하고 있었기 때문에 사건을 일대 일 쌍방 간의 문제로 볼 수 없다는 것이었다. 이 싸움을 구경하려고 몰려들어 폭행에 가담했던 무차별적 '다수'의 조선인들 대對 일본인 '한' 명이라는 수적 구도가 경찰 당국에게 무시되었다는 주장이다. 권력자였던 자신들이 사실은 조선인 땅에 온 이방인이자 다수의 조선인에게 포위된 소수자임을 경험하게 한 사건이었다.

이처럼 '수'라는 문제, 대중의 '군집'이 그들에게 특히 공포가 되었던 가장 큰 이유 중 하나는 '수의 밀집'이 그들의 일상 어느 곳에서든 일어날 수 있을 뿐만 아니라, 언제 어디서 일어날지 예측하거나 미리 통제하는 것이 어려웠기 때문이다. 그도 그럴 것이 군집했던 조선인들조차도 사전에 어떤 행동을 계획하고 목적 의식적으로 의도해서 몰려든 것이 아니었기 때문이다. 그 같은 조선인 대중의 자발성과 사건의 우발성은 몰려드는 조선인 대중의 크기와 행위가 얼마나 커지고 또는 과격해질지 혹은 그와 정반대로 어느 순간 아무 일 없었다는 듯 사라지게 될지 아무도 알 수 없음을 의미하기도 했다. 그러나 한 가지 확실한 것은 이 같은 조선인 사회의 군집 현상이 소수 권력자인 일본인들에게는 불안하고도 무서운 것이었다는 점이다.

이와 같이 기미년 이후 조선인에 대해 일본인이 느끼던 '수'에 대한 공포에 비추었을 때, 식민 당국의 대응은 조선인 사회의 이 같은 '변화'를 충분히 포착하지 못한 것으로 재조 일본인 사회에 받아들여졌다. 이런 식민 당국에게 그들은 무엇을 요구했을까? 또 총독부는 이 요구에 어떻게 응대했을까?

데모크라시

당시 전선내지인간화회에서 일본인 유지들은 공통적으로 크게 다음의 세 가지를 정부 당국에 요구했다. 첫째, 치안 유지를 위해 경찰력을 증대해줄 것, 둘째, 일본인 이민 정책을 확대해줄 것, 마지막으로 철도 부설 같은 경제 인프라 구축을 조속히 실행해줄 것. 그런데 이 세 가지는 각기 관련이 없어 보이는 듯해도 사실상 하나의 대척점을 두고 서로 연결되어 있었다. 그것은 바로 다수자로 몰려오는 조선인을 대적하기 위해 자신들도 다수자가 되어야 한다는 것이었다. 그런데 일본인이 본토로 돌아가지 않게 붙잡는 것에서부터 그 이주를 증대시키는 데 일단 가장 중요한 것은 치안 확보였다. 군대 주둔 수를 늘리거나 경비 확충을 위해 각지에 병력을 집결시켜야 한다는 주장은 여기서 비롯된 것이었다.[10] 철도 부설의 경우도 마찬가지였다. 철도는 인적 이동과 물류 수송 등 재조 일본인의 경제활동뿐만 아니라 이주민의 조선 정착에 반드시 필요한 것이었다.

"조선에 일본인이 300만 명, 500만 명 혹은 1천만 명 정도로 많을수록 좋습니다. 다수의 세력을 조선에 이식시켜 일본인이 조선을 실질적으로 실력적으로 영유하는 것이 가장 필요한 대책이라고 생각합니다. 앞서 누군가 말했듯이 10년간 근 5만 명이 뿌리내린 것에 불과한 것으로, 그 같은 미약한 세로서 어느 세월에 조선을 실질적으로 영유하고 일본인이 발전해갈 수 있을지 의문입니다."[11]

수원에서 온 유아사 이헤이湯淺伊平의 발언이었다. 이런 의견은 당시 전선내지인간화회에 참여했던 일본인들의 공통된 주장이기도 했다. 청주 면장 안도는 이를 「이민 정책의 철저를 기할 것」이라는 제목으로 '충청북도 청주 건의서'로 제출하기도 했다. "철도 부설" 문제는 이와 같은 식민 이주 정책의 한 일환으로 시급히 추진되어야 할 목표였다. 그렇다면 이 같은 일본인 유지들의 주장에 당시 전선내지 인간화회에 참석했던 총독부 당국자들은 어떤 견해를 가지고 있었을까? 이날 회의는 원래 경성상업회의소 2층 경성공회당에서 시작되었지만 오후 3시 50분부터는 조선총독부 회의실로 자리를 옮겨 진행되었다. 그리고 이 자리에 3·1운동의 책임으로 사퇴했던 하세가와 요시미치長谷川好道 총독을 대신해 1919년 8월에 새로 부임한 사이토 마고토齋藤實 총독이 참석해 다음과 같이 인사를 했다.

" … 일에는 순서가 있고, 이러저러한 수수 역시 필요한 것으로 성명으로 밝혔던 시정 방책에 따라 나아가더라도 급하지 않게 점차적으로 나아가야 한다고 생각합니다. 예를 들면 제군들이 많이 관계되어 있는 지방자치제도의 개정과 같은 것은 … 조선에서는 내선인內鮮人(본토에서 이주한 일본인과 조선 거주 조선인—인용자)이 함께 관련된 중요한 사안으로서 이것이 완전하게 수행되거나 수행되지 않는 것은 곧바로 조선 통치와 조선 내 행복에 큰 영향을 준다고 생각합니다. 그것은 말할 것도 없이, 제군들이 크게 노력을 하지 않으면 안 된다고 생각하고 있습니다"**12**

일본인 유지들의 성토에 사이토 총독은 부임 후 그가 내건 시정 방침을 다시 한 번 강조하며 오히려 지방 자치 단체에서 조선인과의 융화가 필요함을 역설했다. 3·1운동으로 폭발한 조선 민심을 수습해야 할 이때, 이주 일본인의 주장만을 일방적으로 받아들일 수 없음을 우회적으로 말하고 협조를 구한 것이다. 그리고 이어서 경무과장 마루야마 쓰루기치丸山鶴吉는 이 같은 총독부의 입장을 보다 구체적인 이유를 들어 설명하면서 일본인 유지들을 설득한다. "시대사조"가 변화했음을 받아들여야 한다는 것이었다.

그는 먼저 경무 당국 책임자로서 "진심으로 몹시 부끄러울 따름입니다"라는 말로 시작했다. 그리고 당시 지방에서 "배일背日적 분위기가 팽배해 있는 원인의 하나에 "작년의 에너지와 힘이 흡수했던 사상이 때마침 현재 전도全道에 퍼져" 있기 때문이라고 말하며 그 사상의 연원을 "데모크라시" 즉 민주주의 사상의 대두에서 찾고 있었다.[13]

"… 조선인이 예사롭지 않게 건방져지고, 혹은 반항적인 분위기가 되었다고 말하는 한 원인은 이미 아시다시피 유럽 전쟁 후에 상당히 사상이 변해 데모크라시 사상이라는 것이 보급되고 권리의 주장이라는 양상이 각국 각 민족에 전파된 것에 있습니다. 대전大戰 이후 하나의 커다란 결과가 있었다고 한다면, … 국제연맹이 나타났다는 것보다는 눈에 보이지 않는 세계인의 마음속에 개인적 자각, 민족적 자각이라고 하는 것이 가장 큰 결과였다고 생각합니다. 이 사상이 유독 조선인만 피해간다고 말할 수는 없는 것입니다."[14]

제1차 세계대전 이후 시대사상의 전환 여파가 3·1운동의 여진과 별개로 조선에도 영향을 끼치고 있다는 것이었다. 마루야마가 보기에 이것은 피할 수 없는 대세였다. 일본 본토의 상황도 크게 다르지 않았기 때문이다.

1905년 히비야(日比谷) 방화 사건 당시 히비야공원에서 있었던 대중 집회 모습. 러일전쟁 직후인 1905년 히비야공원에서 러시아에 전쟁 배상금을 요구하던 대중들이 내무대신 관저와 고쿠민신문사(國民新聞社), 파출소 등에 불을 질렀다. 1918년 쌀 폭동과 함께 이는 근대 일본에서 대중의 정치적 분출을 보여준 사건이었다.

"내지에 최근 돌아가서 보면 내지에서도 그 같은 깨달음이 생겨나고 있는 것으로 보입니다. 저 역시 최근에 동경을 떠났지만 동경 등에서 하층 노동계급이 으스대며 전차 같은 데서 양복 입은 사람을 '건방진 놈'이라든가, '자본가 계급이 뭐냐'라든가 하며 도처에서 운운하는 목소리가 들립니다. 경찰의 힘이 너무 약해진 것 같지만 경찰이 약해진 것이 아니고, 민중의 힘이 이전과 달리 강해진 것으로, 내지에서도 이것이 현저히 나타나고 있는 것입니다. 조선인만이 세계 사조에서 벗어날 수는 없는 것으로서, 암암리에 이 대사조大思潮가 조선에 들어왔다고 할 수 있습니다."[15]

마루야마는 이같이 세계 사조와 본토의 변화까지 고려했을 때, 조

선인들에게 "기존과 같이 시키면 시키는 대로 행하기를 바라는 것은
불가능"하다고 역설한다.

"'조선인이 버릇없어져 곤란하다', '예전에는 들이받아도 뭐라고 하지
않았는데, 최근에는 들이받는 것이 통하지 않고, 전차에서도 원래는 '요
보!('요보'는 일본인이 조선인을 부를 때 사용하던 멸칭이었다—인용자)'
라고 하면 일어서서 자리를 양보했는데 오늘은 양보하지 않는다. 어떤 사
람이 조선인은 이전에는 물건을 사러 와서 물어보고 바로 사 갔는데, 최
근에는 값을 깎으려 한다, 그와 같은 상황에서 매매를 해도 벌이가 되지
않아서 점차 내지로 돌아가지 않을 수 없다'라고 진지하게 말했다고 합니
다. … 유유낙낙唯唯諾諾 즉, 시키면 시키는 대로 하는 것 같은 분위기가
희박해진 것입니다. … (그런데—인용자) 내지에서도 현재 1년 사이에 노
동계급 혹은 하층계급의 권리 주장의 목소리가 매우 높아졌습니다. 이제
까지와 비교해보면 매우 큰 차이입니다."[16]

마루야마의 말대로 바야흐로 대중의 시대가 열리고 있었다. 하나
둘씩 모인 조선인이 어느 순간 수백 명이 되고, 수천 명이 되어 때로
는 순사와 일본인을 대척에 두고, 또 때로는 같은 조선인이나 중국인
을 상대로 일어난 "소요"들이 1920년대 이후 식민지 조선의 풍경을
바꾸고 있었다. 일본인 사회가 우려하고 있었듯이 기미년의 소요로
모든 게 '끝난' 것이 아니었다. 따라서 이들 다수자가 누구인지, 그들
은 왜 그리고 어떻게 행동하는지에 대한 설명이 필요했다. 그런 이유
에서였을까?

1920년대 초 조선인 지식인 사회는 자기 언설을 내세울 수 있는 조선인 잡지와 언론 등의 지면에 이 다수자의 행위에 어떤 의미를 부여할 건지 혹은 이들을 어떻게 부를 것인지를 둘러싸고 숱한 담론을 쏟아내고 있었다. 따라서 식민지 대중의 소란에 대한 본격적 분석에 앞서, 1920년대 초·중반, 이 책에서 대중이라고 부르는 다수자에 대해 당대 식자층이 이들의 의미와 존재 방식을 어떻게 해석하고 있었는지 살펴볼 필요가 있다. 이를 보는 것은 우리가 앞으로 보게 될 대중의 소란들과 그들이 보여주던 행위가 당대 지식인 사회의 대중 인식과 어떻게 '다른지'를 그들 조선인 식자층의 담론을 통해 간접적으로 보는 것이기도 하다. 이는 우리가 앞으로 보게 될 수많은 사건 사고 속 대중 행위가 그 같은 당대의 논의 틀에서 '일탈' 즉 '반란'을 일으키고 있었음을 미리 확인하는 작업이 될 것이다.

제2장

다수자를 보는 눈

··· 즉 군중이라는 개념은 분자적 개념이라는 것,
따라서 군중이라는 개념은 계급이라는 그램 분자적 절편성切片性으로
환원될 수 없는 절편화 작용의 유형을 통해 나아간다.
그렇지만 계급들은 군중들 속에서 재단되고, 이 군중을 결정화한다.
그리고 군중들은 끊임없이 계급들로부터 새어 나와 흘러간다.
— 질 들뢰즈·펠릭스 가타리,『천 개의 고원』, 2001.

계몽된 다수자

현대 사조의 가장 현저한 특색은 모든 방면의 민중화 색채라.[1]

모든 것이 민중화되어오는 오늘날에 선전이 유행됨은 실로 당연한 추세라 할 수밖에 없다. ··· 선전을 이용한다 함은 즉 대중의 위력을 인정한 까닭이다.[2]

위 글은 현대 사조의 가장 중요한 특징을 정치는 말할 것도 없고,

사회·경제·문화 등 제반 영역에서 "민중화"라고 설명하고 있다. "대중의 위력"을 모두가 인정한 결과라는 것이다. 그렇다면 이때 언론이 "민중" 혹은 "대중"이라고 일컬으며 주목하던 이들은 정확히 누구였을까?

다수의 많은 사람들! 그러나 그저 많은 이들의 운집 자체를 가리키는 것은 아니었다. 당시 언론에서 민중이나 대중이란 용어를 써가며 주목했던 다수자는 하나의 대척점을 사이에 두고 무언가를 요구하고 싸우는 다수자였다. 싸움의 주체로서 민중 혹은 대중, 더 나아가 민족이라는 기표에 사회적이고도 정치적인 '의미'를 부여하는 흐름이 나타나고 있었던 것이다. 그 주체를 두고 언론이 첫 번째로 주목하던 대척점은 '식민 정부'라 일컬어지던 조선총독부였다.

> 그러나 2천만 조선 민족이 한꺼번에 부르짖는 것은 "조선 통치를 철저하게 하라" 함이다. 살살 구슬려 맞추지만 말고 아주 끝에 끝까지 참말로 해달라 함이다. 바닷가 사람의 쥐 같은 약은 꾀는 내버리고 대로에 뛰노는 바보의 어리석은 꾀라도 빌려와서 참말을 좀 해주며 참된 통치를 해달라 함이다.[3]

이 논설에서 글쓴이가 총독에게 "참된 통치"를 요구할 수 있었던 근거는 바로 제1차 세계대전 이후 세계사의 변화였다. "민중 일반의 의사"를 존중하고 "정치의 민중화" 없이는 통치가 존립할 수 없는 데모크라시의 시대가 도래했다고 봤기 때문이다. "국가의 정치"란 무릇 인민의 생명과 행복 그리고 안녕을 위해서만 있을 수 있고,

그를 위해서만 의미를 갖는 것이었다.[4] 따라서 민중, 민족 그리고 대중이라는 용어 속 주체는 식민 정부 혹은 국가를 그 대척에 두고 자기 요구를 관철시키기 위해 싸우는 사회적 주체 즉, '민주적 주체'였다. 이처럼 '민주적 주체'로 대중과 민중, 민족을 언급하고 그 대척점에 조선총독부를 두는 접근은 한편에서 이 외래 점령자를 하나의 국가(혹은 정부)로 승인하는 효과를 발휘하고 있기도 했다.[5]

> 자유를 바라고 새 정치를 바라는 것이 어찌 그릇된다 할까. **총독 정부**(강조—인용자)는 이러한 때에 정치의 단상에 올라 매우 어려운 경우에 처했다 하겠으나 작년 만세 소요에 대한 무단적 진압책은 너무도 인도에 어긋남이 한두 가지가 아니었으나 조선 민중의 각 개인으로 품어온 불평은 이곳에 말할 바 아니거니와 조선 민중이 민족적으로 부르짖는 바 크고 크다. … 인민을 위하여 정치가 있고 인민을 위하여 국가가 성립된 것이거늘 인민의 생명을 가볍게 알고 인민의 행복과 안녕을 돌아보지 않는 정치라면 이는 인민이 감히 바라지 않는 바이며 …[6]

이 논설에서처럼 데모크라시즘의 주체로서 식민지 대중(민중/민족)을 접근하던 당시 언론의 문법 속에서 식민 권력은 외래에서 온 침략자나 이식 권력의 의미를 넘어서 통치를 하는 하나의 정부, "총독 정부"였다. 조선 민중과 정책적 피드백의 관계하에 있는 국가권력의 의미를 부여받고 있었던 것이다. 이처럼 총독 정부를 향한 사회적 요구의 관철 주체이자 그 정부를 견제하기 위한 '민주적 주체'로서 대중(민족/민족)이 있는 다른 한편에는 '계급적 주체'로서 다수자가 있었다. "노동민중" 혹은 "무산대중"이라는 기표는 다수자의 이 같은 계급성을 표현하고 있었다.

세계에 불안이 있다 하면 모두 불로계급不勞階級의 산물일 것이다. … 그러나 다수 불로 소득 계급 가운데에서 사회의 쇠퇴가 나날이 심하고 민중의 생활이 때때로 파멸을 당해 아사동사餓死凍死와 유리표박流離飄泊의 처참한 현상이 갈수록 심한 것을 보고도 오히려 동정의 염念과 구제의 책策이 없이 불합리한 자기의 재산만을 옹호하며 비사회적 자가소호自家所好의 사욕에 만족하는 자들이 있다 하면 무엇보다 우리는 이것을 저주해야 할 것이다.[7]

한편에 사회의 불안과 처참한 현실을 만들어내는 "불로계급"이 있고, 그 대척에 "민중"이 있었다. 민중은 이 불로계급의 자기 재산 옹호와 비사회적 행동으로 인해 아사동사하고 유리표박하는 이들이었다.[8] "대중" 역시 무산계급의 다른 표현이었다.[9]

오늘까지 … 굴욕적 강제 복종을 감내해오던 순량한 농민의 무리가 하루아침에 지주와 자본주에게 일대 반역을 실시하여 종래 상실했던 일절의 권리를 회수하려는 노력과 분투의 과정 현상인 것이 분명하다. 아! 시대는 변했다. 세계적으로 내리꽂히는 사조는 그 도도한 형세로 모든 것을 깨치고 삼킨다. 조선 농민 대중아! 너의 살길은 장차 어느 곳으로?[10]

이처럼 대중 앞에 빈번하게 등장하고 있던 "무산"이라는 용어는 대중이 민주적이거나 민족적인 주체임을 넘어서 계급적 주체임을 각인시키기 위한 수식어였다. 그러나 이 같은 대중의 계급성은 그 자체로 주어지는 것이 아니었다. 무산대중과 민중이 '계급적 주체'가 되기 위해서는 그들 삶의 질곡이 어디에서 비롯한 것인지 그 원인을 아는 '깨달음' 즉 '각성'을 수반해야 했다.[11] 그 같은 각성 위에서 그들 내부가 조직적으로 결속되지 않으면 민중과 대중의 정치적 의의는 실현될 수 없었다.[12]

비상한 때에 임한 무산 대중아! 더욱 침착하고 견실하여라! 그리하여 내부의 결속을 더욱 굳게 하고 너의 오늘의 경우를 굳게 깨달아라.[13]

1917년 대륙에서 일어난 "붉은 사조"를 통해 "선명한 계급의식"으로 자신들의 잃어버린 권력을 주창하는 각성이 없다면, 그들 본연의 정치적 힘은 획득될 수 없었다.[14] 이처럼 다수자에게 의식의 '각성'과 질서 있는 '결집'을 요구하는 논리는 이들을 '민족'이라고 호명할 때도 크게 다르지 않았다. 조선 '민족'이 피식민 상태에서 벗어나기 위해서는 무엇보다 전통의 민족성이 가지고 있던 미각성의 상태에서 벗어나야 했기 때문이다. "감수성"이나 "의지박약", "의뢰성"이나 "낙천성" 등이 바로 그같이 벗어나야 할 민족성의 한 예였다.[15] 이광수가 "민족개조론"으로 외치던 것도 이와 다르지 않았다.

이 시대사조는 우리 땅에도 들어와 각 방면으로 개조의 부르짖음이 들립니다. 그러나 오늘날 조선 사람으로서 시급히 해야 할 개조는 실로 조선 민족의 개조외다. … 더욱이 재작년 3월 1일 이래로 우리 정신의 변화는 무섭게 급격하게 되었습니다. 그리고 이러한 변화는 금후에도 한량없이 계속될 것이외다. 그러나 이것은 자연의 변화외다. 또는 우연의 변화외다. 마치 자연계에서 끊임없이 행하는 물리학적 변화나 화학적 변화와 같이 자연이 우리 눈으로 보기에는 우연히 행하는 변화외다. 또는 무지몽매한 야만 인종이 자각 없이 추이해가는 변화와 같은 변화외다.[16]

이 주장에 따르면 기미년 이후 조선 민심의 변화는 문명된 "민족"으로의 탄생을 의미하는 "민족의 개조"를 의미하지 않았다. 기미년의 만세 소요 속 대중은 "자연의 변화"이자 "우연의 변화"를 보여준 것에 불과했기 때문이다. 근본적인 목적과 계획에 입각한 조직적이고 통일적인 목적의식이 수반되어 있지 않은 대중은 "민족"으로서 자격을 갖추기에 불충분했다. 따라서 자기 행위의 목적과 계획, 조직과 통일을 수반한 의식의 변화로서 개조가 요구되고 있었다.[17] 이처럼 민주주의와 사회주의 그리고 민족주의라는 제1차 세계대전 이후 세계 사조이자 3·1운동 이후 식민지 조선의 사조이기도 했던 이념들 위에서 다수자는 이 사상들을 실현할 정치 주체로 호명된다. 그렇다면 이처럼 각기 다른 이념적 지향의 사상들이 '개인'이 아니라 '다수자'를 주체로 호명하면서 공통으로 전제하고 있던 철학적 관념은 무엇이었을까?

민주, 사회, 민족주의는 한편에서 사회 내 행위자들이 자신들의 일상적 욕망이나 그에 따라 경험하고 있던 관계가 주는 효과 너머의 눈에 보이지 않는 사회적 실체에 대한 인지를 요구하고 있었다. 그 실체는 국가의 본질일 수도, 자본의 구조나 민족의 역사일 수도 있었다. 시공간적인 특수성을 떠나 변하지 않는 보편적 가치와 의미를 지닌 어떤 것이 일상의 욕망과 관계를 결정하는 실체라는 것을 확인할 때, 의미 있는 '다수자', 쉽게 흩어져 사라지지 않는 '결속된' 다수자가 가능하다는 철학적 관점이 이 사상들 속 다수자론을 관통하고 있었다.

여기에 더해 이 이념들이 공통으로 전제하는 한 가지가 있었다. 민주주의든 사회주의든 그리고 민족주의든 그들이 생각하는 정치의 주체는 바로 다수자였다. 그 말인즉슨, '개인'은 정치 주체로 부정되고 있었다는 것이다. 그럼 그냥 개인이었을까? 아니면 '어떤 종류'의 개인이었을까? 욕망하는 개인, 이기적인 개인, 비정치적인 개인, 혹은 자기만의 공간에 틀어박힌 개인이 문제였다. 고전적인 의미에서의 개인과 그 개인의 가치를 중시하는 개인주의가 1920년대 조선 사회에서 부정되면서 '이기적 개인'으로 하여금 '공동체'와 공동체로 전환된 개인을 요구하고 있었던 것이다. 다음에서는 앞서 우리가 본 식민 사회의 계몽주의적 다수자론이 '욕망하는 개인'을 어떻게 부정해 갔는지 구체적으로 살펴보자.

개인의 부정

신문, 잡지 등을 통해 인권을 옹호해야 한다는 소리를 우리는 귀에 멍이 박히도록 들었다. 그러나 우리의 인권은 아무 데서도 보장되지 못하다. … 인간 생활이 과연 이래서 될 말인가? 개인 생활의 자유는 어디까지나 보장되어야 하고, 개성의 존귀성은 철저히 확보되어야 한다. 그것을 위한 민주주의요, 그것을 위해 우리는 공산주의를 배격하고, 그것이 있으므로 해서 우리는 공산주의에 승리할 자신을 가지게 되는 것이 아닌가. 사생활의 존엄성이 무시될 때, 그 사회는 암흑이나 다름없는 것이다. 국가의 좋은 시책도 궁극적으로 보면 개성에 의한 사생활의 존엄성을 창달시키기 위한 방변에 불과한 것이 아니고 무엇인가.[18]

1958년 1월 1일 『동아일보』에 「사생활의 존엄성을」이라는 제목으로 실린 정비석의 논설이다. 이승만 정권 말엽에 쓰인 이 글은 당시 무분별하게 자행되던 구속 영장 시행부터 언론 자유의 침해, 자동차가 길거리에서 보행자를 함부로 치는 현실까지를 모두 망라해 그것이 한국 사회의 "인권" 침해 현실을 보여준다고 비판한다. 그런데 이때 정비석이 말하던 "인권"은 민중이나 대중 혹은 민족의 자유가 아니었다. "개인 생활의 자유", "개성의 존귀성"으로서 인권이었다. 그리고 이 같은 개인으로서 인간, 그 인간의 권리를 존중하는 데 가장 기초가 되는 것은 "사생활의 존엄성"을 보장하는 것이었다. 그것이 "민주주의"의 정당한 의미였다.

정비석이 말하던 "사생활의 존중", 우리가 이른바 프라이버시의 보호라고 부르는 사생활의 보호라는 종류의 권리 관념은 18세기 이래 고전 자유주의의 핵심 가치 중 하나였다.[19] 개인의 "자유"는 세속적 욕망과 그에 따른 노력의 결과에 대한 법적 보장을 요구하는 것('소유권적 자유')이기도 했지만, 동시에 사회나 국가 같은 "전체"가

"공공"의 이름으로 개인의 공간에 개입하는 것을 거부할 자유를 의미하기도 했다. 은밀할 자유. 공공적이지 않을 자유. 정치에 무관심할 자유. 이 사생활의 자유가 소유권적 자유만큼이나 중요하다는 것을 정비석은 '인권'의 이름으로 주장했다.[20] 그러나 정비석의 이 같은 자유주의적 인권론은 최소한 우리가 현재 보고 있는 1920년대의 식민 사회, 더 나아가서 1945년 해방 이전까지 식민지 조선인 사회에서 각광받던 이념은 아니었다. "총독 정부"의 폭압 때문이 아니라, '조선인 사회' 스스로가 그들 자신에게 요청하던 주류적 논리가 아니었기 때문이다.

공생활과 사생활에 대하여 준구할 도덕률이 두 가지가 있다 하는 것은 한심한 일이다. 공인으로서 그 지략과 그 능력과 그 책임심에 있어서 만인의 지도자가 될 자격을 구비한 이가 그 사생활에 암흑의 그림자가 있는 것을 우리는 종종 보게 된다. 역사상 소위 영웅호걸, 문호, 천재들의 사생활이 청렴결백한 이도 있는 반면에 그 정반대되는 자도 많이 있는 것을 볼 수 있다. … 그러나 특히 현재 조선인의 처지에 있어 우리는 또 공인의 사생활적 청산 운동을 부르짖지 않을 수 없다.[21]

1932년 『동아일보』 지면에 실린 「공생활과 사생활」이라는 제목의 이 글은 현재의 우리 사회에서도 매우 익숙하다. 공사公私는 일치해야 했다. 그런데 이때 일치의 기준점은 정확히 "사私"에 있지 않고 "공公"에 있었다. 또한 두 영역이 추구해야 하는 가치는 사적인 이해나 욕망이 아니라, '도덕'이었다. 이 도덕은 "공"의 영역에서 먼저 확보되어 "사"의 영역으로까지 확장 침투해야 했다. 따라서 이는 역으로 개인이 가질 법한 물질적이거나 신체적인 욕망이 전체 사회, 즉 '다수자'의 행위 준칙이 될 수 없다는 것을 의미했다. 욕망하는 개인을 사회적 행위의 주체로 두는 고전적 의미의 '개인주의'와 그 개인주의 윤리의 핵심인 사생활의 보호라는 관념이 이처럼 1920년대, 1930년대 식민 사회 안에서 발 디딜 틈이 없었던 가장 큰 원인은 그같은 개인주의가 이미 세계의 "대세"가 아니라는 이유 때문이었다.[22]

물론 18세기 이래 19세기까지 자유 철학의 기조는 처음 천부 자유권의 관념에서 시작해 당시 국가 사회 일체의 제한을 철폐하고자 하는 소극적 자유에 불과했고, 그 결과는 소위 개인주의적 황금시대를 낳게 했을 뿐이다. 그러나 참된 자유는 개인의 적극적 힘의 표현이라는 신관념이 설파된 이후 각인 활동의 적극적 자유에 대한 최대 장애가 경제적인 강제력에 (기반한─인용자) 위협에 따른 것이라는 새로운 해석이 주장되었다.[23]

19세기의 자유 관념, 즉 개인의 타고난 자유권을 보호하기 위해 국가 사회가 개입하는 것을 부정하는 종류의 자유 관념은 "개인주의적 황금시대"를 낳았을 뿐이었다. 오히려 그 같은 자유, 무엇보다 개인의 경제상 위력을 보장해주는 자유가 역으로 개인적 자유에 "최대 장애"가 되고 있다는 새로운 해석이 주창되고 있다는 설명이다. 이는 1920년대 당시 유럽과 세계가 개인과 개인의 자유를 보는 새로운 입장으로 소개된다. 따라서 민주주의도 사회주의도 그리고 심지어 민족주의조차도 기본적으로는 이 고전적 자유주의에 대한 '부정' 위에서 외쳐지고 있었다. 욕망이 아닌 도덕이, 개인이 아닌 전체로서 대중이고 민중이며 민족이었다.

'데모크라시'가 금권 타파의 소리로 변했다. 그리하여 그는 세계대전 이후 오늘날에 이르기까지 더욱 격렬히 되어가던 중이며 세계 도처에 이 사조가 도도해져가는 중이나니, 이는 '경제적 데모크라시'로 볼 수 있다. … 즉 개인 개인이 자기를 존중함과 동시에 타인의 자유, 타인의 의사, 타인의 사상을 존중히 본다는 것이며, 그리하여 인격의 지상 가치를 발견하여 각 개인의 평등, 각 개인의 자유의 이상적 극치에 달하고자 함이었다.[24]

따라서 이제 요구되는 것은 고전적 자유주의의 "개인"을 변화시키는 것이었다. 이익과 욕망의 개인이자 반사회적 의미의 개인을 넘어서야 했다. 이 과정에서 '인격주의적 개인론' 즉 "개조론"이 등장한다. 제1차 세계대전 이후 일본을 통해 수용된 독일식 문화주의에 기반을 둔 개조론이[25] 전통 유교식 수신제가修身齊家와 맞물려 '욕망'과 '이익'의 개인이 아닌, '인격'과 '정신'이라는 관념적 개인론으로 바뀌었던 것이다.[26] "욕망 가치"의 추구라는 "자연적 본능적 요구"를 넘어서 "이상 가치"를 기반으로 한 "이성적 자유"가 사상적으로 추구되는 삶으로 바뀌어야 했다. 개인은 더 이상 사적인 자기 공간에서 자신만의 이익이나 독특한 선호(혹은 습관) 그리고 성애에 골몰한 주체여서는 안 되었다. 욕망이 아니라 사회 보편적 '가치의 완성'이 개인이 추구해야 할 이상이었다.[27] 이 같은 형이상학적 인격론에 입각한 개인관에 의거해 고전적 자유주의의 욕망하는 개인을 초극하려는 노력은 미국의 개인주의 문화를 소개하던 한치진의 논설에까지 등장했다. 그에 따르면 미국식 개인주의 가치의 정점은 물질적 이기주의가 아닌 개척정신과 자립정신이라는 "정신적 가치"였다.[28]

따라서 17~18세기 유럽에서 자유주의적 개인주의가 태동할 당시 추구되던 개인의 세속적 욕망의 논리는 1920년대 조선인 사회에서 이미 들어설 자리를 찾지 못하고 있었다.[29] 이제 대세는 "개인권"이 아니라 "사회권"이었기 때문이다. 현대 문명은 개인의 권리를 사회의 권리 이상의 가치로 취급하지만 국가가 자신의 "고유한 목적"에 따른 "고유한 권리"를 갖지 못할 경우, 또 사회가 "그 존재의 근본적인 성질상 당연한 권리"를 갖지 못할 경우, 개인 역시 그 권리를 유지할 수 없었다.[30] 이 공동체주의적 개인론은 심지어 일본이 중국과 비교해 성공한 유일한 아시아 국가가 된 비결로 설명되기도 한다. 충보다는 효에 따른 사적私的 가족주의에 빠져 있는 "지나(중국—인용자)"식 유교주의가 중국의 현재를 만들었고, 이것이 국가 관념이 투철한 일본과의 차이를 만든 요인이라는 것이다.[31]

이처럼 1920년대 지식인 사회에서 이야기되던, 다수자주의가 부정하던 욕망하는 개인이란 다음과 같은 내용임을 확인시킨다. 즉, 자신만의 은밀한 영역에 홀로 머물며 정치로부터 무관심할 수 있는 권리를 주장하던 자유주의적 개인론이 가진 정치적 가치나 의미에 대해 충분히 논쟁할 겨를도 없이 다수(민족, 대중, 민중)의 개인에 대한 우위 위에서 정치를 이해하고 바라보는 논리가 피식민 조선인 그 자신에 의해 만들어지고 있었다는 점이다. 이 같은 식민 사회의 탈개인주의와 다수자적 공동체주의는 1930년대 중반 이후 일본에서 본격적으로 근대주의 혹은 자유주의 철학에 대한 초극론超克論이 주창되면서 더욱 공고해진다.

생활의 지도 원리로서 현대인을 두 종류의 유형으로 나누는 것이 가능하다. 즉 하나는 개인주의자이고, 다른 하나는 이를 극복하고자 하는 자다. 개인주의라고 하는 것은 다분히 케케묵게 오래전에 나온 것처럼 생각될 수 있을지도 모르나 일반 현대인은 결코 이를 청산하고 있지 않다. 모든 겉치레의 옷을 제거하고 보면, 결국 많은 사람들은 도덕의 근저에까지 개인주의의 뿌리를 무의식 속까지 뻗치고 있어 거기에서 이를 극복하고자 하는 자는 아직 새로운 세계관 건설의 도중에 있어서, 확실한 생활의 지도 원리를 발견하지 못하고 있다. 심적인 방황을 하고 있는 것이다. 거기서 소위 옛날 형태와 새로운 형태의 인간이 대립하고 있다. 청산되어야만 하고 그럼에도 청산될 수 없는 개인주의는 현대에서 충분히 반성을 요하는 것이다.[32]

이 같은 상황에서 고전적 자유주의가 사생활을 보는 관점, 즉 공동체적 규범과 윤리에서 떨어져 나온 개인만의 자유 공간이라는 "사생활"의 의미는 신문 부인란에서 대중의 관음증적 호기심을 충족시켜 주는 B급 문화의 기표로 유통된다.[33]

고향인 '로시머스'에서 램지 맥도널드 재상이 지내는 그의 생활은 영국 총리로서보다는 참다운 한 사람으로 그를 보는 것이 더 흥미 있습니

『동아일보』에 「유명한 이들의 사생활」이라는 시리즈로 게재된 기사로, 무솔리니 성력의 원천이 잠과 운동에 있다고 보도하며, 그가 평소에 여자보다 말타기를 더 좋아했다고 한다. 식민 조선에서 사생활이 고립된 공간에서 개인의 취향과 습관(혹은 성애)의 영역인 동시에 대중의 관음증적 욕망의 대상으로 다루어졌음을 보여준다. 「유명한 이들의 사생활」, 『동아일보』 1930년 2월 13일 자.

다. 산을 등지고 바다를 향한 스코틀랜드 북단에 (있는—인용자) 한빈한 한촌은 그의 탄생지로 정열에 끓던 많은 예술가와 재질이 풍부한 과학자, 철혈의 의지를 가진 정치가를 기르기에 넉넉한 곳이다. … 그가 생장한 집 산골 오막살이 고향에서는 반농반어로서 모두 생계를 하고 있는 곳이며 그 촌 동리 집들은 조선에 빗대어 말하자면 수십여 호가 사는 산골 초가 동리인데 물론 맥도널드 총리는 이러한 동리에서 생장했습니다. … 그 집은 외관이나 내부는 매우 빈약한 집입니다. 보잘것없는 현관을 들어서면 곧 좁은 식당이 있는데 식당 밖은 질펀한 황무지입니다. 집 안에는 허술한 큰 상 하나가 놓여 있고 그 곁에 두세 개의 안락의자가 있었는데 만일 밥상만 없다면 거의 식당이라고 하지 못할 것입니다. 더군다나 이 방은 식당도 될 뿐 아니라 객실, 서재, 생활실까지 겸했습니다. … **34**

이는 『동아일보』에 1930년 2월부터 「유명한 이들의 사생활」이라는 시리즈로 게재된 기사 내용 중 일부다. 고향으로 돌아간 맥도널드 총리의 오막살이 집 안이 어떻게 생겼는지, 그 집 식당 안에 있는 테이블 개수와 식당의 구조와 기능은 어떠한지를 보여주는 것이 사생활의 의미였다. 아인슈타인이 사는 집이 자가인지 전세인지, 또한 무솔리니 정력의 원천이 말타기에 있으며 새벽에 일어나 언제나 신문을 본다는 설명 등이 바로 "사생활"을 이해하는 방식이었다. 그런 의미에서 식민지에서 사생활이란 한편에서 '집'이란 공간에서 향유되던 개인의 고유한 습관과 취미를 가리키는 것이기도 했지만 동시에 그 같은 공간이 식민지에서 소비되던 방식을 보여주는 것이기도 했다. 사생활은 공동체적 가치와 개인의 이익(혹은 욕망)의 경계에서 이 둘 간의 오랜 투쟁이 격렬하게 부딪치는 논쟁적 공간의 의미를 갖지 못하고 있었다. 오히려 그보다는 대중의 관음증적 호기심이 충족되는 하위문화 영역으로 받아들여지고 실제로 그렇게 소비되고 있었던 것이다.**35**

유명인의 취미와 그 취미가 향유되는 주거 공간의 특성과 그곳에서의 생활 방식을 대중에게 알려주는 것, 그를 통해 대중이 개인의 은밀한 삶을 들여다볼 수 있도록 그 관찰의 욕망을 채워주는 것, '사생활'의 영역은 은밀하지만 궁금하고, 별것 없지만 들여다보고 싶은 대중 관음증의 대상으로 의미 지어지고 있었다. 사생활에 대한 이 같은 B급 문화적 접근 방식 어디에서도 사생활의 문제가 실은 계몽주의적 다수자주의에 대립각을 세울 수 있는 고전적 개인주의의 가장 중요한 철학적 논쟁 대상의 의미로 다루어지지는 못 했다. 사생활이라는 이름 아래 고전적 자유주의가 내세우던 반反정치주의 혹은 반反공동체주의의 문제의식이 식민지 공론장의 정치철학적 주제로서 전면에 등장하지 못했던 것이다.

군중: 다수자의 일탈

그렇다면 "군중"은 앞서 언급했던 민족이나 민중 그리고 대중과 비교했을 때 어떤 의미로 활용되고 있었을까? "군중"은 그 앞에 무산자라는 수식어가 종종 붙고 있던 '민중'이나 '대중'과는 결이 매우 다른 종류의 다수자를 표현하는 기표였다. 민중과 대중이 다수자에 잠재된 계몽의 가능성을 의미하고 있었다면, 군중은 다수자의 무질서, 그 병리적 욕망의 왜곡된 분출을 표상하는 용어였다. "군중심리"는 이 같은 의미의 "군중"을 가장 잘 설명하는 기표였다. 따라서 군중은 무산대중이나 무산민중과는 엄연히 다른 방식으로 다수자를 의미화하고 있었다.

모든 것이 민중화되어오는 오늘날에 선전이 유행됨은 실로 당연한 추세라 할 수밖에 없다. 그러나 모든 것이 그러함과 같이 선전은 선용善用되는 동시에 악용惡用도 된다. 진상眞相의 소개, 내용의 천명 등 정당한 선전 이외에 허위와 오류도 선전되며 심하면 이 문명의 방편이 무함중상誣陷中

傷의 악덕에까지 이용된다. 그러나 이 같은 부정의 선전이 대중을 우롱하는 죄악일 것은 물론이다. 선전을 이용한다 함은 즉 대중의 위력을 인정한 까닭이다. 그러나 세인은 대중의 위력을 인정하면서도 그 대중을 기만혹은 우롱코자 하는 대담한 모험을 반복한다. 그들은 대중을 가르켜 중우衆愚라 하며 또 군중심리는 그 집단 중의 가장 열등한 지능을 대표한다 하여 상당한 모멸감까지 가지고 있다.[36]

이 사설에서 대중은 시대의 변화된 흐름을 보여주는 표징이자 정치의 새롭게 떠오르는 주체로 설명된다. 그리고 여기서 그 대중은 "군중"과 분명히 구별되고 있다. "군중"은 "군중심리"에 휘둘리는 어리석은 "대중" 즉, 우중愚衆이었다. "군중심리"는 "지성"이 결여된 채 "감정의 지배"를 받아 선전 선동에 휘둘리는 다수자를 설명하고 있기 때문이다.[37] 이런 종류의 군중론은 1880년대와 1890년대 유럽의 병리학적 대중심리학이 러일전쟁 이후 일본의 다양한 도시 폭동들을 설명하기 위해 수입되었다가 3·1운동 이후 조선 사회를 설명하기 위한 틀의 하나로서 들어온 것이었다.[38] 기미년 이후 조선 민심의 변화를 설명하기 위한 도구로 계몽의 방향성을 잃어버린 군중론이 다수자를 보는 지식인 사회의 시선을 표상하고 있었던 것이다.[39] 따라서 다수자를 "군중심리"의 차원에서 분석한다는 것은 "범죄 심리"와 그 행동을 연구하는 것이기도 했으며, 이 같은 다수자에 내재된 감성과 무질서, 폭력과 무차별성을 "질병"의 하나로 설명하는 방식이기도 했다.[40]

따라서 우리가 앞서 보았던 민중(혹은 대중)론과 그에 입각해 비판받던 개인론은 서로 다른 방식으로 표현되고 있을 뿐 하나의 철학적 지반 위에 놓여 있었다. 욕망하는 인간과 그 행위가 만들 혼란에 대한 경계가 그것이었다. 가치론적 공동체주의론에 따른 자유주의적 개인 비판이나 그에 입각한 민중(대중)에 대한 찬사는 모두 '욕망'을 정치의 장에서 배제시키고 있었던 것이다. 정치적 주체가 된다는 것은 사적 이익과 세속적 욕망을 벗어나 거시적이고도 보편적인 사회 인식 위에서 각성된 다수자가 되는 것을 가리켰다. 그런 의미에서 '군중'은 이성을 잃은 개인, 욕망에 휩쓸린 다수자의 위험을 대변하는 기표였다.

그런데 식민 사회에서 이처럼 계몽되지 못하거나 그럴 가능성이 부재한 다수자 즉 군중과 그들의 심리에 대한 논의가 반복적인 용어들로 만연되고 있을 당시, 조선인의 군집 현상을 민속학적으로 연구한 『조선의 군중朝鮮の群衆』이라는 책이 출간되었다. 조선총독부에서 조선 사회 사정 조사를 담당하고 있던 무라야마 지준村山智順이 주도적으로 참여해 총독부 관방문서과를 통해 발간되었다.

조선에 있어 집단, 즉 단체 운동을 하는 것에는 크게 민족운동, 사회주의운동을 표방하는 것을 시작으로 목적 달성을 위해 조직되는 회, 조합 등 무수하다. 이것들은 특정한 규약하에서 비교적 장기간에 걸쳐서 영속성을 갖는 집단이지만, 이런 종류와는 어느 정도 나아가는 바가 다르고, 일정한 규약이나 영속적 성질을 갖고 있지 않은 집단도 있다. 그것은 군중이다. … 무조직적이지만 집단 구성이 용이하고, 무질서적인만큼 책임감이 희박하기 때문에 **의외의 행동**(강조―인용자)을 감행하는 것이 적지 않다. 영속성이 없기 때문에 이를 계속 주시하지 않아도 되고, 그렇기 때문에 사건이 **예측할 수 없을 때**(강조—인용자) 나타나는 경향이 있다. 또한 질서 있는 영속적 집단인 경우도 그 운동이 격렬하게 될 때는 대부분 반드시 군중 상태가 되기 마련이다. 때문에 군중의 관찰은 군중 자체를 이해할 때뿐만 아니라, 집단행동을 이해할 때도 중요하다.[41]

『조선의 군중』 서문에 나온 글이다. 그에 따르면 다수자의 무리에는 정해진 규약하에 영속성을 부여받은 무리 즉 조직적인 다수자("집단")도 있지만 규약도 영속성도 그리고 목적도 없이 순간적으로 만들어졌다 사라지는 다수자의 무리도 존재했다. 이 후자의 무리가 "군중"이었다. 그런데 이 책은 이 "군중"을 이야기하며 기성의 다른 논의들처럼 군중이 결여하는 것(이성과 질서의식)만으로 이들을 정의하고 있지 않았다. 군중은 예측 불가능하기 때문에 의외의 행동을 할 수 있고, 조직적 운동 역시도 그 행동이 격렬해질 때는 이 군중의 모습을 띠게 된다는 주장이 그것이었다. 이 같은 논리는 한편에서 군중의 비규율적 요소가 그럼에도 단순히 규율이 '없는' 것에 그치지 않을 수 있다는 인식을 보여주고 있었다. 비규율적인 것을 넘어서 그와 '다른 것'을 만들어낼 수 있는 '힘'이 군중에게 있다는 이야기였다. 또한 단순히 규율적 조직이 되지 '못한' 것에 그치지 않고, 오히려 그 군중이 조직의 '토대(혹은 전제)'가 됨을 말하고 있기도 했다.

　이 같은 『조선의 군중』 서문의 논의는 본문 전반에서 이 책이 보이던 식민주의적 관점과 별개로 당대 조선인 군중의 모습이 어떠했을지, 이들이 길거리에서 일으키던 소란들, 그 사건과 사고가 어떤 모습이었을지 우리를 궁금하게 만든다. 조선인 군중의 예측 불가능성이란 무엇을 의미하는 것이었을까? 조직적 운동조차도 그것이 격렬해질 때는 결국 군중과 같은 모습이 된다는 것은 어떤 상황을 염두해두고 한 주장이었을까? 또한 결과적으로 그 같은 군중 행위는 당시 식민 사회에 어떤 영향을 미치고 또 지식인 사회는 이를 어떻게 받아들이고 있었을까? 이 같은 문제들에 대해 이 서문은 앞서 우리가 보았던 계몽주의적 인식론과 다른 논리로 식민지 군중, 즉 대중이 설명될 수 있다는, 혹은 그래야 한다는 여지를 ―저지의 의도와는 별개로― 던져주고 있었다.

제3장

마주침

클리나멘Clinamen은 무한히 작은, '최대한으로 작은' 편의偏倚로서,
'어디서 언제 어떻게 일어나는지 모르'는데,
허공 중에서 한 원자로 하여금 수직으로 낙하하다가 '빗나가도록'
그리고 한 점에서 평행 낙하를 극히 미세하게 교란함으로써
가까운 원자와 마주치도록 그리고 이 마주침이
또 다른 마주침을 유발하도록 만든다.
그리하여 하나의 세계가, 즉 연쇄적으로 최초의 편의와
최초의 마주침을 유발하는 일군의 원자들의 집합이 탄생한다.
세계 전체의 기원에 따라서 모든 현실과 모든 의미의 기원이
하나의 편의에 기인한다는 것, 근거가 원인이 아니라 편의가 세계의
기원이라는 것, 이것이 에피쿠로스의 테제를 대담한 것으로 만든다.
— 루이 알튀세르, 『철학과 맑스주의: 우발성의 유물론을 위하여』, 1996.

"땅! 땅!"
두 발의 총소리였다.

그것도 오후 2시, 백주 대낮에 부산 정거장 앞 대로에서 울려 퍼진
총소리였다. 총을 쏜 사람은 적문운송부赤間運送部 주인 야노矢野라는

일본 사람이었다. 그는 1920년 4월 17일 오후 2시에 일을 시킨 조선인 노동자 수백여 명을 향해 육혈포 두 방을 쏜다. 무슨 일이 있었던 것일까?

사연은 사실 매우 단순했다. 야노가 며칠 전 일을 시킨 조선인 노동자 수백 명에게 원래 지불하기로 했던 것보다 임금을 적게 주려 하자 조선인 노동자들이 격하게 항의한 것이었다. 그러자 야노는 얼마나 위협을 느꼈는지 그들을 향해 총 두 발을 쏜다. 그런데 이 같은 행동은 몰려드는 조선인 대중을 해산시키기는커녕 오히려 이들을 격분시켰다.

"저놈이 삯전을 주지 아니하고 오히려 사람을 죽인다!"

분노한 조선인 수백 명이 그를 향해 "맹호"같이 "일시에" 달려들자, 야노는 공포에 질려 "죽을 기를 쓰고" 가장 가까운 일본인 집으로 도망갔다. 그리고 그가 그곳에 숨은 채 나오지 않자 조선인 노동자들은 이내 그 일본인 집을 포위하고 격하게 고함을 지르며 시위를 했다. 그때 이 사태를 해결하고자 나타난 일본인 경찰이 조선인 노동자들의 요구는 아랑곳없이 곧장 그 일본인 집에 있던 야노를 자동차에 태워 경찰서로 데려가려고 한 것이었다. 이에 분노한 조선인 노동자들이 저지하고 나섰다.

"그놈을 그냥 보내지 못하겠다!"

조선인 노동자들이 이같이 외치며 경찰을 막아서자 일본인 경찰은 조선인 노동자들 중 한 명을 무수히 구타하고, 다른 한 명은 체포해서 경찰서에 데려갔다. 이로써 대중은 해산되고 사건은 그것으로 끝이 났다.[1]

하나로 모여 누군가를 죽일 기세로 달려들던 조선인들 그리고 이 조선인 대중을 흩트러트리기 위해 마치 새떼를 쫓듯이 그들을 겨냥해 발포되던 총소리. 1920년대 초 조선에서는 이 같은 일이 드물지 않았다. 평화로운 대낮에 갑자기 울려 퍼진 총소리에 시가지가 벌컥 뒤집히는 일은 1920년 8월 15일 밤 평양 신시가 야치노마치八千代町에서도 일어났다. 그런데 이 총소리 소동이 있던 다음 날, 평양 시가에 드라마틱한 풍설이 나돌았다.

"독립군과 순사가 접전을 하였다!"

그럼, 실제로 만주 독립군이 평양 시가지 한가운데서 순사들과 접전을 했던 것일까? 사실, 이날은 독립군과 순사가 아니라 조선인과 일본인이 싸운 것이었다. 원인도 잘 알려지지 않은 두 대중 간의 패싸움. 총소리는 바로 여기서 나온 것이었다. 독립군과 순사 간의 접전은 아니었지만, 그럼에도 양쪽에 모인 수만 "수삼백 명"에 이르고 있어 그날 평양 시내를 떠들썩하게 만들기에 충분했다. 때마침 부근 전촌田村 여관에 묵고 있던 순사 하나가 싸움 소리를 듣고 달려나와 이들을 해산시키려 했는데, 그때 어디선가에서 서너 번의 "육혈포 소리"가 들려오자 대중은 그제야 놀라 해산했다. 이 사건은 관계자 세 명을 경찰서로 인계하는 것으로 끝이 났다.[2] 그럼에도 그 후 평양 시내에서는 저녁 때만 되면 두 패, 세 패로 나뉘어 조선인과 일본인 사이에 싸움이 일어나는 일이 빈번했다고 보도되고 있다.

순사들도 진땀을 내고 아무 관계 없는 양민들도 그 통에 부대껴 살 수가 없고 그 싸움으로 말하면 그전에는 두서너 사람이 자기들끼리 무어라고 와자지껄하고 떠들다 즉시 그만두었는데 요사이 싸움은 별안간 **수백 명씩**(강조—인용자) 모여서 별 큰일도 없이 야단법석이 나는 모양인데, 그중에는 무슨 잘잘못간에 까닭은 있겠지만 조그마한 손톱만 한 일이 있어도 이것을 모두 떠들고 온 평양 시내가 들썩들썩하도록 굉장한데 ….[3]

"조그마한 손톱만 한 일"로 시작해 여러 명이 부딪쳐 싸우는 현장에 갑자기 수백 명의 군중이 밀어닥쳐 조선인과 일본인 간에 패싸움이 일어나는 일이 빈번했다는 것이다. 그래서 평양 시내에는 "일본 사람이 꿈쩍하면은 대적對敵 행동으로 야단이다"라는 말이 나돌고 남문정, 대화정 등지에서는 야시夜市까지 당분간 열지 못했다.

1920년 부산과 평양에서 조선인과 일본인 사이에 벌어진 이 같은 소동들은 사실 1920년대 전반에 걸쳐 조선 전역에서 빈번하게 발생한 것이었다. 사소한 이유로 시작된 작은 충돌부터 임금을 둘러싼 시위에 이르기까지 내용은 달랐지만 그 패턴은 비슷했다. 조선인 대중이 수적으로 소수인 일본인을 향해 대들고, 그 과정에 개입한 경찰이 오히려 조선인들의 분노뿐만 아니라 대중의 규모 자체도 키워 결국에는 허공에 총을 쏴서 이들을 흩어지게 하고 주동자 몇을 검거하며 사건이 종료되는 수순이었다. 제1장에서 보았던 "전선내지인간화회"에서 일본인 지역 인사들이 일관되게 진술하고 있던 조선인 민심의 변화는 바로 이 같은 현상을 가리켰다.

이 소란들은 앞서도 언급했듯이 한편에서 3·1운동의 여진이었다. "전선내지인간화회" 석상에서 논의되었듯이 3·1운동의 열기가 여진으로 남아 조선인을 수로 결집하게 한 것이었다. 거기에 데모크라시

즘이나 사회주의 같은 제1차 세계대전 이후 등장한 세계 사조가 영향을 주었다고 볼 수도 있었다. 이 같은 접근은 충분히 설득력을 갖는다.

그런데 문제는 이 같은 설명이 이 소요에서 나타나고 있던 대중의 '행위' 논리를 설명하지는 못 한다는 점이다. 거시 구조적 배경은 특정 사건의 '의미'나 역사적 의의를 발견하는 데에는 유효할 수 있다. 그런데 그 같은 의의가 현재의 가치 평가 논리에 따라 언제든지 달라질 수 있다는 점을 감안했을 때, 그것만으로 사건을 충분히 다 설명했다고 보는 데는 한계가 있다. 무엇보다 우리가 사건을 기본적으로 여러 행위 간의 만남으로 만들어진 결정체로 볼 경우, 우리에게 중요한 것은 사건에 대한 의미론적 접근이 아니라, 그 사건 안에 내재해 있던 행위의 동학을 이야기해야 하는 것일 수 있다. 개별 조선인이 한 무리의 대중으로 구성되었다 확장하고 그러다 갑자기 또 소멸되고 있을 때, 이 사건 행위자들 사이에 공통으로 존재하고 있던 논리가 있었다면 그것은 무엇이었을까? 다음에서 이 문제에 대한 본격적인 논의를 시작해보자.

우발성

"부셔라!"

1921년 4월 24일 저녁 8시경, 경성 황금정(지금의 을지로) 4정목 전차 정류장 앞에서는 전차에 돌을 던져 유리창을 깨며 소리를 지르는 400, 500여 명의 군중과 이들을 진압하려는 수십 명의 경관이 맞붙

1930년대 경성 황금정 사거리. 일본생명과 경성전기, 경성취인소(지금의 주식거래소) 등이 밀집해 있던 황금정 사거리는 북쪽의 조선인 생활권(종로)과 남쪽의 일본인 중심 상업지구(본정과 남대문통) 한가운데 위치해 이 둘을 잇고 있었다.

어 난리가 났다. 전차에 돌을 던지고 있는 조선인들은 그날 오후 장춘단 꽃놀이를 갔다 돌아오는 중이었다. 그저 상춘객에 불과했던 이들은 어떻게 이 같은 '폭도'로 돌변했을까?

그날 사건은 본정(지금의 충무로) 4정목에 사는 일본인 목수 이시야마石山가 술이 취한 채, 오후 7시경 그 부근 공동 수통에서 물을 긷고 있던 140번지 차순화의 딸 차익봉을 뒤에서 별안간 얼싸안고 부정한 행위를 하려던 것을 그 아버지 차순화가 말리다가 이 둘 사이에 싸움이 붙어 시작되었다. 차순화는 이 일본인의 성추행을 막으려다 오히려 이시야마에게 얼굴과 다른 여러 군데를 맞아 부상을 당했다. 그런데 문제는 앞서 장춘단에서 꽃놀이를 하고 돌아가던 조선인 수백 명이 이 상황과 마주쳤다는 것이다. 이들은 이를 보자마자 소리쳤다.

"이시야마를 죽여라! 때려라!"

이 소동에 이시야마는 몸을 피해 본정 4정목 자기 집을 향해 도망쳤는데, 상황을 보고받고 출동한 순사는 이시야마를 데리고 그를 전차로 호송하려 했다. 그러자 이를 본 조선인들이 더욱 거세게 그를 뒤쫓았다. 조선인 군중이 이시야마가 타고 가던 전차를 습격해 전차의 앞뒤를 포위하고 돌을 던졌으며, 순사 수십 명이 겨우 애쓴 끝에 조선인 "군중을 간신히 제어하고" 이시야마는 본정경찰서로 유치되었다. 결국 이날 소동은 수백 명의 조선인 중 주요 혐의자로 의심된 네 명이 인치되는 것으로 종결되었다.[4]

이 사건은 어떤 의미에서는 무도無道한 일본인과 조선인들 사이의 충돌이었다. 이 경우 우리는 조선인 사회의 반일 감정 혹은 그 저항의식이 이 사건의 의미라고 접근할 수 있다. 일본인이라는 식민자가 불의의 행동을 하고, 순사가 다수 인민의 복리가 아닌 식민(지배)자 옹호에 연연하는 상황에 피식민자이던 조선인들이 민족적으로 결집해 싸우는 대중이 되었다고 의미화할 수 있는 것이다. 그런데 여기서 우리가 만약 이 같은 '의미' 자체에만 포커스를 맞출 경우 외면하게 되는 것이 있다. 사건 그 자체! 그 사건의 '발발'을 무시하게 될 수 있는 것이다. 이 사건 없이 우리가 사건의 '의미'라고 접근하고자 하는 해석 자체가 과연 가능할까? 그럼 이 사건은 어떻게 발발하고 있었나?

그날의 사건은 장충단에서 꽃놀이를 하고 돌아오던 조선인들과 공통 수통 앞에서 조선인을 구타하던 일본인 간의 만남으로 발발했다. 그리고 이 만남은 애초에 이들이 의도한 것이 아니었다. 장충단 꽃놀이를 즐기던 조선인들은 조선총독부가 개발한 식민 문화의 헤게모니 속에서 이를 그저 향유하던 향락객에 불과했다. 그런 이들이 일본인에게 구타당하는 한 남자를 본 것이다. 우발적 만남! 이 만남이 그날 '싸우는 대중'을 구성한 이유였다.[5]

따라서 우발적인 사건과 상관없이 특정 의식이나 관념이 그 자체로 순수하게 홀로 잠재해 있다가 언제든 나타날 때를 기다려 결국 '발현'된 것이라고 말하기는 어렵다. 의식과 사건의 관계를 원인과 결과로 선후 관계화할 경우, 우리가 일상에서 마주하는 우연한 사건들과 그 안에서 행해지던 행위자들의 갑작스러운 선택들은 모두 잠재된 의식의 준비된 자동 기계적 발현물에 불과해진다. 사건은 보잘 것없고 사건 속 주체의 선택 역시 예견되거나 준비된 —부수적— 결과가 되어버리는 것이다.

그런데 우리가 그날 일본인과 대치하던 조선인 대중이 일상에서 어떻게 존재하고 있었을지를 고려한다면 접근은 달라질 수 있다. 누군가는 일본인 사장 밑에서 돈을 벌고, 누군가는 자식의 성공을 바라며 아이를 공립학교에 보내기도 하면서, 총독부가 만든 꽃놀이를 보러 가는 일상을 영위하다 자신들도 의도치 못한 상황과 우발적으로 마주쳐 예기치 못한 '선택'을 하게 되는 것, 그것이 이들을 '대중'으로 만들었다고 보는 것이 이 사건을 설명하는 데 오히려 더 적합할 수 있는 것이다. 이 경우, 사건과 그것의 우발성은 거대한 관념 앞의 의미 없는 잔여적 부수물이 아니라, 개인들을 대중으로 변이시키는 역동적인 힘이자 논리가 된다. '우발적'으로 나타난 행위들과의 마주침이 무언가와 대적해 싸우는 정치적 대중을 구성하게 하는 결정적 힘이었다고 볼 수 있는 것이다.

앞서 보았던 부산 육혈포 사건도 이와 동일한 논리로 접근할 수 있다. 임금을 둘러싼 싸움이었던 만큼, 저항적 노동 의식이 개별 노동자들 안에 분명히 잠재해 있었을 것이다. 그러나 그들 안에 그 같은 공통 의식이 있었다 하더라도, 그것 자체가 언제 어디서 어떻게 발현될지 우리가 이를 미리 결정할 수는 없다. 임금을 깎는 것에 항의하던 노동자들과 이들에게 갑자기 총을 쏘던 일본인 사장의 행위가 서로 마주치지 않았던들, 그날의 사건은 과연 일어날 수 있었을까? 이 총소리는 그 자체만으로도 놀람과 공포 그리고 분노를 자아내 곧이어 그 사장을 죽이겠다고 조선인들이 달려들도록 했다. 적과 싸우는 정치적 대중이 구성되었던 것이다. 대중은 무수한 실존적 관계망, 살을 부딪치고 돌을 던지며, 총을 쏘고 피를 흘리는 철저하게 경험적이고도 신체적인 사건의 장 안에 내재한 채, 그것들이 주던 촉발의 우발적 마주침의 구성물이라고 말할 수 있는 이유다.[6]

반복

"그놈을 잡아 죽여라!"

1926년 8월 22일 밤 10시 20분경, 경성 종로통에는 코피가 터진 채 일본인과 싸우는 다섯 명의 조선인과 이들과 맞선 또 다른 다섯 일본인 간의 충돌을 지켜보던 구경꾼들로 북적였다. 그때 근처 남대문 파출소 순사 세 명이 현장에 도착해 피 흘리는 조선인은 그대로

식민지 경성의 전차. 1899년 대한제국 시기 처음 경성에 개통된 전차는 1912년 경성 시구개정 사업(市區改正事業)과 함께 남대문 정거장을 시작으로 황금정(지금의 을지로), 본정(지금의 충무로), 태평통(지금의 태평로)을 지나 돈화문까지 확장되었다.

놔둔 채 일본인 다섯 명을 전차에 태워 집으로 보내려 했다. 그러자 이를 지켜보던 구경꾼들 틈에서 그 일본 놈을 잡아 죽이라는 외침이 터져나왔다.

그날 사건은 밤 9시 반경에 시작되었다. 경성 중학동 16번지에 거주하던 와다和田, 에구치江口, 하시모토橋本, 가네미쓰金光 등 일본인 다섯 명이 술에 취해 용산으로 가려고 종로 1정목 파출소 앞을 지나다 서대문 쪽 큰길에서 내려오던 조선인 다섯 명과 마주쳤다. 그리고 그때 조선인들 중 한 명의 어깨를 쳤다.

"왜 사람을 받느냐!"

어깨를 부딪친 조선인이 이 일본인에게 항의하자, 이는 일본인과 조선인 간 5 대 5의 패싸움이 되어버렸다. 그런데 이 싸움을 저지하기 위해 개입한 순사는 피 흘리는 조선인은 놔둔 채, 일본인을 전차에 태워 보내려 했고 이를 지켜보던 조선인 구경꾼들이 분노한 것이었다. 이들 조선인은 곧 다섯 명의 일본인이 탄 전차를 황금정 사거리까지 추격했다. 그러자 결국 전차에 타고 있던 일본인들은 황금정 사거리에서 내려 인근 황금정 1정목 파출소로 뛰어들어가 피신했다. 조선인 군중은 황금정 1정목 파출소까지 뒤쫓아갔다. 그러자 황금정 1정목 파출소 경찰들은 조선인 군중에게 쫓기고 있던 이들 일본인을 이번에는 신용산 가는 전차에 태워 보내고 조선인 군중은 이 전차(신용산행 66호)를 뒤쫓아가다 결국 조선신문사 앞 광장에서 전차를 향해 돌팔매질을 해댔다. 전차 유리창이 모두 부서지고 운전수와 승객들이 혼비백산해 전차에서 내렸는데, 이 틈에 전차에 탔던 일본인 다섯 명이 용산 쪽으로 달아났다. 그러나 이들은 곧바로 이미 수백 명으로 불어난 조선인 군중에 붙잡혀 인사불성이 되도록 두들겨 맞았다.

근처 남대문 파출소 순사 세 명이 이 구타를 제지하기 위해 달려들어 일본인 부상자 네 명을 파출소로 보호차 데려갔지만 이 같은 순사들의 행동은 다시 일본인을 두들겨 패던 조선인 군중의 분노에 기름을 끼얹은 격이었다. 군중은 남대문 파출소 앞 도로 공사에 쓰려고 쌓아 놓았던 돌을 집어들어 파출소에 던졌다.

"그 다섯 놈을 내어놓으라!"

『매일신보』 기사에 따르면 "별안간 돌비를 만난 파출소에서는 급히 호각을 불며 부근에 있는 경관의 응원을 얻어 겨우 군중을 해산"시켰고, "동양에서 제일이라고 자랑하던 파출소는 백공천창百孔千瘡으로 참혹하게" 변했다고 보도되었다.[7] 밤 9시에서 10시 30분경까지 약 한 시간 반에 걸쳐 일어난 사건으로 당시 상황은 매우 심각했다. 일본인과 조선인 측에 다수의 부상자가 나왔을 뿐만 아니라 전차는

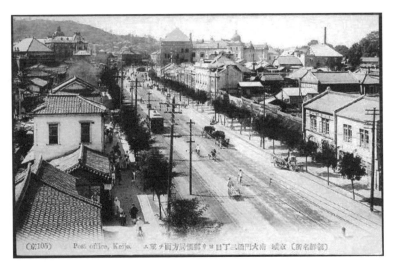

1920년대 남대문통. 경성의 금융 거리였던 남대문통은 광통관, 대동은행, 한성은행 등 식민지 금융기관들이 자리 잡은 대표적인 번화가 중 하나였다.

유리창이 깨진 채 도로 한가운데에서 멈추었고, 남대문 파출소가 군중의 "돌비"로 처참하게 공격당했기 때문이다.

흥미로운 사실은 식민자 세력 측이 감당해야 했던 이같이 심각하고도 처참한 결과에 비해, 사건의 시작이 매우 미미했다는 점이다. 사실 경찰서에 "돌비"를 퍼부으며 식민 권력과 싸우던 저항적 조선인 대중은 애초에 종로를 거닐다 우연히 마주치게 된 조선인과 일본인 간의 패싸움을 보려고 몰려든 구경꾼들이었다. 그런데 이 구경꾼들은, 누가 봐도 가해자로 보였던 일본인들을 오히려 보호해서 하등의 질책도 없이 전차에 태워 보내고, 이를 쫓아가던 대중으로부터 이 일본인들이 재차 삼차에 걸쳐 경찰의 호위를 받는 "처사의 불공평"과 반복적으로 마주치면서 만들어진 것이다. 반복! 그것은 대중을 구성시킬 뿐만 아니라 그들의 성격 역시 바꾸고 있었다.

그들 누구도, 즉 추격하던 조선인 대중도 쫓겨가던 일본인도 그리고 이를 저지하려던 경찰도 애초에 계획하거나 예견하지 못한 상호 간의 마주침의 반복과 그로 인한 감정의 촉발에 의해 구경꾼에 불과했던 조선인이 추격자로 그리고 추격자에서 다시 권력에 대한 항거자로 바뀌고 있었다. 이 같은 변이 과정에 우발적인 마주침의 '반복'이 따르고 있었던 것이다. '반복'은 사건 자체뿐만 아니라, 행위 주체의 성격마저도 바꾸는 '차이'를 만들어냈다.[8] 그러나 이 같은 마주침과 그 반복이 가지고 있던 예상치 못했던 '힘'은 구체적인 이름과 강령을 가지고 있던 식민지의 다른 정치 운동에 비해 상대적으로 주목받지 못했다. 그것은 그저 식민지의 소란에 불과했을 뿐, 시위도 운동도 아니었으며 하물며 '정치'는 더더욱 아니었다.[9]

> "이번 일은 **우연한**(강조—인용자) 일입니다. 그다지 중대하지도 않지만 조선인과 일본인의 싸움이므로 신중하게 처리할 터이며 이번 사건이 일어난 원인을 상세히 조사하여 뒤에는 그러한 일이 없도록 엄중히 취체할 방침입니다."[10]

주동자도 없이 갑자기 일어났다 순간적으로 사라지는 마치 거품 같은 대중의 존재와 그 행위는 정확하게 의미 부여될 수 없는 것이다. 의미 부여될 수 없는 가치 없는 일이라는 것의 또 다른 표현, 그것이 바로 데가手賀 사법계 주임이 말하고 있던 **"우연한 일"**이었다.

순간성

1920년 8월 18일, 강원도 원산의 장촌동과 북촌동 주재소에서는 "순사의 불공평"에 분노하여 모여든 수백 명의 조선인 군중이 돌로 유리창을 깨트리며 격하게 항의하고 있었다. 그 소란의 시작은 모자 값 15전이었다. 장촌동 시장 108번지에서 모자 가게를 하던 일본인 부인이 8월 18일 자기 집 건너편에서 일하던 최창욱에게 외상으로 사간 모자 값 15전을 내놓으라고 요구했다.

"지금은 현금이 없으니 얼마간 연기해달라."

그런데 최창욱의 이 같은 간청에도 모자 가게의 일본인 종업원은 그 자리에서 최창욱을 무수히 난타해서 그를 "유혈이 낭자"해지도록 만들었다. 모자 가게 사장 부인은 이에 그치지 않고 장촌동 주재소 순사까지 불러 그에게 다음과 같이 말했다.

"집 문 앞을 여러 번 지나가서 절도인 줄 알고 때렸다."

이 말을 들은 일본인 순사와 다른 조선인 순사 두 명은 다짜고짜 이미 피투성이가 된 최창욱을 또다시 난타했다. 그런데 시장 한복판에서 벌어진 이 사건은 곧바로 가까이에 있던 조선인들이 몰려들게 했다. 몰려든 1천여 명의 군중은 매맞는 조선인을 보고는 곧바로 이 때리는 순사들을 겨냥해 사방에서 돌을 던졌고, 이에 순사들은 돌비를 피해 북촌동 주재소에 응원을 청하는 한편, 최창욱을 북촌동 주재소로 호송하려 했다. 그러나 분노한 군중은 주재소까지 쫓아가며 순사들에게 돌을 던지며 북촌동 주재소에도 돌을 던져 유리창 다섯 장을 깼다.

"그 일본인을 내놓아라!"

분노한 조선인들이 돌을 던지며 최창욱을 구타한 모자 가게 일본인 종업원을 내놓으라고 외쳤다. 이들은 다음 날 오후 2시까지도 "흩어지지" 않았다. 결국 최창욱이 무죄로 나오고 경찰이 최창욱을 구타한 일본인을 끝까지 군중에게 내주지 않자 이들 조선인 대중은 결국 자신해서 해산하며 사건은 끝이 났다.[11]

군중은 갑작스럽게 생겨난 것처럼 갑작스럽게 와해된다. 군중은 자생적인 형태를 취한 까닭에 매우 취약한 일면을 지닌다. 군중의 확장을 가능케 했던 개방성은 동시에 군중의 존속을 위협하기도 한다. 무서운 와해의 조짐이 군중 속에 항상 존재하고 있다. 그래서 군중은 급속한 성장을 통해 가능한 한 이 와해를 피하려 든다. 군중은 가능한 한 모든 자를 받아들인다. 그리고 바로 이 때문에 궁극에 가서는 산산조각이 나지 않을 수 없다.[12]

자생적으로 형성된 대중이 그 생성만큼이나 사라짐 역시 의도나 계획을 완전히 벗어나 일어난다는 것을 말해주는 엘리아스 카네티 Elias Canetti의 이 설명은 정확히 식민지 대중의 '소란'에 적용되고 있었다. 이 같은 대중의 **순간성**은 한편에서 우리를 허무하게 한다. 그리고 다른 한편으로는 대중 정치에 명확한 의미를 부여하기 어렵게 한다. 그렇다면 이 같은 우리의 당혹감은 어디에서 비롯된 것일까? 혹시 그것은 우리가 일상적으로 무언가를 '의미 있다'고 규정하거나 그와 반대로 어떤 것을 '의미 없다'고 규정할 때 우리가 취하는 고유한 방식과 관련된 문제는 아닐까?

무언가의 의미를 규정할 때, 우리는 일반적으로 그 대상의 정체성을 고정시키려 한다. 즉, 대상의 성격을 통일적으로 규정하고 고착시키는 작업, 즉 '이것은 ~이다'는 작업을 통해 사물에 의미를 부여한다. 이런 의미화의 관점에서 봤을 때 순간적으로 있다가 사라져버리는 불안정한 존재는 있으면서도 동시에 없는 존재다. 따라서 그 자체로 모순이며 역설이 된다. 내적인 모순과 충돌을 포함한 불안전한 운동이라는 점에서 그 성격을 하나로 규정할 수 없기에 '의미 없다'고 부정될 수 있다.

예를 들어 원산에서의 이 소란이 지속되어 다른 지역에서 이를 '기억'하거나 '재현'할 경우 그리고 경찰 권력의 인종 차별을 고발하는 조직적 운동이나 이를 대변하는 제도적 결과가 만들어질 경우, 원산 소요는 역사 속에서 의미 있는 위치를 갖게 될 것이다. 그 경우에 그날의 대중은 항구성을 얻게 된다. 그 밖의 다른 사건들을 설명하는 기원이 되어 역사적 '의의'를 획득하게 되기 때문이다.

의미화의 방식이 일반적으로 이러함을 고려했을 때, 하루 반나절 혹은 만 하루 만에 만들어졌다 소리 소문 없이 사라지는 사건과 그 사건 속 대중의 순간성을 그 자체로 인정하는 것은 쉬운 일이 아니다. 순간적인 것은 '있다'고 말하기도, 그렇다고 '없다'고 말하기로 어려운 애매한 경계에 있기 때문이다. 따라서 그것은 불안전한 운동으로서 의미화의 망에서 종종 배제되어버린다. 그렇지만 우리는 현재도 이같이 존재했다 어느 순간 사라지는 수많은 대중 정치의 사례를 경험한다. 예를 들어, 일본 정부의 과거사에 대한 사죄를 요구하는 대중적 열기가 신드롬처럼 번지다가도 어느 순간 그 신드롬이 엔저円低 열기를 탄 일본 여행 신드롬으로 바뀌어 사라지거나, 이 두 가지가 동시에 공존하는 상황을 우리는 대중의 행위에서 종종 본다. 그렇다면 과연 이같이 서로 충돌하는 두 계열의 의미가 공존하는 상황, 혹은 나타났다 갑자기 사라져버리는 불안정한 대중 행위의 순간성을 덧없다고 치부하는 것은 과연 그 행위를 이해하는 적합한 방식일까?

따라서 우리는 이같이 충돌하는 서로 다른 성격의 두 계열이 하나의 사건 안에서 공존하는 사례들을 어떻게 다뤄야 하는지 보다 근본적으로 고민하지 않을 수 없다. 충돌하는 두 내용 중 어느 하나는 취하고 다른 것은 버리는 의미화를 피하려면 우리는 어떻게 해야 하는가? 다음에서 보게 될 세 개의 사건은 이 문제에 대한 우리의 고민을 보다 심화시킬 것이다.

역설

1918년 8월 31일 자 『매일신보』에는 「문제의 노파 실상 아무렇지도 않다」는 제목으로 나이 들어 보이는 여자 사진이 한 장 실렸다. 그녀는 8월 28일 종로소학교 폭동의 발단이 되었던 김성녀였다. 기사에는 사진과 함께 그녀의 근황을 기술하고 있었다.

8월 28일 종로소학교의 쌀 소동에 당초 그 시초를 일으킨 여인이 이 사진에 보이는 여인이다. 권농동 98번지 이순우의 아내 김성녀 당년 54세인

1918년 경성의 종로소학교 폭동의 촉발자 김성녀
(54세)의 모습. 1918년 8월 28일 종로소학교에서의
쌀 폭동 이후, 『매일신보』 3면 하단에 「문제의 노
파 실상 아무렇지도 않다」라는 기사와 함께 실린
사진으로, 기사 내용은 쌀 배급 과정에서 경찰에
게 맞아 죽었다던 김성녀는 사실 아무렇지 않다는
것이었다. 이 사진 상단에는 당시 종로소학교에서
폭동을 일으킨 범인들의 검거 소식이 함께 실렸
다. 『매일신보』 1918년 8월 31일 자.

데 얼굴은 보기에 오십이 미처 못 된 이처럼 기력이 강건하다. 28일 이후
에 세상에서는 별별 소문이 있으나 본인은 아주 태평이다. 아무 데도 상
한 것도 없고 가슴이 조금 부딪쳤으나 당시 치료하러 갔던 조선 병원에서
'고약이나 며칠 붙이면 괜찮지 않겠어요?' 본인도 평일과 조금도 다름없
이 다니고 일한다고 한다.[13]

도대체 「문제의 노파 실상 아무렇지도 않다」라는 기사 속 이 여성
에게는 무슨 일이 있었던 것일까?

1918년 8월 당시 조선 경제는 일본 본토의 쌀값 상승과 이로 인한
일본 내 대중 폭동의 영향을 심각하게 받는다. 조선 역시 3월부터 쌀
값이 상승해 8월에는 쌀 한 말이 6전에 이르렀다.[14] 당시 도시 하층민
(위생 인부나 토목 공사에 동원되는 일용직 노동자) 월급이 보통 20전이었

던 것을 감안하면 그 4분의 1이 쌀 한 말 가격이었으니, 1918년 당시 도시민의 생활고가 어떠했을지 짐작이 되고도 남는다. 심지어 총독부 관보官報인 『매일신보』까지 나서서 전염병과 좀도둑 극성을 염려하고[15], 경성전기회사의 운전수가 임금 인상을 요구하며 파업을 선언했다.[16] 그런데 이 같은 민생고에 총독부의 초기 대응은 매우 미숙했다. 서민에게 하루 세 끼를 두 끼로 줄이는 것이 오히려 건강에 좋으니 굶으라고 광고를 하거나 쌀을 공동 매입하라고 할 뿐, 쌀값 안정을 위한 뚜렷한 대책을 내놓지 못했다.[17] 그 같은 상황에서 내지(일본 본토)에서와 같은 폭동이 일어날 것을 우려한 경성의 사회단체 인사들이 부윤府尹(지금의 시장)의 주도 아래 "구제회"를 만들었고, 이 구제회가 시내 유지들로부터 쌀을 기부받아 시가보다 싼 가격에 빈민들에게 쌀을 판매하는 미곡 염매소를 설치하는 안을 내놓았다. 그런데 이 구제회 주도로 종로소학교에 설치되었던 미곡 염매소에서 사건이 일어난 것이다.[18]

"경관이 인민을 때려죽인 것은 불법 행위다!"

1918년 8월 28일 오후 2시경, 종로소학교 운동장 한복판에서 작열하는 8월의 태양이 내리쬐는 가운데 새벽부터 쌀을 사려고 몰려왔던 조선인 200여 명 사이에서 터져나온 목소리였다.[19] 그 목소리 앞에는 경찰 앞에 쓰러져 있는 한 노파, 즉 김성녀가 있었다. 그러자 곧 외침이 들려왔다. 경찰 앞에 쓰러진 김성녀를 본 사람들 중 누군가가 소리를 질렀던 것이다. "경관이 인민을 때려죽였다!" 그 말 한마디가 쌀을 사려고 새벽부터 몰려와 길게 줄지어 서 있던 각각의 사연 많은 사람들을 '하나'의 무리로 만들고 있었다.

200여 명의 조선인이 조선인 노파를 때려죽였다고 여겨지는 순사보 하나를 에워싸고 그를 난타하기 시작한 것이다. 그러고는 곧 하나로 모여 동일한 적을 향해 싸우는 대중이 만들어지고 있었다. 이를 제지하려는 경관들의 시도는 오히려 이 싸우는 대중을 더욱 공고하게 만들었다. 제지하려던 순사들까지 같이 두들겨 맞고 있었기 때문이다. 이 싸움의 와중에 어떤 조선인 두 명이 운동장 단상에 올라가 뭐라고 "열렬한 선동적 발언"을 외치자 사태는 걷잡을 수 없이 번졌다. 이 소식을 어떻게 들었는지 학교 밖에 있던 조선인들도 학교 담장을 부수고 "물밀 듯이" 쏟아져 들어왔던 것이다. 그 무너진 담장의 흙과 돌덩어리 들은 곧바로 순사를 향해 그리고 학교 유리창과 건물을 향해 내던져졌다. 신문 보도에 따르면 당시 소요에 참여한 군중은 1천 명에 가까웠다. 이 많은 수의 하나 된 무리를 종로경찰서의 힘만으로는 감당할 수 없었다. 헌병대 사령부까지 동원되어 진압에 나선 끝에 저녁 8시까지 100여 명의 사람을 검거하고 다음 날 정오까지 추가로 아홉 명을 더 검거하고 나서야 소요가 진압되었다.

이 사건은 한편에서 보면 그 의미가 너무나 분명해 보인다. 쌀값 폭등으로 인한 생활고를 이기지 못한 굶주린 피식민 조선인 대중이 식민 권력을 향해 그 분노를 자생적으로 표출한 것이다. 이것이 이 종로소학교 사건의 '의미'다. 그런데 이 사건은 이 '명확한 의미' 이상의 또 다른 의미를 가지고 있었다. 다시 사진을 보자. 사진 속 여인 김성녀는 바로 그날 소요의 시작점이었다. 김성녀는 그저 쌀을 조금이라도 싸게 사려고 이른 아침부터 줄을 서서 기다리다 "순사에게 맞아 죽은 조선인"이었고, 바로 이 사실이 종로소학교 소요를 만들

미곡 염매소 앞에 길게 줄 선 사람들. 경성 시내와 근교 아홉 곳에 설치되었던 미곡 염매소에서
는 안남미(태국 쌀)보다 상품(上品)이던 조선 쌀을 시세보다 10전 이상 싸게 팔았다. 싼 가격에
쌀을 사려고 몰려든 조선인들로 미곡 염매소에서는 쌀을 판매하기도 전부터 매일 대혼잡을 이
루었다. 『매일신보』 1918년 8월 20일 자.

었기 때문이다.

문제는 이날 김성녀가 이 같은 의미를 부여받고 있던 현장에 실은
다른 사연이 있었다는 점이다. 오후 2시경, 내리쬐는 햇볕 아래에서
새벽부터 줄을 서서 기다리던 사람들에게 경찰이 다음과 같이 거칠
게 소리쳤던 것이다. 팔던 쌀이 모두 떨어졌으니 그만 집으로 돌아가
라는 것이었다. 그런데 김성녀는 이 말에 순순히 응하지 않고 그 순
사에게 "욕설을 하며 달려"들었다. 순사에게 욕을 하며 달려드는 노
파! 이 얼마나 진귀한 광경인가! 이를 보고자 갑자기 많은 사람들이
김성녀의 주위로 몰려드는 순간! 이 인파들에 밀려 김성녀가 갑자기

넘어진 것이었다. 그때 이 '경찰 앞에 쓰러져 있는 김성녀'를 본 누군 가가 외쳤다.

"경관이 인민을 때려죽인 것은 불법 행위다!"

『매일신보』가 소요가 일어난 지 며칠 후에 「문제의 노파 실상 아무 렇지도 않다」라고 사진까지 찍어서 그 사지 육신의 멀쩡함을 일반에 게 공개했던 것은 바로 이런 이유에서였다. 즉, 이 사건이 앞에서 말 한 바와 같은 '민족주의적 항거'와 아무 상관 없음을 강조하기 위한 것이다. 사건의 진상을 보건대, 김성녀는 멀쩡히 살아 있고 그녀가 순사에게 맞아 죽었다는 소리에서 시작된 종로소학교의 소요는 순전 히 대중의 무지에서 비롯한 무의미한 해프닝이었다는 것, 그것이 『매 일신보』가 김성녀의 사진을 공개하면서 하고 싶었던 말이었다.

따라서 이 같은 『매일신보』의 의미화 논리에 따랐을 때, 김성녀 사 진 옆에 나란히 실리고 있던 또 다른 기사, 즉 「종로 염매소 소요의 후後」라는 기사 속 사람들은 전혀 다른 의미를 부여받고 있었다. 그 들 즉, 종로소학교 소동에 참여했다 경찰에 붙잡힌 109명에 이르던 조선인들은 자발적으로 권력에 항거한 대중이 아니라, 상황의 전후 관계에 대한 정확한 정보나 판단 없이, 현장의 단편적 모습만으로 상 황을 확대 해석해 유포한 우중愚衆이었다. 이른바 요즘 식으로 이야기 하면 "사이버 레커"에 휘둘려 학교 기물을 부수고 아무 혐의 없는 순 사들을 집단으로 구타한 무식한 범죄자 그 이상도 이하도 아니었다.

그렇다면 이 사건의 정확한 "의미"는 무엇일까? 종로소학교의 조 선인 대중을 우리는 어떻게 의미 지어야 할까? 그들은 '우중'이고 그 날의 사건은 '해프닝'인가? 아니면, 그들은 '깨어 있는 대중'이고 그날의 사건은 권력에의 '항거'인가?

한 가지 확실한 것은 이 두 개의 서로 다른 의미 계열 중 어느 하나를 취하고 다른 하나를 배제할 경우, 대중의 구성과 그 행위 논리가 왜곡될 수 있다는 점이다. 앞서 보았듯이 종로소학교의 폭력적 소란에는 분명히 무의미와 의미가, 해프닝과 항거가 모두 공존하고 있었다. 사건과 사건 속 대중의 행위 자체가 이 같은 **의미의 역설** 안에서 만들어지고 있었기 때문이다. 이와 유사한 문제를 고민하게 하는 또 다른 사건을 들여다보자.

1924년 5월 19일 밤 10시경, 경성 종로통 부근의 번화가였던 우미관 앞에는 종로 야시를 보러 온 조선인들로 늦은 밤인데도 북적였다. 그때 이들 조선인 눈에 강하게 저항하는 한 조선인 사내와 그를 파출소로 끌고 가려는 순사 두 명이 눈에 띄었다. 행인들은 이를 보고서는 곧 외쳤다.

"술 먹은 사람을 끌고 갈 것이 뭐냐!"

그들의 눈에는 그저 술은 취했지만 무고한 조선인 한 사람이 순사들의 무력에 의해 파출소로 끌려가고 있는 것으로 보였다. 파출소로 끌려간다는 것이 무엇인지를 알고 있었기 때문일까? 야시를 즐기러 왔던 조선인들은 곧바로 "순사 두 명을 포위하고 함성을 지르며 제각기 달려들어 발길로 차고 손으로 때리"기까지 하며 순사들을 폭행했다. 그러자 순사들은 이들을 제지하고자 급기야 "칼까지 빼들고 한참을 휘두르다가" 군중을 피해 종로경찰서로 도망쳤다.

그런데 그날 사건에는 또 다른 맥락이 존재했다. 순사들이 끌고 가려 했던 문제의 남성은 경성 사직동 170번지에 살고 있던 김호성(27)

1920년대의 우미관. 1910년 지금의 서울 종로구 관철동에 세워진 우미관은 남촌 일본인 전용 영화관이던 앵정정(櫻井町)의 대정관(大正館)과 달리 단성사(1907)와 함께 북촌 조선인들의 대표적 문화생활 공간이었다.

으로, 그는 그날 밤 우미관 앞을 술이 잔뜩 취한 채, 등불도 켜지 않고 차를 몰다가 행인을 다치게 했다. 이를 본 순사들이 그를 파출소로 끌고 가려 하자 김호성이 강하게 저항한 것이었다. 지나가던 구경꾼들이 보았던 것은 바로 술 취한 김호성의 '반항'이었다. 그 반항을 전후로 한 사건의 전체적인 '맥락'에 대한 이해 혹은 정보는 없었던 것이다. 그날 사건은 결국 종로경찰서에서 숙직하던 "가와구치河口 부장 이하 수십여 명의 순사가 달려와서" 겨우 군중을 해산시킴으로써 종료되었다. 모여 있던 군중은 어느 순간 모두 흩어지고 별도로 붙잡힌 사람도 없었다.[20]

그렇다면 이날의 진실은 무엇일까? 그것은 정확한 사실관계의 확인도 없이 주취 폭력범을 죄 없이 순사에게 끌려가던 조선인이라고 오해했던 우매한 조선인 대중의 의미 없는 해프닝이었을까? 아니면 일본인 순사의 조선인에 대한 일상적인 폭력에 민감해질 대로 민감해져 있던 식민 사회의 한 단면을 보여준다는 점에서 그 역시 식민 권력의 폭압성을 폭로하는 의미 있는 사례라고 봐야 할까?

만약 두 접근 중 어느 하나를 선택하게 된다면, 이는 모두 '김호성'이라는 인물을 두고 이루어진 두 가지의 서로 충돌하는 의미 즉, 한편에서 '주취 폭력범'이고 다른 한편에서는 '무고하게 끌려가는 조선인'이라는 두 의미 중 어느 한쪽은 취하고 다른 한쪽은 배제하는 것이 된다. '의미'가 구성된 상이한 맥락의 내적 충돌을 균질화 혹은 통일화시키게 되는 것이다.

그러나 우리는 앞서 종로소학교 소요에서처럼 이 같은 의미의 통일화는 대중의 생성 과정을 왜곡할 수 있음을 생각할 필요가 있다. 그렇다면 이 같은 왜곡은 왜 일어나는가? 우리는 왜 서로 충돌하는 이질적인 의미들이 하나의 사건 안에서 동시에 공존할 수 있음을 그대로 받아들이지 못하는가? 그것은 혹시 우리가 그날 그 시간에 일어났던 사건의 내적 논리를 그 자체로 보려 하기보다는 사건 이후의 특정 관점으로 사건을 의미화하려고 하기 때문에 생기는 문제는 아닐까?

김호성은 주취 폭력범이 맞았다. 그런데 그 사실이 순사에게 끌려가던 조선인을 구하겠다고 만들어지던 '저항'하는 조선인 대중의 의미를 전부 부정하게 할 수는 없다. 그와 정반대의 경우도 마찬가지다. 그날의 소란을 식민 권력의 일상적 폭압에 대한 민중 의식을 보여주는 한 단면이자 그에 대한 저항적 분노의 표출이었다고'만' 일관되게 정리할 경우, 대중이 무언가와 싸우기 위해 하나로 뭉치는 그 정치의 촉발이 비논리성과 즉흥성으로 가득 차 있음을 무시하게 되기 때문이다. 무엇보다 그 즉흥성이 사건을 만드는 '창의적' 힘이기도 함을 무시할 수 있는 것이다.

따라서 우리는 대중이 해프닝과 의식성, 무의미와 의미가 충돌하는 그 경계의 지점에서 구성되고 있었음을 이야기하지 않을 수 없다. 대중이 무언가와 싸우며 같은 목소리로 어떤 것을 외치는 그들의 정치는 종종 어떠한 논리적 인과성도 없이 오히려 충돌하는 서로 다른 의미가 허공에서 서로 마주치는 '사건' 속에서 일어난다. 대중의 정치는 바로 이 '역설의 사건' 안에 온전히 내재하는 것이다.[21]

이 같은 의미의 역설에 내재한 대중 행위를 보는 과정에서 우리가 또 한 가지 주목해야 할 점은 바로 이 같은 역설로서 사건을 만들고 있던 것이 **'인식'**이 아닌 **'경험'**과 **'감성'**에 따른 결과란 점이다. 순사와 실랑이하다 갑자기 푹 쓰러지던 노인의 모습. 미친 듯이 저항하며 경찰에 끌려가지 않으려고 조선말을 해대던 취한 남성의 모습. 이 두 스펙터클하고도 자극적인 장면은 모두 '다른 누구도 아닌 순사가 조선인을 학대하고 탄압'한다고 판단하고 느끼도록 하는 가장 중요한 매개였다. 그것이 판단은 유보한 채 즉각적인 '분노'와 '폭력'을 일으키며 개별 조선인을 조선인 '대중'으로 만들어냈다. 감성과 경험이 개별자들의 대중으로의 '변신'에 결정적 역할을 하며 역설적인 의미의 장을 '실천'의 장, '사건'의 장으로 전환시키고 있었던 것이다.[22]

1920년 9월, 경상남도 밀양경찰서에서 있었던 조선인 폭도들의 소란 역시 마찬가지였다.

"왜놈들은 모조리 죽여라!!!"

때는 1920년 9월 12일 저녁 7시경이었다. 밀양경찰서 앞을 지나던 조선인들은 피를 흘리며 동료들에게 업혀 경찰서로 들어가는 조선인 순사 한 명을 보게 되었다. 그 피 흘리던 순사는 이원출이었다. 그는 일본인 순사 부장에게 몹시 맞아 피를 흘린 채 동료들에게 떠메어 경찰서로 들어오던 길이었다.

이를 본 조선인들은 곧 왜놈들은 모조리 죽이라고 외치며 밀양경찰서로 "조수"같이 밀려들어왔다. 그 수는 수백 명에 이르렀다. 서장과 일본인 순사가 부재한 상황에서 밀려들어온 군중에 의해 경찰서 사무실 기구가 파괴되고 유리창이 전부 부서졌다. 급보를 들은 서장이 곧 경찰서로 달려와 경종을 울리는 한편, 비번 순사를 비상소집하는 와중에 경찰서 안에서는 일본인 순사와 조선인 순사 간에 격투까지 벌어졌다. 그러는 사이에도 경찰서로 밀려들어오는 조선인의 수는 더 늘어났다.

이날 사건은 영남루라는 밀양의 한 요리점에서 시작되었다. 8월 이래로 시작된 콜레라 방역에 힘을 쓴 노고를 치하하기 위해 서장 이하 일동이 영남루에 모여 "종일토록 진탕히 놀고 연회"를 벌인 것이다. 그런데 연회가 끝나갈 즈음에 술에 취한 조선인 순사들이 서로 말다툼을 벌이고, 일본인 순사 부장이 이를 제지하다가 조선인 순사 세 명을 구타했다. 그때 밀양역 주재소 순사 이원출이 순사 부장에게 맞아 "얼굴과 기타 여러 곳"에 큰 타박상을 입어 잠시 기절까지 하게 되었다. 조선인 순사들끼리의 말다툼으로 시작된 일이 일본인 순사 부장과 조선인 순사들 간의 대치가 된 것이다. 이들 조선인 순사가 일본인 상사의 폭력에 크게 분개해서 이원출을 업고 경찰서로 돌아오던 중, 밀양 주민들에게 이 장면을 들킨 것이다.

그날 사건은 그 소란의 규모가 얼마나 컸었는지 떼로 밀려오는 조선인 대중에게 속수무책으로 당하던 일본인 경찰들이 소방대까지 호출했다. 그러나 일본인 소방대도 잔뜩 겁을 먹어 "각기 집에 무슨 위험이 있을까 두려워서 아무도 경찰서에 오지 않으므로 일반 서원이 모두 무장을 하고 진압"을 해서 간신히 사건이 종결되었다.[23]

우리는 이 밀양 사건에서 "조선인 순사"라는 이름 안에 서로 충돌하는 두 가지 의미가 있음을 먼저 짚어볼 필요가 있다. 그들은 조선인이지만, 동시에 순사였다. 이들 조선인 순사가 때로 일본인 순사들보다 얼마나 더 악명 높게 그 경찰직을 수행했는지, 우리는 앞으로도 많은 사례에서 이를 확인하게 될 것이다. 그들은 그런 의미에서 분명히 식민(지배)자의 일부였다. 그런데 동시에 어떤 식으로든 이들은 조선인이었다. 일본인 순사 부장에게 구타당해 졸도한 조선인 동료를 업고 경찰서로 가며 밀양 주민들에게 그 억울함을 호소할 때 그들은 조선인으로서 일본인에게 맞았다고 생각했고, 이를 본 밀양 주민들 역시 그렇게 생각했다. 밀양 주민들이 경찰서를 습격하며 "왜놈들은 모조리 다 죽여라"라고 했을 때, 그들이 옹호했던 것은 조선인 '순사'가 아니라 일본인 순사에게 맞은 '조선인'이었기 때문이다.

우리가 이 같은 "조선인 순사" 안에 내포되어 있는 의미의 이중성을 통해 확인하게 되는 것은 무엇일까? 그날의 사건에서 밀양 주민들의 난동은 한편에서 무의미한 해프닝이었다. 조선인 순사들의 식민주의적 의미는 부정한 채, 일본인 순사 부장에게 조선인 출신 순사가 맞았다는 단순한 민족적 일체감으로 무턱대고 경찰서를 습격했기 때문이다. 그날 밀양 주민들의 경찰서 습격을 민족적 항거라고 말하기 어려워지는 대목이다. 그런데 다른 한편에서 이 사건이 3·1운동 직후에 발생했다는 것 등을 고려했을 때, 이날의 사건은 3·1 항거의 연장선에서 민족적 저항의식의 여진이 폭발했던 것이라고 볼 수 있게 하기도 한다. 그렇다면 무엇이 옳은 것일까?

여기서 우리는 잠깐 그날 밀양 주민들을 폭력적 대중으로 바꾸고 있던 것이 정확히 무엇이었는지 생각해볼 필요가 있다. 그것은 이원출이 가진 '순사'로서의 지위였을까? 아니면 그가 가진 '조선인'이라는 그의 민족성이었을까? 이 같은 두 접근은 모두 이원출이 가진 내적 **속성**과 관련된 질문이다. 그리고 여기서 우리가 이 사건의 '의미'를 통일적으로 부여하기 어려워하는 것은 이 '속성'의 **이중성** 때문이다.

그런데 우리는 이날 사건 보도를 보며, 영남루에서 밀양경찰서로 이어지던 길목에서 조선인들이 마주했던 것이 과연 이원출의 정체성을 확인해줄 그 내부의 어떤 추상적이고 본질적인 성질 즉, '속성' 이었을지 질문해봐야 한다. 그보다는 오히려 피를 흘리며 완전히 실신한 채, 조선인 동료들에게 업혀 경찰서로 가던, 보다 스펙터클하고 직접적인 장면 자체가 아니었을까? 그것이 밀양의 폭력적 대중을 만드는 데 대상의 속성보다 오히려 더 결정적인 역할을 했던 것은 아닐까라고 생각해볼 수 있다. 이 같은 가시적 즉 **경험**적 판단이 만들어내던 감성이 이원출의 내적 정체성의 이중성 문제를 '압도'한 채, '사건'을 만들고 있었다고 생각해볼 수 있는 것이다.

원산에서 피 흘리며 두들겨 맞던 최창욱의 경우나, 종로통에서 일본인과 싸우다 맞아 코피를 흘리던 조선인을 보고 모여들던 조선인 대중들의 경우도 그런 점에서 이 밀양 사건 속 대중 인지의 논리와 비슷하다고 볼 수 있다. 이들 사건에서 사건의 가시적인 현장성 자체가 주는 경험적이고도 **감성**적인 자극이 모두 매우 중요하게 작동하고 있었기 때문이다. 이는 우리에게 감성적 자극이야말로 사건의 실체적 속성이 가진 내적 모순을 뛰어넘어 개인들을 대중으로 구성시키는 힘은 아닐까라고 생각해볼 수 있게 한다. 그 대중의 구성으로 예기치 못한 사건이 새롭게 창조되고 있었음을 우리가 고려한다면 대중 감성은 오류가 많은 판단인 것을 넘어서 새로운 현장을 '생산'하는 힘이라고 볼 수 있는 것이다.

이런 접근은 우리가 대중 인지의 한 방식인 감성을 현장의 가시적인 자극에 유린되어 이성을 잃은 판단이라고만 접근해서는 안 된다고 말할 수 있게 한다. 이 같은 인식론적 접근은 이 감성이 실제로 '만들어내고' 있던 것이 무엇인지 주목하지 않는다. 실체적 진실이 무엇인지 묻거나 감성 자체가 올바른 것이었는지 묻는 것은 그것이 만들어내고 있던 **'효과'**가 무엇이었는지는 묻지 않기 때문이다. 이렇게 될 경우 대중이 만드는 일상의 사건들 대부분은 그저 부질없는 찰나에 불과한 것이 된다. 따라서 우리는 다음과 같이 생각해볼 수 있다. 이 사건들은 우리에게 대중의 감성이 사건 내부의 모순성에도 불구하고 이를 그대로 수렴한 채, 오히려 그 **'역설의 힘'**으로 사회를 혼란에 빠뜨리는 정치적 힘을 발휘하고 있었다는 것을 보여주고 있던 것은 아니었을까라고 말이다.

교잡(交雜)

앞서 우리는 사건 속 대중의 정치를 '마주침'이라는 테마로 살펴보았다. 개별자들은 자신들이 전혀 의도하지 않았던 상황과 우발적이고도 연쇄적으로 마주치는 과정에서 대중으로 구성되고 또 어느 순간 물거품처럼 사라졌다. 이 같은 우발성과 반복 그리고 순간성은 대중 정치가 하나의 일관된 계열로 통일되지 않기에 의미의 역설을 포함하고 있었다. 그런데 여기서 우리가 확인하는 또 다른 논리는 전혀 다른 성격과 계열의 두 대중이 마주쳐서 변신 즉 **변이**하는 경우다. 이 같은 마주침을 **교잡**이라고 해보자. 이질적인 두 대중이 열린 공간에서 마주하게 되었을 때, 그것은 서로에게 어떤 영향을 주고 있었을까? 그리고 이 같은 만남이 식민 사회에 주던 효과는 어떤 것이었을까?

1925년 4월 19일, 경성 관철동의 우미관 앞에서는 갑자기 "만세" 소리가 거리를 뒤흔들었다. 시간은 밤 9시 15분경이었다.

"노동자 만세!"

"무산자 만세!"

"민중운동자 만세!"

만세 군중은 다름 아닌 국내 사회주의 계열 파벌 중 하나인 화요파

1925년 4월 19일 오후 3시 파고다공원 앞에 모인 전조선민중대회 대의원들의 모습. 전조선민중 대회는 하세가와마치(長谷川町)공회당에서 열릴 예정이었으나 하루 전날 보안법 위반을 이유로 갑자기 금지당하여 대의원들이 파고다공원 삼일문 앞에 모여 항의 집회를 열었다. 『동아일보』 1925년 4월 21일 자.

가 주도해서 시도한 "전조선민중대회"를 위해 전국에서 모여들었던 소작인, 청년회, 노동자, 형평사, 사상 단체, 여성운동 등의 대의원 300여 명이었다. 이들은 원래 그날 아침 10시부터 하세가와마치長谷 川町공회당에서 대회를 개최할 예정이었다. 그런데 개최를 허가할 것 처럼 굴던 경무 당국이 바로 하루 전날 밤 11시에 토의문 내용 안에 공산주의 사상을 전파하는 보안법 위반 사항이 보인다는 이유로 전 조선민중대회를 금지했다. 그러자 지방에서 올라온 각종 단체의 대 의원들이 이 조치에 항의하기 위해 시위를 계획한 것이었다.[24]

　이들은 이날 오후 3시 경성 낙원동 파고다공원 앞에서 경찰의 대 회 해산에 항의하는 시위를 시도하다 해산당하자 다시 남산과 파고다공원에 모였다. 그러나 그조차도 곧바로 해산당한다. 결국 전조선민중대회 대의원들은 밤 8시 30분경에 종로 3정목의 단성사 앞과 관철동의 우미관 앞 두 곳으로 분산해 있다가 밤 9시 우미관 앞으로 모여 종로 3정목 방향으로 행진하기로 했다. 행진에 사용된 붉은 기에는 다음과 같이 쓰여 있었다.

"경찰의 무리한 압박에 반항하자!"

이 같은 시위가 전개되던 그때, 100여 명에 그쳤을 이 조직적 시위 행렬이 수천 명으로 불어났다. 바로 같은 시각 인근 종로통에서 열리고 있던 야시를 구경하며 봄날의 따뜻해진 밤공기에 산책 나왔던 인파가 이 시위 행렬과 만난 것이었다. 야시를 구경 나온 인파는 대의원들의 만세 소리를 듣고 이를 구경하고자 몰려들었다가 시위 행렬과 섞이게 되었다. 그 숫자를 『동아일보』와 『매일신보』 등은 "수천" 명이었다고 보도하고 있다.[25] 사회주의 조직의 시위자들과 야시를 즐기던 사람들의 무리가 어느 봄밤 종로통 한가운데서 우연히 만나 거리의 사람들은 수백 명이 수천 명으로 불어났던 것이다. 그럼 이 만남이 만들어냈던 것은 무엇이었을까?

우리가 먼저 상상해볼 수 있는 것은 전조선민중대회 대의원들의 정치적 외침에 이들이 흡수되는 종류의 만남이다. 그렇게 해서 이들을 전조선민중대회 깃발 아래 다 같이 묶어내 "경찰의 무리한 압박"에 대항하는 대중이 만들어지는 것을 우리는 상상해볼 수 있다. 경찰이 "선동"이라고 부르며 염려했던 것도 이것이었다.

"공간을 방해하는 것은 고사하고 더구나 밤중이었으므로 민심을 선동하는 데 있어서 큰 영향이 있습니다."[26]

길거리로 나가는 조직적 대중의 시위가 대로변에 모여 있는 사람들의 무리를 대할 때 목적하는 바도 대개 이와 같다. 자신들의 지향을 선전하고 그것에 이 길거리의 일반인들이 흡수되기를 바라는 것이다. 이 같은 "선동"의 관점에는 조직적 대중과 일반 대중을 선동자와 피선동자 즉, 선동하는 구심과 피선동되는 비구심으로 보는 접근이 전제된다. 그런데 그날 밤 일어났던 상황은 이같이 구심을 갖춘 질서 있는 시위의 모습과는 조금 달랐다.

이때 마침 종로 야시로 인해 수천 군중이 산보하다 이 광경을 보고 무슨 영문인지도 자세히 알지 못하고 구경 겸 가세하여 대혼잡과 대소동을 일으키므로 무슨 사건이 발생할까 염려하여 미리부터 준비하고 있던 종로경찰서에서는 약 다섯 명의 경관을 파견하여 만세를 부르는 자와 소동을 일으키는 자를 속속 검거하여 그날 밤에 선봉자 16명을 검거하고 한편으로 물결같이 몰려다니는 군중을 해산시키느라 야단을 했다.[27]

300여 명의 조직원이 야시를 즐기던 일반인들과 섞여 수천 명으로 불어난 종로 야시통에서 누군가는 만세를 부르고 누군가는 소동을 일으키는 대혼잡, 대소동이 일어난 것이었다. 이 소동 틈에서 대중은 "물결"같이 몰려다녔다. 따라서 이 같은 상황은 전혀 다른 두 대중 간 만남이, 앞서 언급했던 종류의 선동, 즉 하나의 다른 하나에 대한 "선동"이라고 보기 어려웠음을 말한다. 일반 대중이 목적의식을 가진 조직의 구호 아래 참여해 만들어진 구심력 있는 질서 잡힌 시위의 모습은 어디에서도 찾아볼 수 없었던 것이다. 그것은 오히려 엄청난

1935년 8월 15일에 「하일경제선(夏日經濟線)」이란 제목으로 『동아일보』에 실린 종로 야시 풍경 사진. 기사에서는 "아라비아 사막" 같은 더위에 싸구려 물건을 팔겠다고 나와 있는 조선인들의 경제 현실을 남촌 번화가와 비교하며 자조(自嘲)하고 있다.

혼란과 혼잡이었다.

그런데 이 혼잡은 어떤 의미에서 식민 권력에게 오히려 더 위협적이었다. 마구 뒤섞여 무리 지어 다니는 사람들 틈에서 누가 조직원이고 누가 구경꾼인지 어떻게 구별할 것인가? 그 같은 상황에서 원래의 질서 정연하던 100여 명의 시위자가 통제 불가능한 1천여 명의 대중으로 인해 배 이상 불어났다.

현장의 광경은 실로 근래에 보지 못하던 대혼잡 대살풍경大殺風景을 이루었으며 더욱이 혈안에 뒤집힌 50여 명 정사복 경관들의 무리 횡폭한 행동은 실로 언어도단이었다는 바.[28]

권력이 가장 공포스러워하는 상황이 연출되고 있었다. 누가 통제해야 할 **적(불온 사상가)**이고, 누가 통치해야 할 **아군(일반 시민)**인지 구분이 되지 않은 이 "대혼잡"이 경찰의 진압을 더욱더 폭력적으로 만들었다고 충분히 추론할 수 있다. 그 와중에 『시대일보』, 『조선일보』, 『동아일보』 등 여러 언론사 사진 기자들이 사진기를 빼앗기고 무차별적으로 구타당했다.[29] 이 때문에 『동아일보』는 이날 사건을 4월 20일 밤 호외로 발행하지만 곧 압수당했다. 결국 이에 대해 경성 내 언론계와 법조계 인사들이 무여 긴급 대책 회의를 열고 이를 강력히 규탄하는 결의문을 발표했다.

인민의 공리와 행복을 보호한다는 경찰 당국의 태도로는 너무도 모순 동착이 될 뿐 아니라 어떤 방면으로 해석하든지 이 같은 완명 몽매頑冥夢昧한 경찰의 행동에 대해서는 도저히 선의善意의 해석은 할 수 없으므로 단호한 태도를 취하여 적극적으로 당국의 불법 행동을 규탄하리라.[30]

이 같은 상황을 보며 우리는 다음과 같은 질문을 던져봐야 한다. 전조선민중대회 대의원들이 이 비조직적인 대중과의 만남에 자신들을 열어놓은 바로 그 순간부터 이들의 시위가 어느 방향으로 흘러가게 될지 그들 대의원 역시 예상하지 못했던 것은 아닐까라고 말이다. 만약 종로경찰서장의 말대로 시위자들이 야시를 구경 나온 군중과의 만남을 계획하고 이들을 소위 "선동"하기 위해 행진을 시작했다고 하더라도, 그들과 마주쳐 함께 섞이게 된 순간, 어떤 종류의 궤도 이탈이 일어날지 누가 감히 예측하고 또 이를 통제할 수 있었겠는가?

대중이 조직적 운동의 선동으로 그 논리에 귀속되어 그날의 소란이 일어난 것이 아니었다. 오히려 대중과의 만남에 의해 시위자들 즉전조선민중대회 대의원들 역시도 —앞서 무라야마가 『조선의 군중』에서 말했던 대로— "격렬해져" 예측 불가능한 다수자로 변이했다고볼 수 있다. 조직된 수백 명의 사람은 길거리의 사람들과 섞이면서그들 틈에서 자신들만의 고유한 전열이 흩트러졌다. 그들 역시 대중이 되는 상황이 만들어지고 있었던 것이다. 시위자들과 일반 대중이만나 조직의 질서 있는 행동과 강령이 큰 의미가 없는 거대한 대중이만들어진 사건! 그 사건의 혼란이 식민 경찰을 오히려 더 당황스럽게했다. 시위자들의 대중으로의 변이! 그것이 그날 밤 이 상이한 두 다수자(조직원들과 야시 대중) 간의 뒤섞임, 즉 **교잡**이 만들어낸 새로운결과였다.

이 같은 변이는 비단 조직적 대중만이 겪은 것은 아니었다. 야시를즐기던 식민지의 놀이 대중 역시 원래 그들이 예상했던 평화로운 식민 공간에 안주한 시민들의 모습에서 분명히 이탈하고 있었다. 1916년 6월 21일부터 시작된 종로 야시는 종로 보신각 앞에서부터 파고다공원 앞까지 펼쳐지던 이 시기 경성의 대표적인 밤 문화 중 하나였다. 이 야시는 "시가의 은성殷盛"과 "내선인의 화충협동和衷協同"을 이룬다는 명목하에 조선총독부가 조선인 문화 유화 정책으로 추진한것이었다. 그 종로 야시가 일반인들에게 엄청난 인기를 끌면서 밤마다 일대 장관을 이루며 1920년대 식민지 대중문화로 자리 잡은 것이다.[31] 따라서 그날의 소란은 식민주의적 문화를 향유하던 하나의 놀이 대중이 정치적 과격 세력과 만나 서로가 서로를 자극하는 과정에서 식민지의 일상성을 이탈한 사건이기도 했다. 일상의 대중이 반역하는 대중으로 변이한 것이다. 놀이 대중의 정치적 대중으로의 변이! 다음의 논산 사건도 노동조합과 일반 대중의 만남이 만든 소란이라는 점에서 앞의 사건과 매우 유사했다.

1932년 5월 25일 오후 3시경, 충청남도 논산군 양촌면에서는 붉은색 깃발을 들고 대략 70여 명의 사람이 행진을 하며 뭐라고 외치는 소리가 시가지에 퍼진다.

"노동자 만세!"

그런데 이때 이 "만세" 소리를 듣고 거리의 구경꾼들이 몰려들었다. 그들로 인해 70여 명에 불과했던 시위자들은 수백 명의 대중으로 변신하고 있었다. 사태가 커지자 소관 주재소에서는 현장에 경관들을 급파해 주모자라고 인지된 청년 권영민과 이지용을 우선 검거해 강제로 차에 태웠다. 그런데 바로 그때, 시위자들 틈에서 다음과 같은 외침이 들렸다.

"그들을 잡아가려거든 우리까지 잡아가라."

시위자들 틈에서 나온 이 소리와 함께 이들이 자동차의 앞을 막고 구속자를 탈취하려 시도했다. 갑작스러운 탈취 시도에 흥분한 경관이 자동차로 달려오는 자들을 때려서 겨우 운전을 하려는 사이, 이번에는 "노동자 만세"라고 쓰여 있는 붉은색 깃발을 두고 이를 빼앗으려는 경관과 뺏기지 않으려는 이들 사이의 실랑이로 충돌이 일어났다. 결국 40명이나 경찰서에 압송된 이날 사건은 충남경찰부까지 나서 며칠에 걸쳐 그날 소요범들을 구속하고서야 끝이 났다.[32]

『조선일보』, 『동아일보』, 『부산일보』, 『경성일보』 지면에까지 실리며 세간을 떠들썩하게 한 이 사건은 원래 양촌면의 농가에서 고용살이를 하던 머슴들이 노동조합을 만들고 이를 알리는 대회를 개최하고자 제출한 '집회계(집회 신청서)'가 관할 주재소에 승인되지 않으면서 일어난 것이었다. 경찰에 대한 항의성 시위였던 것이다. 그런데 시위 도중 무슨 일이 생겼는지 구경하겠다고 모여든 주민들이 이 시위 대열에 끼어들면서 70여 명이었던 시위자들이 수백 명의 대중이 되었다. 이 같은 수의 증폭, 일반 대중과 노동조합원들의 뒤섞임 가운데에서 경찰이 잡아간 검거자를 탈취하고, 빼앗긴 깃발이 다시 탈취되는 등의 대혼란이 일어난 것이다.

이처럼 목적 의식적 조직과 길거리 구경꾼들 간의 이질적인 교잡이 시위의 규모뿐만 아니라 그 성격까지도 가늠할 수 없는 것으로 만들었다. 그것이 식민 권력을 당혹스럽게 만들던 그날의 '혼란'이었다.[33] 일상의 자생적 대중은 정치화하는 한편, 이념적 조직원들은 대중화해 그들 스스로도 전혀 예견하지 못했던 사건들을 생성시키고 있었던 것이다.

제4장

모방

현상의 유사와 반복이 내적이든 외적이든,

양이든 집단이든, 중대든 연쇄든 간에,

그것들은 보편적인 차이와 변이의 필수적인 주제다.

그것들은 지수로 말하면 바탕천이며 음악으로 말하면 박자다.

… 현대사회에서 노동은 서로를 모방한 행위의 축적임에도

혁명보다 훨씬 더 혁신적이지 않은가! …

유전이 없다면 유기체의 진화가 있을 수 있을까?

천체 운동에 주기성이 없다면, 지구운동에 물결 같은 리듬이 없다면

지질연대와 생물의 넘쳐 나는 다양성이 생겨났을까?

따라서 반복은 변이를 위해 있다.(강조—인용자)

— 가브리엘 타르드,『모방의 법칙』, 2012.

우리가 앞에서 보았던 소란스러운 사건들은 대부분 길거리의 구경꾼들로부터 시작되었다. 남에게 생긴 일을 그냥 '남일'로 보지 않고 이에 끼어들려고 한 사람들, 그 사람들의 운집을 보고 마치 자석에 끌린 듯 합세했던 사람들, 그 사람들이 어느 틈에 일본인을 도망가게 하거나, 순사의 진땀을 빼게 하며 식민 공간 안에 예기치 못한 사건,

즉 소란을 만들었다. 이런 이유에서인지 길거리에서 걸핏하면 뭘 보겠다고 몰려들던 조선의 구경꾼들을 식민 권력은 해석하고 싶어 했다. 조선인들은 왜 무슨 일만 일어나면 몰려들어 자기 일도 아닌 것에 간섭하고 나서는가?

권력의 시선

주인공 나가야지.

주인공 눈이 오려나, 비가 오려나, 어째 으스스하구나.

주인공 한잔해야겠는데 … .

주인공 잠깐 … . 어딜 가야 한잔 걸릴까.

길가던 사람들 애, 저기 뭐가 있나 보다!

주인공 오~ 그 사람 생일이 섣달 초이레든가 여드레든가.

주인공 이 정신 좀 봐라. 뱅뱅 돌면서 안 나오는구나.

주인공 뭐가 있길래 다들 이래!!

주인공 에구구 무슨 먹을 거나 있다고 덥쳐 누르고 그래!!![1]

1934년 『매일신보』에 실린 「군중심리」라는 제목의 만평 내용이다. 만평을 쓴 작가의 설명에 따르면 중절모에 저고리를 입은 주인공은 돈푼이나 있는 사람인데도 다른 사람한테 술이나 얻어먹으려 ―작가는 "걸식"이라고 한다― 다니는 소위 노는, 할 일 없는 사람이다. 그런데 이 주인공이 어디 가서 술을 얻어먹을까 하며 지나가다가 갑자

「군중심리」라는 제목의 『매일신보』 만평. 중절모에 저고리를 입은 주인공이 오늘은 어디서 술 한잔 얻어먹을까 하고 길을 거닌다. 그때 애들 두 명이 그 앞에서 "얘, 저기 뭐가 있나 보다" 하고 어딘가를 향해 뛰어간다. 그런데 주인공은 이 상황을 알지도 못한 채, 지인 생일 날짜를 곱씹다 자신도 모르는 사이 무수한 사람들 틈에 둘러싸여 오도 가도 못 하게 된다. "에구구 무슨 먹을 거나 있다고 덮쳐 누르고 그래!"라며 끝난다. 「군중심리」, 『매일신보』 1934년 1월 23일 자.

기 사람들 무리에 휩싸이게 된다.

만평에서 볼 수 있듯이 처음에는 두 명으로 시작되었다. 아이로 보이는 이들 두 명이 "얘, 저기 뭐가 있나 보다" 하고 어디론가 달려가고 주인공은 앞에 일어나고 있던 "무슨 일"과는 상관없이 지인 생일이 언제였는지 생각하는 틈에 무수한 사람들에게 둘러싸이게 된다. "에구구 무슨 먹을 거나 있다고 덮쳐 누르고 그래!" 사람들 무리에 눌린 주인공이 외마디 비명을 지르며 만평은 끝이 난다. 『매일신보』는 이 만평에 다음과 같은 주석을 덧붙였다.

말똥이 굴러도 사람이 빗발치듯 하는 세상이라. 요새 큰길에 나서면 혹시 상점에서 간판을 걸든지 진열장을 고치든지 하면 그 주위 일대는 글자 그대로 수천 명의 신사 숙녀가 입에 말똥을 넣어도 괜찮다 하고 크나큰 일들을 놔두고 정신없이 쳐다보고 있습니다. 이 그림은 돈푼이나 있는 사

람으로 걸식하러 다니는 것을 직업으로 하는 고라리 양반 한 분이 헛물을
켜고 사랑채를 나서 다시 술 한잔 얻어걸릴 곳을 생각하느라고 잠깐 해를
쳐다보고 정신을 수습하는 중인데 순식간에 진실로 순식간에 이리 엄청
난 선남선녀 떼에게 포위되어 고라리 양반 어인 영문인 줄도 모르고 혼비
백산하는 꼴입니다.[2]

아무 쓸모도 의미도 없는 일에 그걸 구경하겠다고 우르르 몰려드
는 사람들로 인해 벌어지는 소란들. 최근 조선에서 이 같은 소란이
허다하게 일어나고 있다는 설명이다. 이 같은 소란을 일으키는 것은
대부분 딱히 할 일이 없어 시간을 때우느라 어슬렁거리는 이들이었
다. 그래서 그들이 그 무료함 때문에 작은 일에도 우르르 몰려다닌다
는 설명이다. 한편에서 식민 도시의 높은 실업률과 그로 인한 사회
문화의 한 단면을 설명해주는 기사이기도 했다.

그런데 이 과정에서 이 만평의 그림은 우리에게 한 가지 궁금증을
일으킨다. 이 만평에서는 왜 군중이 쳐다보던 '대상'이 무엇이었는지
끝까지 보여주지 않을까? 조선인들을 몰려들게 하던 하나의 지점,
그들이 향하던 그곳에 무엇이 있었는지 만평은 끝내 보여주지 않은
채 끝난다. 그렇다면 개개의 흩어진 다른 사람들을 하나의 대중으로
만들어내던 대상은 실제로 무엇이었을까? 혹시 그 '대상'이 무엇인
지 여부는 대중의 구성 자체에 그다지 중요한 문제가 아니었던 것일
까? 만평이 이 대상을 '부재'로 처리하면서 우리에게 시사하려던 바
는 무엇이었을까?

이 질문에 대한 답은 만평에 달린 주석이 명확히 보여주고 있다.

만평을 해설한 기사에서 조선인 군중은 언제나 무의미하게 몰려들어 이리저리 휩쓸려 다니는 이들이었다. 그렇기 때문에 이 꼬리의 꼬리를 물고 이어지던 수많은 사람의 무리를 만들어내던 궁극의 대상이 무엇이었는지를 보여주는 것은 중요치 않았다. 조선인 군중을 만들어냈던 것은 본질에 대한 탐구나 고민이 아니었기 때문이다. 그저 내 앞에 있는 사람들이 보는 것을 나도 보고자 하는 욕망! 그 모방에의 욕망이 있었다. 만평은 이 '비주체적'인 '모방'의 욕구로 만들어졌던 조선인 군중 현상이 얼마나 가치 없는 것인지를 보여주고자 했고, 이를 보여주는 데 군중이 보려고 했던 그 궁극의 '대상'을 부재로 처리하는 것만큼 효과적인 것은 없었다. 『조선의 군중』 역시 이렇게 '주체성'을 결여한 채 "모방"의 욕망에 눈이 팔린 조선인 구경꾼들이 다양한 식민 공간에서 소란을 일으키고 있었음을 자세히 묘사하고 있었다.

한 번 언쟁이 시작되면 당사자들은 음식점 앞 노상에서 상대하고 그 주변에는 거의 10여 명에서 100여 명의 사람이 이들을 에워싼다. 언쟁의 시간은 20분, 30분 길게는 한 시간도 넘는다. 구경꾼들은 호기심에서 언제까지도 멈추지 않고 계속 많아진다. 노상에는 사람의 산, 말도 차도 걷기를 멈추고 서서 교통차단이 되는 모양인 것이다. 군중에는 중재에 나서는 사람도 있지만 대부분은 전적으로 방관하는 태도로 이 견디기 어려운 광경이 연출되는 것인데 공수방관空手傍觀, 동정이나 의분義憤이라든가가 가세하거나 반대하는 자는 없다. 언쟁 당사자도 점차 권태를 깨닫고 언제 그랬냐는 듯이 끝을 맺거나 경관이 제지하여 종료된다. 군중은 즐거운 구

경거리를 한 듯한 만족을 얻고 해산하는 것이 상례다.³

음식점에서 만들어지던 조선인 군중은 한마디로 싸움을 구경하는 군중이었다. 일정한 직업이 없는 무리가 술값을 해결하려고 돈 있어 보이는 사람에게 몸을 부딪쳐 싸움을 유도하고, 상대가 반응하면 곧 언쟁과 함께 상대를 밀치는 등 싸움을 시작하는데, 이 싸움을 구경하려고 길 가던 행인들까지 몰려들어 "노상에는 사람의 산, 말도 차도 걷기를 멈추고 서서 교통차단"이 되기까지 한다는 설명이었다. 처음 몇 명은 싸움 자체를 구경한다는 실체적 대상을 보고 만들어졌겠지만, 이후 사람도 말도 그리고 차도 지나다닐 수 없게 길거리를 가득 메우게 되는 무수한 사람들은 "몰려 있는 사람들"이 본 것을 자신도 보고 싶다는 "호기심", 그 모방에의 욕망에 의해 순수하게 모인 것이었다. 이렇게 만들어진 싸움을 구경하러 모인 다수자는 "싸움"이란 구경거리가 사라지면, 곧 산산이 사라져서 자연스럽게 해체되었다. 구경꾼 심리, 모방 욕망에 의해 만들어진 다수자가 가진 거품 같은 무의미함을 보여주는 또 다른 예였다. "불구경"하던 대중에 대한 설명 역시 마찬가지였다.

최근에 빈번하게 화재가 일어나고 있다. 그 화재 사건 현장 부근 일대는 사람으로 메워지고 화재를 당한 조선인은 대개는 당황하여 어쩔 줄을 모르는데 ⋯ 이때 몰려든 군중들은 전적으로 즐거운 구경거리가 생긴 듯이 방관하고, 긴 담뱃대를 빨아대는 자가 있는가 하면 가까이서 볼 작정으로 앞으로 밀려들어 소방상 방해가 되는 경우가 종종 있다. 방해가 되어 쫓아내도 즉시 밀집하여 소방 행동에 자유를 주지 않는다. 소방에 가세해 손을 빌려주는 사람은 전혀 없고 오직 방해만 될 뿐이다.[4]

식민(지배)자의 시선으로 보기에 싸움이나 화재를 구경하겠다고 모인 조선인들은 모두 걸핏하면 우르르 몰려다니는 무지몽매함하고 나태한 이들이었다. 개개인으로서 자기 목적의식, 즉 주체성이 없을 뿐만 아니라 집단으로서의 목적의식도 없었다. 실체적 진실은 '잘 알지두 못하고' 혹은 '잘 알려고도 하지 않은' 채, 그저 '남들이 하는 것'을 '자기도 하고 싶어 하는' 이들의 모방 행위는 무위無爲한 이들의 의미 없는 여유에 불과했다. 그렇다면 실제로 길거리에 걸핏하면 모여들었던 조선인 구경꾼들의 모방 욕망은 그저 조선인 대중의 비주체성과 비의식성을 증명해주는 것에 그치는 것이었을까?

숫자 되기

1930년 12월 2일 저녁 7시, 경상남도 진주군 대곡면 주재 파출소에서는 100여 명의 조선인이 돌을 던져 파출소 유리창을 깨고 등불을 깨트려 두 시간 동안이나 암흑 속에 있게 한 사건이 발생했다.

이 사건은 그날 오후 진주군 대곡면 단목리의 한 장터에서 시작되었다. 그날 오후 5시경 진주 전매국원이던 야마모토 우이치山本卯一란 자가 조선인 보조원 여섯 명을 인솔하고 단목리의 하만식을 찾아가 자신들은 경관이며 조사할 일이 있어 왔다고 말했다. 하만식이 작년

11월 전라북도 정읍에서 담배를 밀매했다는 혐의였다. 그런데 하만식을 데리고 주재소로 가는 중에 하만식이 갑자기 동행을 거절하자 이들은 길가에서 하만식을 구타하더니, 단목리에 있는 윤경일의 술집으로 끌고 가 방 하나에 하만식을 집어넣고 그를 고문했다.

하만식의 무릎 밑에 몽둥이를 끼고 꿇어 앉혀 구타하는 한편, 코에다 물을 들이부었다. 하만식이 계속된 고문에 인사불성이 되었을 때, 인근에서 하만식의 소식을 듣고 온 동리 친척들, 즉 하경성, 하문오, 하한기, 하문부, 하만호 등이 달려와 즉시 고문을 중지하라고 요구했다. 그러나 전매국원 야마모토는 오히려 이들을 구타했다.

바로 그때, 장사를 나갔다 돌아오던 10여 명의 무리가 주막에서 이같은 광경을 보게 되었다. 그러더니 처음 10여 명에 불과했던 동민들은 어디에서 이 소식을 들었는지 100여 명이나 모여들었다. 상황이 이렇게 되자 결국 전매국원들은 주재소에 응원을 청해 순사 부장을 비롯한 주재소 순사가 모두 출동해 전매국원을 주재소에 보호하고, 피해자는 집으로 그냥 돌려보내려 했다. 그러나 모여든 사람들은 흩어질 기미를 보이지 않았다. 아예 이들은 파출소를 에워쌌다.

"그 전매국원을 내놔라!!"

돌로 파출소 창문과 등불까지 깨트려 두 시간 동안이나 암흑 속에서 소란을 벌였는데, 결국 지방 유지인 하만리, 하봉식과 진주서원이 중간에 제지한 끝에 이들 군중을 저녁 8시에 해산시킬 수 있었다.[5]

이 사건에서 우리는 이날 저녁 7시경 대곡면 주재소를 둘러싸고 경찰과 대치하던 조선인 대중이 어떻게 만들어졌는지 확인할 수 있다. 그 시작은 장터에서 하만식에 대한 고문을 제지하려고 몰려든 하만식의 친척 다섯 명이었다. 그런데 하필 이 사건은 '장터'에서 일어났다. 그래서 장사를 나갔다 돌아오던 10여 명의 사람이 주막에서 양편으로 나뉘어 싸우던 이 사건을 본 것이다. 그 와중에 하만식은 고문으로 초죽음이 되어 있었다. 그런데 동네 주민들이 왁자지껄해진 주막의 상황을 듣고서는 곧 100여 명으로 불어났다. 이제 여섯 명의 전매국원 직원과 100여 명의 조선인 대중이 대치하게 된 것이다. 이 압도적인 수적 차이의 위계 위에서 분노한 조선인들이 내지른 함성에 전매직원들은 위협감을 느끼고 관할 주재소에 구원 요청까지 하게 되었다. 그날 밤 두 시간에 걸친 파출소를 향한 석전石戰은 이 과정에서 이루어진 것이다.

　장터에 들러 이 사건을 처음 목격했던 구경꾼들, 이 소수의 몇몇 구경꾼들이 다른 구경꾼들을 모으고, 그 구경꾼들이 또 다른 구경꾼들을 불러 모으면서 다섯 명이 10명으로, 10명이 100명이 되었다. 물론 우리는 이 사건에 조선인 사회의 민족의식과 폭압적인 식민 권력의 횡포를 향한 대중의 분노를 언급하지 않을 수 없다. 그러나 이 같은 접근 즉, 사건 속 내용의 서사나 서사의 의미를 논하기 전에 우리가 이야기해야 하는 것은 무엇일까? 그날 장터의 술집에서 벌어진 하만식 친척들과 전매국원들 사이의 실랑이를 보려고 몰려들었던 이들이 애초에 던졌던 질문은 분명히 다음과 같을 것이다.

　'도대체 무슨 일이 생긴 거야?'

　바로 그것이었을 것이다. '무슨 일이 일어났는가?'라는 호기심 어린 질문은 일반적으로 어떤 사건과 마주하게 될 때, 개인들이 내뱉는 첫 질문이기 때문이다. 그 같은 질문에서 시작된 궁금증이 구경꾼을 만들고, 그 구경꾼들이 또 다른 구경꾼을 불러 모았던 것이다. 호기심이라는 욕망의 모방적 연쇄가 없었다면 죄 없는 조선인이 백주 대낮에 장터에서 물고문을 당한다는 '서사(혹은 '의미')'는 전파될 수 없었을 것이다. 따라서 우리는 당시 사건을 식민 권력의 폭압적 횡포와 그에 대한 민중적 저항이라고 의미화하기 이전에 각기 다른 이름과 주소지를 가진 개인들, 서로 다른 사연으로 장터를 들렀을 별개의 개인들을 100여 명이라는 하나의 숫자로 변신시킨 원초적인 논리에 다가갈 필요가 있다. 대중은 명백히 양적인 의미다. mass는 양의 덩어리에 불과하다. 따라서 이 양화된 덩어리 안에서 개별자들은 모두 똑같은 하나의 숫자가 된다. 남이 본 것을 나도 보고, 그가 입은 것을 나도 입고, 그가 먹는 것을 나도 먹고자 하는 욕망의 실천 과정에서 나라는 특이한 개체는 사라지고 이미 존재한 숫자 속 또 다른 숫자로의 '변신'이 만들어진다.[6]

문제는 우리가 이같이 양화된 대중을 어떻게 받아들여야 하느냐는 것이다. 식민 공간 속에서 만들어진 구경꾼들의 소란을 보는 식민 권력의 생각은 명확했다. 할 일 없는 조선인들의 구경꾼 심리가 언제나 소란을 일으킨다고 말이다. 양화된 대중을 주체성의 결여라고 평가하는 것은 그런 의미에서 과거나 지금이나 크게 달라진 것이 없다. 그러나 고유한 개인들이 '수'라는 하나의 단순한 코드로 다 같이 변신하는 것을 개인성의 '상실'로만 설명하는 것은 충분치 않다. 모방의 욕망이 만들어낸 개인의 수적 전환과 그 증식은 사적 개인들 사이에서 논해지다 사라질 수도 있었을 '정보'의 '규모'를 키워 그것에 '의미'를 부여하고 있었기 때문이다. '모방'의 욕망이 하나의 '의지'

로 변신해 파출소를 덮치는 돌멩이가 되고 있었던 것이다. 다음의 사건을 보며 이 문제를 더 깊이 들여다보자.

1928년 8월 29일 오후 8시 30분경, 대구시장 파출소 밖에는 창문으로 파출소 안에서 벌어지고 있는 일을 보려고 몰려든 사람들로 발디딜 틈이 없었다. 파출소 안에서는 순사 하나와 조선인 노동자 두 명이 무언가로 언성을 높이며 실랑이를 하고 있었다. 이를 지켜보던 구경꾼은 이미 300명이 넘었다. 이들 중 상당수는 도대체 어떤 일이 벌어지고 있는 것인지 궁금해했다. 또 다른 상당수는 『매일신보』의 만평처럼 이 구경꾼들 자체를 보기 위해 몰려든 또 다른 구경꾼들이었음에 분명했다. 그런데 구경꾼들에게 둘러싸여 있던 파출소 순사가 무척 당황해하며 본서에 전화를 건다.

"어떤 폭행자가 왔으니 지원을 요청한다!"

순사가 길거리도 아닌 파출소 안에서, 자신에게 화를 내는 평범한 노동자 두 명을 상대하지 못해 본서에 지원을 요청한 것이다. 과연 이 지원 요청은 자기 앞에 있는 두 명의 조선인 때문이었을까? 아니면 이 파출소를 빙 둘러싸고 있던 300여 명의 구경꾼 때문이었을까? 이제 그날 이 파출소를 둘러싸고 어떤 일이 벌어졌었는지 전후 상황을 알아보자.

전화를 건 순사는 류아무개라는 대구시장 파출소 소속의 조선인이었다. 그는 그날 밤 8시경, 순찰을 돌다 관내 신정자동차 정류소 옆 길가에서 감을 팔던 김삼분이라는 노파를 봤다. 그런데 이 조선인 순사는 김삼분이 교통을 방해한다며 "교통 단속"의 명목으로 김삼분을 구타했다. 구둣발로 김삼분의 옆구리를 찼고, 일어나서 다른 곳으로 옮겨가려던 김삼분이 든 감 그릇을 발로 차서 그날 감을 판 돈 1원과 팔다 남은 감을 몽땅 개천에 빠트렸다. 김삼분은 집으로 돌아와 매 맞은 것 등 그날 있었던 일을 그의 아들 임도선과 사위에게 이야기했고, 이 말을 들은 아들과 사위는 곧장 파출소의 류 순사를 찾아가 어떻게 된 일이냐고 따져 물었다.[7]

그날 파출소를 에워싸고 있던 군중은 이 같은 사연을 알고 온 구경 꾼들이거나 혹은 이 구경꾼들이 다시 불러 모은 또 다른 구경꾼들이었다. 이처럼 파출소에 잡혀온 조선인의 주위를 빙 둘러싸고 있던 조선인 구경꾼들의 모습은 앞의 사례 이외에도 1920년대와 1930년대 조선에서는 매우 흔한 풍경이었다.

어떤 사고로 사람이 파출소로 연행 또는 검거되는 경우에는 즉시 아주 많은 사람의 군중이 나타난다. 이들 군중은 색다른 것을 보고 알려는 호기심에서 모인 이들로, 무언가 사건이 발발하고 전개되기를 기다리는 이들이기 때문에, 경관의 제지나 해산 명령으로 재빨리 흐트려 해산시키려 해도 후에는 10배, 20배의 인원이 모이기 때문에 몸을 움직일 수조차 없는 상황이 된다.[8]

그런데 단순한 구경꾼으로 모였던 군중 안에서 매우 빈번하게 이변이 일어나는 것이 문제였다. 파출소에 잡혀온 조선인의 '사연'을 남들처럼 '나도' 알고 싶어 하던 그 모방에의 욕망이 문제였다. 이 욕망으로 만들어진 거대한 수의 덩어리, 즉 mass가 어느 순간 주어진 정보에 집단적이고도 자의적인(혹은 주체적) 해석을 하는 과정에서 사건이 발생하고 있었기 때문이다.

　피검거자의 한 패는 이 군중을 배경으로 피검거자를 탈환하려고 시도하고 그래서 경관과 작은 경합이 생기는 경우도 있지만, 이때 경관에게 횡포 또는 폭행을 하는 등의 소요 군중은 이(피검거자의 사연—인용자)를 함부로 믿고 하나의 집단이 되어, 파출소를 포위하고 소란이 극에 달해 투석, 파괴, 난입, 반항을 감행해서 제지하지 않으면 안 되는 위험 상황이 되기까지 이른다.[9]

　순사에게 붙들려 가던 이가 운집한 구경꾼을 향해 내뱉던 하소연 한마디, 순사와 피검거자가 서로 티격태격하며 만들어낸 물리적 충돌(대개는 순사의 폭행)의 스펙타클한 광경 등은 곧 구경꾼들과 피검거자를 하나로 만들어 순사들과의 사이에 전선을 만들어냈다. 그저 무슨 일이 생겨 저렇게 많은 사람들이 모여 있나 궁금해하던 이들, 그 사람들의 무리에 속해 그들이 아는 것을 자신도 알고 싶어 하던 이들이 하나의 수로 변신해 소수의 권력자를 압도하고 있었던 것이다. 그 변신의 과정에 동일한 정보의 양적 증식이 순식간에 정보에 대한 새로운 해석('순사가 양민을 고문한다'에서 '그 순사를 죽여라'는 해석)을 만들어내는 이탈이 생기고 있었다는 것이 중요했다. 그렇게 해서 거리의 구경꾼들이 어느 순간 피검거자를 탈환하거나 파출소 유리창에 돌을 던지는 범법자들, 식민 권력의 대항자로 바뀌고 있었다.
　따라서 모방과 관련해 우리가 주목해야 할 것은 모방의 행위가 수적 증식을 통해 대중을 만들어낼 뿐만 아니라, 적대적 전선이 형성되었을 때 어느 순간 그 전선 밖의 적과 싸우는 전투적 대중으로 이들을 변신시키도록 촉발하는 커다란 전제가 될 수 있다는 점이다. 어떤 것을 따라 하는 모방은 하나의 정보를 다른 이에게 똑같이 전달하거나 나 자신이 또 다른 '한 명'의 정보 전달자로서 하나의 '수'가 되는 것을 의미했다. 그 동일한 것의 반복된 흐름은 언제든 변태變態할수 있었다. 타르드의 말처럼 현상의 유사와 반복은 그것이 "내적이든 외적이든, 양이든 집단이든, 증대든 연쇄든 간에", 그 "보편적인 차이와 변이의 필수적인 주제"였던 것이다. 따라서 모방은 주체성의 결여가 아니었다. "반복은 변이를 위해" 있기 때문이다.[10]

그리고 그 같은 변신에 사방팔방으로 뚫려 있던 길거리는 매우 중요한 물리적 인프라의 역할을 한다. 각기 다른 주소지의 사람들이 서로 만날 수 있도록 만드는 길거리는 사람들의 수적인 증식에 필수적일 뿐만 아니라, 그 거대한 광장에서 어떤 촉발이 만들어질지 예측할수 없도록 하기 때문이다. '길거리', '광장', '장터'는 모방의 메트릭스이자 변이의 전제였다. 따라서 다음에서는 이 식민지의 '길거리'가 대중의 모방과 변신에 미친 영향이란 측면에서 식민지 대중의 소란을 들여다보자.

길거리

1920년 8월 16일 저녁 6시경, 경성 종로 4정목(지금의 종로 4가) 파출소 앞에는 동대문경찰서 순사 몇 명이 들것을 사이에 두고 한 조선인과 실랑이를 하고 있었다. 경성 인의동 2번지에 사는 최영택(47)이라는 이 조선인은 며칠 전 부인이 콜레라로 숨졌고, 본인도 검사 결과 콜레라 "보균자"로 판명이 났다. 그런데 최영택은 사지 멀쩡한 자신이 왜 "들것"에 실려 "순화원"으로 실려가야 하는지 도통 이해할 수가 없었다.

"내가 어디가 어때서 이 들것에 가서 누우라 하오! 백성이 되어서 경관의 명령에 복종치 않은 것은 법률이 허락지 않을지라. 가자 하면 순화원은커녕 지옥에까지라도 같이 갈 터이니 제발 멀쩡한 놈을 저 몹쓸 것에 담아갈 생각을 말고 같이 걸어 나가자!"

이렇게 애원했다. 경관은 병자를 걸려서 데려갈 수는 없다고 거부하고 최영택은 한사코 들것은 타지 않겠다고 하면서 종로 4정목 파출소 앞에는 "들것"을 사이에 둔 보균자, 그러나 본인은 전혀 자각 증상이 없을뿐더러 겉보기에도 멀쩡해 보이는 한 조선인과 경찰 사이의 실랑이가 시작된 것이다.[11]

이 실랑이가 벌어진 종로는 다름 아닌 북촌 조선인의 정치, 경제, 문화의 중심지이자 주거지였다. 종로 2정목의 파고다공원, 우미관을 비롯한 대중문화 공간뿐만 아니라, 각종 청년 단체와 사회운동 단체들이 조선인 신문사 및 출판사 그리고 교육기관들과 함께 있던 곳이 종로였다. 이 종로가 최초의 근대적 대중 광장인 황토현(광화문) 사거리로 곧바로 연결되어 있었다. 소요가 시작되었던 종로 4정목은, 그 서쪽으로는 황토현 광장이 그리고 남쪽으로는 당대의 번화가 황금정 사거리가 이어지는 핫스폿이었다. 이 같은 종로의 특징, 무엇보다 다른 이거리, 삼거리, 사거리 들과 연쇄적으로 연결되는 사방팔방으로

1920년대 종로 지도. 북촌, 종로에 있던 각종 청년운동 단체들과 언론사·출판사들의 위치를 확인할 수 있다. 왜 식민지 시기 종로가 조선인의 정치, 교육, 문화의 중심지였는지를 보여준다.

뚫린 종로의 지형적 특징은 여기서 무슨 일이 생겼을 때, 그게 뭔지 보려고 몰려드는 사람들이 어디서 얼마나 더 몰려올지 예측 불가능하게 했다. 그런 점에서 종로는 모방이라는 대중의 실천에 길거리가 미치는 영향의 잠재력을 충분히 보여줄 수 있는 공간이었다.

종로 4정목에 몰려든 행인들은 곧 여기서 일어나는 일이 멀쩡한 조선인을 "들것"에 실어 순화원으로 보내려는 경찰과 이를 거부하는 조선인 간의 실랑이라는 것을 알게 되었다. 이 '소식'은 곧 북촌 일대에 순식간에 퍼져 종로 4정목 파출소 앞에 700명에 달하는 조선인들이 몰려왔다. 그들은 분개한 낯빛으로 최영택과 경관 간의 실랑이에

'참여'했다.

"이놈들 공연히 생사람을 들것에다 담아가려고! 어디 좀 보자!"

"죽어도 들것에는 타지 말아라."

"조선 사람은 아무렇게나 죽어도 상관없느냐!"

"성한 사람을 잡아다가 괴질 구혈에 넣고자 하는 원수를 때려죽여라!"

순화원으로 데려가는 것을 "괴질 구혈"에 데려가서 "아무렇게나 죽이는" 행위라고 봤던 것이다. 특히 이 같은 생각은 '보균자' 격리가 전염병 방역의 일환이라는 것에 대한 인식이 보편화되어 있지 않은 탓도 있었다.[12] 순화원에 격리되는 것은 멀쩡한 사람(보균자)을 죽이러 데려가는 것이었다. 따라서 일본인 경관이 백주 대낮에 그 같은 짓을 하고 있다고 여긴 분노가 종로 4정목을 군중으로 미어터지게 했다. 종로 4정목에 운집한 군중의 수와 이들의 외침에 압도된 경찰은 그럼, "들것" 대신 "인력거"를 타면 되지 않겠느냐고 제안했다. "들것"이 환자 취급을 하는 것이라 생각한다면 대신 "인력거"를 타고 순화원으로 가면 되는 것 아니겠냐는 것이었다. 그러자,

"인력거는커녕 자동차이기로 저렇게 멀쩡한 사람을 어찌하여 데려간단 말이냐."

"가지 말아라."

"가면 죽는다."

이런 외침이 이미 1천여 명으로 늘어난 조선인들 속에 울려 퍼지고 이 울림은 이 1천여 명의 조선인을 하나의 대중으로 만들고 있었다. 구경꾼으로 시작된 대중이 어느 순간 경찰 권력에 대항하는 집단

으로 바뀐 것이다.

"무죄하고 무병한 양민을 죽음의 구렁에 처넣으려 하는 경관을 때려죽여라!"

"파출소를 부숴라!!"

당장에라도 파출소를 들었다 놨다 할 것 같은 이 같은 대중의 외침에 경관은 그만 겁에 질려 하는 수 없이 최영택에게 집으로 돌아가누어 있으라며 돌려보내려 했다. 그러나 최영택은 불안했다.

"지금은 수백 명 군중의 부르짖음에 겁이 나서 보내 놓고 밤이 되면 슬며시 데려가려고 하지 않겠느냐!"

"옳다! 참 그렇다! 그럼 이 자리에서 데려가지 않겠다는 서약서를 받아라!"

군중 속에서 최영택을 옹호하는 이런 목소리가 나올 무렵, 처음에는 아무 말도 못 하고 그냥 서 있던 두 일본인 경관은 어느 틈에 동대문경찰서로 달려가 10여 명의 경관과 대여섯 명의 경부 및 경부보의 지원을 받아 함께 돌아왔다. 이 같은 경관의 대응은 길거리의 대중을 더 자극하면서 내적으로 단일한 하나의 목적의식을 갖게 했다. 눈앞의 경관을 '응징'해야 한다는 것이 바로 그것이었다.

"저놈들을 때려죽여라!"

이런 외침과 함께 돌덩이가 경관들에게 날아들었다. 이 중 한 개는 어떤 경관의 머리에 맞고 다른 한 개는 종로 4정목 파출소 유리창을 깨트리는 등 형세가 전쟁을 방불케 했다. 경관들은 수천의 대중 앞에서 "할 일 없이 군도 자루에다 손을 대고 만일을 염려해 달려드는 군중들을 흩어지게 하려고" 애를 쓰다 결국 최영택을 집으로 돌려보냈다.[13]

그러나 그 이후에도 흥분된 대중의 열기는 식지 않았다. 이미 종로 4정목 주변으로 빽빽하게 밀려들었던 이들은 최영택이 풀려난 것으로 사실상 사건이 종료되었음에도 이후 사건을 예비하기라도 하듯이 개인으로 해산되지 않고 여전이 "대중"으로 웅성거리고 있었다.

8월 16일, 최영택을 둘러싸고 벌어졌던 이 길거리의 대중과 경찰 간의 싸움은 1919년과 1920년에 식민지 조선을 휩쓸었던 콜레라와 그에 대한 식민 당국의 대응이 배경이 되었다. 당시 호열자(콜레라)는 그로 인한 환자와 사망자를 1919년에는 각기 1만 6,991명과 1만 1,084명(1920년에는 환자 2만 4,229명, 사망자 1만 3,568명)에 이르게 할 만큼 창궐하면서 식민 사회의 일상을 저변에서부터 흔들고 있었기 때문이다.[14]

문제는 전염병에 대한 식민 당국의 방역 조치가 매우 강압적이고 폭력적이었다는 점이다. 위생경찰에 의한 전염병 관리는 환자 발생 지역의 교통차단 및 환자와 보균자의 격리, 순화원으로의 강제 수용 등을 원칙으로 했다. 그런데 이와 같은 조치들은 환자나 보균자에게 해당 상황에 대한 사전 정보 제공 없이 일방적이고도 강압적으로 이루어졌다. 특히, "보균자"에 대한 지식과 의미가 대중화되어 있지 않았던 상황에서 '전파'를 막기 위해 자각 증상이 없는 보균자들을 강제 격리하거나 시설로 수용하면서 조선인이 식민 권력, 특히 위생경찰에 대해 느끼는 저항감이 극도로 높아지고 있었다. 무엇보다 순화원은 당시 식민 정부 산하의 사실상 유일한 전문 전염병 치료 기관이었음에도 그 치료 현황이 열악해 순화원에 들어가면 사람이 죽어 나온다는 공포가 퍼져 있었다.[15]

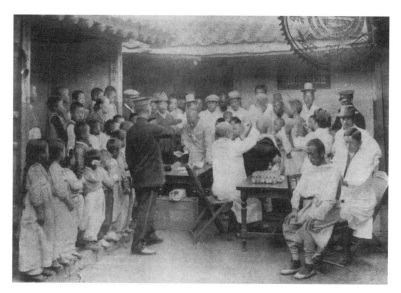

1920년 인천에서 위생경찰이 주민들에게 예방접종을 하는 모습. 당시 호열자로 불리던 콜레라가 퍼져 1919년에만 환자 1만 6,991명과 사망자 1만 1,084명이 발생하고, 1920년에는 더 급증해 환자 2만 4,229명, 사망자 1만 3,568명이 생겨났다. 조선총독부 편, 『다이쇼8년 호열랄병 방역지(大正八年虎列剌病防疫誌)』, 조선총독부, 1920.

　콜레라 방역을 둘러싸고 경찰을 비롯한 식민 당국에 조선인 사회가 느꼈던 이 같은 병변에 대한 공포를 넘어선 불만과 위협감은 3·1운동이 콜레라에 대한 방역 당국의 강압적 조치에 대한 반발로 일어났다는 말이 나올 만큼 심각했다. 그리고 3·1운동 직후였던 1920년 콜레라 방역을 둘러싼 민심의 저항감은 3·1운동을 거치면서 더욱 격렬해졌다. 그렇다면 전날 집으로 돌려보냈던 최영택은 그 후 어떻게 되었을까? 과연 동대문경찰서 순사들은 보균자 최영택의 순화원 격리를 포기했을까?

　1920년 8월 17일 오후, 전날에 하는 수 없이 집으로 돌려보낸 보균자를 찾아서 동대문경찰서는 경관 두 명을 인의동에 있는 최영택의 집으로 보냈다. 이제 '들것'은 없었다. 그러나 최영택은 여전히 강하게 거부했다.

"이와 같이 건강한 몸으로는 도저히 갈 까닭이 없다."

최영택이 이처럼 다시 경관과 실랑이를 시작하자 또다시 동리 사람들이 하나둘씩 주변에서 몰려왔다. 그러자 이번에는 경관이 최영택의 손에 포승줄을 묶어 강제로 연행했다. 최영택이 가야 할 순화원은 지금의 서울 종로구 시쪽 옥인동에 있었다. 1909년에 옥인동 45번지 일대에 콜레라가 만연하자 감염자들을 위한 격려시설이 설치되었는데, 그것이 1911년 전염병 전문 의료기관인 부립 순화원이 된 것이다. 경찰은 최영택을 묶은 채 순화원을 향해 종로 일대를 관통해 걸어갔다. 종로 4정목에서 파고다공원이 있는 종로 2정목과 종각 사거리를 관통해 황토현으로 이어지는 대로변을 이용한 것이다. 이 거리에 8월의 오후 6시경, 얼마나 많은 조선인들이 있었을지는 짐작할 수 있는 일이다. 최영택은 포승줄에 묶여 끌려가면서 이 사람들을 향해 다음과 같은 '사연'을 고했다.

"나는 무슨 강도질을 하여 이같이 포박을 당해 가는 것이 아니오. 내 나이는 올해 쉰네 살이오. 그런데 한 5, 6일 전에 나의 아내가 여러 해 동안 병으로 신음하다가 죽었는데 그것을 호열자 병으로 죽었다고 하고 집 안을 모두 대소독한 후에 나도 또한 속에 호열자 병이 있다고 하는 것을 없다고 했더니 이와 같이 결박을 해가는 것이오. 여러분이 좀 다 아시오~~~."[16]

이 같은 최영택의 연설은 마치 피리 부는 사람의 피리 소리처럼 길거리의 사람들을 불러 모았다. 그리고 이 소식을 듣고 달려온 사람들이 최영택 일행을 따라가며 그 상황에 간여했다.

"무병한 사람을 억지로 죽는 구렁에 넣으려 한다."

"먼저 경관부터 때려죽여라!"

바로 그 시각 종로는 저녁을 먹고 야시를 구경하거나 공원에 산보를 하러 나온 사람들로 붐볐다. 이들 인파와 최영택 일행이 황토현통 (지금의 광화문 사거리)에서 만난 것이다. 길거리에서 이 상이한 흐름의 사람들이 서로 마주치면서 수의 증폭뿐만 아니라 성격의 변이까지 만들어냈다. 마치 지금의 인터넷 공간이 물리적 장벽을 넘어서 온갖 사람들이 흘러들어오고 서로 마주쳐 새로운 것을 만들어내듯이 말이다. 이렇게 황토현 앞 사거리에서 만들어진 수천의 인파 속에서 한마디 외침이 흘러나왔다.

"경관을 때려죽여라!"

최영택과 경관을 구경하려고 몰려들었던 사람들이 이제 이 말과 함께 하나둘씩 돌멩이를 집어 포승줄을 잡고 있던 경관들을 향해 던져대자 겁에 질린 경관들은 결국 포승줄을 놓고 도망가버렸다. 경관에게서 억울한 동포를 구해냈다는 승리감 때문이었을까? 군중은 도망가는 경관을 그냥 놔두지 않았다.

"저놈 달아난다."

"저놈 잡아라."

칼자루를 끼고 달아나는 경관의 뒤를 쫓으면서 돌을 계속 던졌다. 그렇게 달아나버린 경관 뒤로 대로변의 수천 명의 인파와 함께 남겨진 최영택은, 그러나 여전히 포승줄로 손이 묶여 있었다.

"온 이게 대체 무슨 팔자람 … ."

최영택의 탄식에 그때부터 황토현 앞 사거리에 모여 있던 군중들은 의논을 시작했다. 최영택을 어떻게 할 것인가였다.

"포승줄을 풀어주어라.

"아니다, 그대로 두어(서 증거로 삼아―인용자)야 한다."

"아니다. 풀어주어라. 사람이 상하겠다."

의논이 분분한 가운데, 경찰의 양민에 대한 이 같은 연행이 과연 올바르지 직접 믿을 만한 의사를 찾아가 알아보자는 의견이 나왔다. 일본인 의사와 조선인 의사 중 누구에게 갈 것인가? 일본인은 믿을 수 없고, 조선인 의사는 횡액(지금의 의료사고)에 걸릴까 우려되니 결국 남대문 밖 세브란스병원의 서양인 의사에게 진찰을 받으러 가자고 중지가 모였다. 1천여 명의 군중이 여전히 손목이 포승줄에 묶여 있는 최영택을 옹호한 채, 길을 틀어 남대문 쪽으로 향했다. 그때 사람 수는 이미 엄청나게 늘어나 있었다. 종로 4정목에서 시작된 인파가 황토현에 이르렀을 때는 이미 4천, 5천 명에 달했다. 그들이 남대문까지 거대한 행렬을 시작했다.[17]

이 행렬을 보며 우리는 이 수천 명의 무리에 함께 합세하고 있던 개개의 또 다른 정보 전달자이자 피전달자였던 이들이 무엇을 느끼고 있었을지 상상해봐야 한다. '수'가 되는 것은 분명히 한편에서는 자아 또는 주체성의 '상실'일 수 있었다. 그러나 동시에 우리는 길거리에서 만들어지고 있던 나라는 사람의 '숫자 되기'가 다른 한편에서 고립된 '자아'로부터의 해방이었을 수도 있다는 점을 생각해봐야 한다. 이 해방에 타자와의 접속이 주는 기쁨, 그 쾌감이 더해지고 있

1918년 당시 세브란스병원. 사진에서 맨 오른쪽 남대문을 지나 곧바로 이어진 길 정중앙에 있는 2층 건물이 세브란스병원이다. 1920년 종로 4정목에서 만들어진 콜레라 소요 대중이 어떤 경로로 세브란스병원까지 이동해왔을지 짐작해볼 수 있다

었다. 왜냐하면 같은 정보를 실어나르며 만들어진 타자와의 '결합'은 '나'의 상실을 넘어서 나라는 고립된 한 개인의 역량이 다수자의 역량만큼 커지는 체험일 수 있기 때문이다. 다수자 속 한 사람이라는 숫자 되기는 그런 의미에서 쾌감일 수 있었고, 그것이 황토현에서 시작된 대중이 몸집을 불려가며 남대문까지 행진할 수 있게 한 동력이었다고 추론할 수 있는 것이다.

군중 속에 존재하는 즐거움은 수의 즐거움 안에서 느끼는 감각적 기쁨의 신비한 표현이다. 모두는 수다. 수는 모두 안에 있다. 수는 개인 안에 있다. 황홀경은 수다.[18]

수적 증식이 대중에게 주는 쾌감을 묘사한 샤를 보들레르Charles Baudelaire의 이 이야기는 대중이 된다는 것, 즉 수적 다수자의 한 일원이 되어 그를 모방한다는 것이 소극적인 휩쓸림이 아닌 적극적인 참여의 욕망, 즉 '열광'일 수 있음을 암시한다. 어떤 개인이 다른 이의 무언가를 모방해서 그들과 같아지는 행위는 '나'의 상실이기 이전에 내 역량의 증식이며 따라서 대중에게 모방은 적극적으로 욕망된 결과이지, 어떤 것의 결핍(이른바 자의식의 부족) 때문에 모방된 것이라고 할 수 없었다.

이를 고려했을 때, 이날 사건 자체가 가지고 있던 내용, 즉 반反방역 대중이 식민 권력에 민족적 저항을 했다는 의미 부여는 후차적인 문제일 수 있었다. 민족의 저항 의식와 별개로 이 사건은 그 안에 모방의 쾌감이 대중 구성의 형식논리로 기능하고 있었다고 볼 수 있기 때문이다. 그리고 여기서 길거리는 이 쾌감의 증폭을 통한 대중 구성의 물리적 토대가 되고 있었다.

이처럼 열기에 들뜬 수천 명의 무리가 세브란스병원을 향해 황토현 쪽에서 내려오다가 이들은 또 다른 사건과 맞닥뜨렸다. 명월관 본점 옆 신교新橋를 막 넘어갈 때쯤, 마치 까마귀 날자 배 떨어지는 격으로 용산경찰서 경관 두 명이 이촌동에서 발견된 보균자 김성녀를 태워 순화원을 향해 가다 이 군중들과 마주친 것이었다.

"저거 보아라."

"저기로 또 사람을 담아 간다."

"저놈들을 때려죽여라."

"야〜〜〜〜〜."

소리를 높이 지르고 돌을 던지며 달려드는 군중들에게 압도된 일본인 경관 하나는 종로 쪽으로, 조선인 경관 하나는 개천 동쪽으로 그리고 들것을 메고 왔던 인부 두 사람은 서대문 방면으로 달아나버렸다. 이 같은 뜻밖의 상황에 김성녀는 들것에서 벌떡 일어났는데, 때마침 뒤따라오던 가족에게 손목이 잡혀 달아날 수 있었다.[19]

이 상황은 그날의 군중에게 마치 승전보와 같았다. 자신들의 힘으로 경관 둘을 벌써 도망가게 하고 억울한 조선인 한 명을 구출했는데, 다시 두 번째로, 경관들은 달아나고 불쌍한 조선인 여자는 가족의 품으로 무사히 돌아가게 한 것이다.

"자! 이제는 어서 제중원으로 가자!!"

여기서 제중원이란 1904년 남대문정거장(지금의 서울역) 앞에 새로 개원한 세브란스병원이다. 그런데 이들이 남대문정거장으로 향하려던 바로 그때, 급보를 들은 종로경찰서에서 기마 순사 여섯 명, 경관 10여 명을 현장에 보내 군중을 해산시키려 했다. 그런데 군중은 아랑곳하지 않고 세브란스병원 쪽으로 몰려갔다. 마침내 세브란스병원에 이르러 최영택이 실제 콜레라 환자가 맞는지 여부를 의사에게 묻자 의사는 허무하게도 다음과 같이 말했다.

"괴질 보균자를 판단하는 방법은 오직 그 사람의 똥을 받아서 일주일을 두고 보지 않으면 알 수 없으니 졸지에 어찌 알겠느냐."

종로 4정목에서 시작해 황토현을 거쳐 남대문정거장 앞 세브란스병원에 이르기까지 수십 명에서 수천 명으로 불어난 대중이 순사를 물리치고 환자를 구해 병원까지 와서 얻은 결론치고는 너무 허무한 것이었다. 검사를 해보기 전에는 아무것도 알 수 없다는 것이었다.

의사로부터 '아무 병도 없는 사람을 경찰이 억지로 호송시키려 했소' 라는 소리를 기대했던 대중은 의사의 이 예기치 못한 말에 순식간에 무너졌다.[20] 그리고 이 틈을 타 본정경찰서 경관들이 돌을 던진 사람 몇 명을 체포한 후 최영택을 본정경찰서로 데려갔다. 거리의 구경꾼들이 분노한 수천 명의 전복자로 변했다가 다시 소리 소문 없이 사라지는 순간이었다. 그날 밤 문제의 최영택은 결국 경관들에 의해 순화원에 수용되었다.

이같이 특정한 적을 향해 하나가 되어 돌진하는 거대한 수기 어느 순간 그것이 만들어졌을 때와 마찬가지로 스스로 자연스럽게 사라지던 대중의 모습은 이른바 지속되지 못하는 비조직적 행위를 우리가 왜 '해프닝'이라고 부르는지 다시 한 번 확인할 수 있다. 또한 그 같은 대중 구성의 중요한 원리 중 하나인 모방은 이 같은 자체 해산, 즉 순간적인 사라짐의 근본 이유로 생각할 수 있게 하기도 한다. 애초에 상황에 대한 분석적이거나 본질적인 문제의식 없이 남들이 하는 행위를 따라 하고자 모여든 이들이 어느 순간 사라지더라도 전혀 이상할 게 없다고 말이다. 모방은 대중이 만들어낸 현상의 무의미를 설명하는 거의 모든 것이다.

그런데 여기서 우리가 한 가지 간과해서는 안 되는 부분이 있다. 앞서도 잠깐 언급했듯이, 그 같이 모방을 통해 만들어진 대중 행위의 집단적 혹은 동질적 실천은 개개인들의 의식성 여부와 상관없이 그 모방이 크면 클수록, 그것이 끼친 사회적 "효과"가 실로 어마어마했다는 점이다. 물론 다른 사람이 입는 옷을 나도 입는 것 안에 어떠한 지속성이 있겠는가? 남들이 부르는 노래를 나도 따라 부르는 행위가 어떻게 영구적일 수 있는가? 그것은 분명히 한때의 휘몰아치는 사회적 행태로 언제 그랬냐는 듯이 사라질, 그때 그 시절의 기억으로 남을 집단적 행위에 불과하다. 그러나 이 역시 모방이 만든 변이의 한 결과임을 우리는 인정하지 않을 수 없다. 증폭된 수가 그 의미를 충분히 소모해 더 이상 추가적인 사람들을 끌어모으지 못해 그 '확장'에 제동이 걸릴 때, 그 대중은 어느 순간 흔적도 없이 사라지는 변신을 한다. 그러나 그 같은 변신, 즉 대중의 소멸은 동시에 또 다른 종류의 구경꾼들과 그들이 만든 전혀 다른 종류의 전선이 앞으로도 계속 반복될 것이라는 예시이기도 하다. 차이의 반복인 것이다. 따라서 하나의 모방이 영구적이지 못하다는 이유만으로 모방하는 대중의 '무의미'를 이야기할 수는 없다.

무엇보다 우리가 앞서 본 것처럼 모방하는 대중이 단순한 소비적 대중이 아닌 적대적 대중인 경우, 그것이 주는 사회적 효과가 엄청나다는 점에 주목해야 한다. 설사 그 적대의 전선이 대중의 흩어짐과 함께 순식간에 사라지더라도 전선의 형성 과정에서 대중이 전선 밖 주체에게 주던 '효과'는 모방의 힘을 우리에게 곱씹게 만들고 있었다. 그 효과란 '공포'였다.

공포

1927년 3월 31일 오전 11시경, 호남선 이리(지금의 익산)역 앞 사거리에는 수백 명의 군중이 운집해 있었다.

"때려라! 밟아라!"

서로 피 흘리며 싸우던 이 군중은 10여 명의 경관이 출동해서야 겨우 해산했다. 무슨 일이 있었던 것일까?

그날의 싸움은 이리역 앞 사거리 일본인 집 앞에서 놀던 어린아이가 일본인에게 두들겨 맞으면서 시작되었다. 그날 우마차 조합원 백명순의 아들 점동이가 일본인 집 앞에 있던 자전거 바퀴를 장난 삼아 돌리고 있었는데 이를 본 오다 세이치小田淸一라는 일본인이 곧장 달려들어 점동이를 무차별적으로 구타한 것이었다. 처음에는 뺨을 때리더니 아이를 집어 들어 땅에 내리쳐 오른쪽 다리를 부러뜨리고는 그래도 분이 안 풀렸는지 아이를 계속 때렸다. 그런데 이 장면을 백명순과 같은 우마차 조합원 몇 사람이 목격하게 되었다. 분노한 조선인 조합원들이 오다에게 격하게 항의하자, 이번에는 인근의 목공장에서 일하던 일본인 목수 네댓 명이 손에 자구, 끌, 망치 등을 들고 달려와서는 닥치는 대로 조선인들에게 휘둘렀다. 일본인과 조선인 간의 패싸움이 된 것이다. 그러나 아무리 외양상으로 일본인 대 조선인 간의 싸움이었다고 해도 조선인이 압도적으로 수가 많을 수밖에 없었다. 게다가 이리역 앞 사거리 대로변이었다.[21] 이 조선인의 수에 얼마나 위협을 느꼈던지 일본인 편에서 칼을 빼들어 휘두르며 조선인 군중을 위협하기에 이르렀다.

이리에 살고 있던 조선인 측은 패싸움 이후 그날 이리에 거주하는 일본인들의 행위를 규탄하는 시민대회("익산면조선인대회")를 열고 이 문제를 조직적으로 대응했다. 그리고 이 과정에서 이 "발검拔劍"한 일본인의 응징이 강력하게 주창되었다. 실행위원이 선정되고, 거

1912년 이리역. 이리는 항구도시 군산과 전통적 행정도시 전주의 중간에 위치해 있으면서 남쪽으로는 만경강을 경계로 곡창지대 김제평야에 연접해 있다. 이리의 이 같은 상업적 이점으로 일찍이 재조 일본인 상인들이 이곳에 도시 개발 인프라를 집중할 수 있었다. 1910년 대전에서 시작한 호남선이 1912년 이리역 개통으로 이어지면서 이리는 호남선과 군산선을 잇는 교통의 요충지로 떠올랐다.

리 행진, 노변 연설을 하는가 하면, 정거장 주변 일본인 시가를 돌며 "만세"를 고창하는 등 일본인들을 위협하는 조선인 대중이 만들어지고 있었다. 이 같은 조선인의 군집에 위협을 느낀 일본인은 상점 문을 굳게 닫았다. 그리고 칼을 빼들고 휘둘러 조선인들을 위협했던 일본인 집은 혹시 모를 사태를 대비해 경관과 소방수들이 지켰다. 이 시위는 밤 12시가 넘어서야 끝났다.

이 일은 결국 일본인 익산 군수와 면장, 경찰서장 등이 중재에 나서 발검을 했던 일본인의 공식적인 사과를 받아내면서 겨우 해결되었다. 그 일본인은 4월 9일 오후 8시에 익산 면사무소에 와서 다음과 같이 이야기했다.

"내가 발검을 한 것은 하등의 악의가 아니오, 매우 위급한 상황을 속히 진무시켰으면 하는 무심한 중에 돌발하였던 바, 그것이 폭언이었던 것은 사실이므로 각 지방 단체와 일반인 제씨에게 격분이 되게 한 것은 성심으로 사죄를 드리는 동시에 오늘 이후에는 조심하겠으니 용서해주시오."[22]

칼을 빼들고 군중에게 휘둘렀던 일본인의 이 반성문은 그가 느낀 공포가 무엇이었는지 잘 설명해주고 있었다. 그의 폭력은 모방의 대중이 만든 사회적 효과의 다른 표현이었던 것이다. 그리고 이는 1929년 9월 17일에 함경남도 단천경찰서의 주선인 순사였던 이용화가 일으켰던 소동에서도 아주 잘 드러나고 있다.

그날 오후 6시경, 함경남도 단천군 파도면 신창리에서는 추석을 맞아 학교 운동장에서 축구대회가 열렸다. 그러자 단천경찰서는 혹시 모를 사태에 대비해 일본인 오무로大室 순사와 조선인 이용화 순사를 보냈다. 그런데 마침, 이 두 순사가 현장을 경계하고 있을 때 운동장 밖에서 술에 취한 사람들이 서로 싸움을 시작했고, 이용화 순사가 이 싸움을 말리다 술 취한 이 중 한 명을 쓰러뜨렸다. 바로 그때 이를 보던 구경꾼들 틈에서 다음과 같은 목소리가 흘러나왔다.

"사람이 죽었다! 순사를 붙잡아라!"

앞서 콜레라 소요 때에서도 드러났듯이, 이 같은 소리가 구경꾼들을 어떻게 변신시킬지는 너무나 명확했다. 돌멩이가 날아들고 수백 명으로 늘어난 군중에게 집단 구타를 당할지도 모르는 상황이 된 것이다. 그러자 순사 이용화는 이들 군중을 피해 무작정 도망갔다. 심지어 그는 신창리 읍내에서 약 10리나 떨어진 철도 선로까지 갔다.

"사람을 살려라!"

마침 선로에서 일하고 있던 철도 광부들이 벌벌 떨고 있던 이용화를 발견하고 그를 도와서 정거장까지 그를 데려왔으나 그는 "한참 동안은 인사불성까지 되어 의사의 진찰을 받는다, 주사를 맞는다는 등" 일대 혼잡을 피웠다. 그리고 함께 동행했던 일본인 순사의 근황을 다음과 같이 말했다.

"오무로 순사는 군중에게 폭행을 당해 맞아 죽었소!"

실제로 그러했을까? 그러나 사실인즉슨, 오무로는 멀쩡했다. 이용화는 운동장에 몰려왔던 사람들이 한꺼번에 돌을 던져대자 함께 있던 일본인 순사가 맞아 죽었다고 착각한 것이었다.[23]

모방을 통한 각기 다른 개인들의 동질적인 수로의 전환, 그 수의 양만큼 급격하고도 빠르게 이루어지던 길거리에서의 정보(진실과 거짓의 유무를 떠나서) 전달과 수적 강도의 변화가 대중을 거대한 파도로 변신시켜 식민 질서를 교란시키고 있었다.[24]

제5장

적대

극단적인 갈등의 경우는 당사자들만이 서로 결정지을 수 있다.
즉, 구체적으로 충돌이 있을 경우, 타자(상대방)의 이질성이
자기 방식의 존재를 부정하는지의 여부, 따라서 자신의 존재에
적합한 생활양식을 지키기 위해 저항하고 투쟁하는가의 여부는
당사자 각자만이 결정할 수 있을 뿐이다.
— 카를 슈미트, 『정치적인 것의 개념』, 2012.

우리는 앞서 보았던 다양한 소란 속 대중이 극장이나 대중교통, 혹은 공원 등에 몰려 있는 대중들과 어떻게 다른지 알 수 있다. 이들 대중은 문화 공간 속 소비 대중과는 달랐다. 무언가를 깨부수고 제압하기 위해 싸우고 있었기 때문이다. 그리고 그 과정에서 나라는 개인의 정체된 몸은 다른 개체들과 부딪쳐 하나의 흐름이나 힘의 강도로 전화轉化해 개체를 넘어서고 있었다. 식민 당국이 경계하고, 일본인 사회가 공포를 느끼며, 지식인들이 그 행위를 설명하고 싶어 했던 것은 이처럼 같은 방향으로 흐르며 무한히 증식하면서도 단일자로 행동하던 대중이었다.[1]

그렇다면 이처럼 무언가와 치열하게 싸우는 '적대적 대중'을 논할

때, 우리가 '적대', 혹은 '적대적'이라고 말하는 것의 의미는 무엇일까? 예를 들어 우리는 기존의 많은 연구 성과들을 통해 1920년대에서 1930년대 사이에 식민지 도시 기반 시설의 공영화나 행정 기관 이전 혹은 공립학교 부지 선정 등을 두고 식민 당국에 이해를 표출하던 다양한 운동 사례들을 알고 있다.[2]

그러나 이 같은 사례들 안에서 서로 이항관계에 놓여 있는 대중을 우리가 일반적으로 '적대적'이라고 부르지는 않는다. 그보다는 '이해'의 충돌이나 '갈등'을 표출하는 대중이라고 부르는 것을 더 적합하다고 느낀다. 이는 우리가 암암리에 이해의 '갈등'과 '적대'는 서로 다른 관계라고 보는 인식을 드러낸다. 적대, 혹은 적대적 관계는 그저 서로 생각이 다르거나 일시적으로 이해가 맞지 않는 관계가 아니다. 적대는 서로가 서로에게 강렬한 이질감을 느끼면서, 그 상대(혹은 타자)로 인해 나(혹은 우리)의 존재 의미나 이유가 훼손되거나 위협받는다고 느끼는 그야말로 실존적인 수준에서의 대립이기 때문이다. 이 경우 우리는 그 상대를 갈등하는 '파트너'가 아니라, 없어져야 할 '적'이라고 느낀다.

이런 의미에서 우리가 앞에서 보았던 '싸우는 대중'은 이해의 갈등보다는 '적대' 쪽에 더 가까웠다고 할 수 있다. 진영의 한 축에서는 "저 일본 놈을 때려죽여라"고 외치고, 다른 한 축에서는 그것에 생명의 위협을 느껴 도망가거나 그에 대응해 총이나 기마대로 무장한 채 싸우고 있었기 때문이다. 그리고 이 싸움의 언저리에 있던 것은 한 축의 무리가 주는 물리적 폭력(혹은 언어적 욕설)으로부터 자기 존재의 의미가 부정되고 있음에 대한 강력한 저항과 그 저항에 똑같이 맞대응해야 자기 존재를 지킬 수 있다는 위기의식 간의 충돌이었다.[3] 그리고 그렇게 양편으로 갈라져 다수의 무리가 싸울 때 이 적대는 공공의 성격을 띠고 있었다. 많은 사람들이 보편적으로 인정하는 종류의 사회적인 적대였던 것이다. 따라서 우리가 앞서 신문 지상에 "조선인 군중 소요騷擾"로 명명되었던 사건들 속 조선인 대중은 카를 슈미트가 말하는 바와 같은 "동지"와 "적"의 관계였다. 서로 강렬하게 증오하고 또한 혐오하던 적대의 대중이었던 것이다. 따라서 이 적대적 대중은 궁극적으로 하나의 합의를 목적으로 일시적으로 이해를 충돌시키는 갈등하는 대중이라 보기 어려웠다.[4]

그렇다면 식민 공간에서 이 같은 적대 관계와 그것의 표출은 식민자와 피식민자 간에만 국한되어 나타나고 있었을까?[5] 이 장에서 우리는 1920년대~1930년대 초까지 식민지 조선 전역에서 일어났던 형평사衡平社와 반형평사反衡平社 대중 간의 충돌을 살펴보며, 피식민자들 사회 내부에서도 식민자와의 관계처럼 '적대'가 충분히 가능할 수 있다는 것을 확인할 것이다.[6] 과연 "동지"와 "적" 간의 실존적 대결은 어떻게 개인들을 이항화된 대중으로 재편시키는가? 이렇게 구성된 대중이 자신의 "적"을 판단하는 기준은 무엇이며, "동지"와 "적"을 구분하는 전선은 궁극적으로 무엇에 의해 결정되는가?

구조적 배경

지난 음력 2월 초일일 함안군 군북에서는 새삼스레 때아닌 줄다리기를 한 뒤에 이긴 편과 진 편이 서로 흥을 풀기 위해 각기 매귀를 치며(농악놀이의 경상남도 방언—인용자) 춤을 추고 노는 중, 군북 형평사원이 그 틈에 끼어 있는 것을 그 동리 박치익이 백정과 평민이 같이 노는 것은 재밌지 못하다 하여 여러 사람이 협력하여 구타했다더라.[7]

이 기사는 경상남도 함안군 군복에서 있었던 줄다리기 시합 중 일어난 폭력 사건을 다루고 있다. 1926년 음력 2월 초일일 함안군 군북에서는 줄다리기 뒤풀이로 이긴 편과 진 편이 농악을 울리며 서로 춤을 추고 놀았다. 그런데 그중 동리 주민 박치익이 군북 형평사원이 이들 틈에 끼어 놀고 있는 것을 보고는 같은 동리 주민들과 함께 그를 구타했다. "백정과 같이 노는 것이 재미없다"는 이유에서였다. 이들이 백정과 같이하지 못한 이유는 신문 기사 제목에도 나와 있듯이, "백정은 사람이 아니"기 때문이었다.

줄다리기 과정에서 벌어진 이 상황은 1920년대 농촌 사회에서 백정이란 기표의 의미를 대표적으로 보여준다. 백정은 '사람다운 인간'과 '사람도 아닌 인간'을 나누는 일종의 지표였다. 그렇기 때문에 줄다리기 놀이에서조차 백정은 외따로 구분되어야 했다. 그리고 이 구분의 규범을 지키지 않았기에 당연히 그는 구타당해야 했다. 1920년대 식민지 조선의 농촌 사회에 사농공상士農工商의 전통적 구분이나 성별, 세대, 빈부의 대립보다 훨씬 강력하고도 적대적인 구분이 있었으니, 그것이 바로 양민과 백정의 구분이었다.

이미 갑오개혁(1894)으로 백정이란 신분은 형식적으로는 사라진지 오래였다. 그러나 고려시대부터 시작해 조선 전 시기에 이르는 세월 동안 한반도에서 살아가던 사람들에게 백정은 단순한 신분 서열의 하층이라는 의미 이상을 가지고 있었다. 그리고 그 흔적은 1920년대~1930년대의 식민 공간에서도 지속되고 있었다. 왜냐하면 그들은 사농공상의 유교적 위계질서의 틀에도 엮일 수 없는 존재, 즉 계급의 서열에서조차도 배제된 이들이었기 때문이다. 여기서 목축이나 수렵, 도축이나 그 판매 혹은 —조선 중기 이후부터는— 죄인의 단두 등에 그 업이 귀속되거나, 주거 형태와 옷차림, 말투 등에서 양민과 철저히 구별되도록 하는 등과 같은 사회적 분리는 이들에 대한 이 같은 배제를 가능하게 한 제도이자 관행이었다.[8] 주거하는 가옥의 형태를 특정화하고, 결혼 방식과 주거지에서 양민과 섞이지 못하도록 분리하는 것 역시 마찬가지의 의미였다.[9]

이 같은 분리, 즉 타자화에는 이들이 살아 있는 것을 죽여 자기 생계를 영위하는 이들이기에 불길하고 부정不淨한 존재이며 그래서 가까이 두어서는 안 된다는 민속 신앙적 혐오가 함께 내포되어 있었다.[10] 단순한 위계 서열을 넘어서는 종교 도덕적인 수준의 강력하고도 극단적인 존재론적 이항화가 '백정'이라는 기표의 의미를 구성하고 있었던 것이다. 따라서 양민의 입장에서 '백정'의 레테르는 유교 세계에서 자신들이 어떻게 살아가야 하는지 그 삶의 규율을 강제해주는 부정적negative 표식이었으며, 동시에 그 세계에서 자신들의 지위가 상대적으로 얼마나 정상적인지를 확인시켜주는 표식이기도 했다.

그런데 이 같은 전통적 사회질서가 갑오개혁을 통해 제도적으로 무너지고 식민 자본의 유입으로 새로운 경제적 토대가 조선인의 삶에 깊은 영향을 끼치게 되면서 백정을 기준으로 존재했던 정상과 비

[표 1] 1920년대 초반 조선의 백정 직업 분포 양상

직업 종류			인구(명)	호(戶)수	직업별 비율	
					인구	호수
백정의 전통적 직업	1	수육 판매	10,776	2,333	32	31
	2	도부	4,872	1,257	14	16
	3	유기제조	4,464	1,020	13	13
	4	제혁	2,213	527	7	7
	5	제화	421	88	1	1
	6	잠기제조	127	22	0	1
	소 계		22,873	5,247	67	69
기 타	1	농업	7,391	1,456	22	19
	2	음식점 여인숙	600	138	2	2
	3	기타	2,985	771	9	10
	4	노동	73	27	0	0
	소 계		11,049	2,392	33	31
합 계			33,922	7,639	100	100

* 조미은, 『제59회 국사편찬위원회 한국사학술회의 자료집』, 국사편찬위원회, 2022, 69~70쪽.

정상의 이항적 세계관에 균열이 생기기 시작한다. 그 하나가 백정과 양민을 구분해주던 "직업" 분류에서 백정 대 비백정 간 이항화가 흐려지는 상황들이 나타나는 것이었다.

[표 1]에서 보여주듯이, 가축을 죽이는 도부업이나 거기서 생긴 육고기를 판매하는 수육 판매업에만 한정되었던 백정이 농업에 종사하게 되는가 하면, 이와 반대로 일반인, 즉 비백정이 도축 및 축류 매매

업에 뛰어드는 사례 역시 많아지고 있었다. 즉, 백정과 비백정을 나누는 가장 중요한 기준이었던 '직업'의 구별이 흔들리고 있었던 것이다. 이제 도축(및 판매)업은 부도덕함과 '천함'의 상징에 한정되지 않고, '이익'이 되는 직업이었다. 시장의 논리가 유교적 가치 논리에 균열을 가하고 있었던 것이다. 이 같은 경제 상황의 변화와 관련해 기존 연구들은 백정 사회가 이를 자기 생계에 대한 '침탈'이나 '위협'으로 받아들이고 있었고, 그것이 "형평사" 탄생의 경제적 배경이 되었음에 주로 주목해왔다. 전통적으로 백정이 독점하던 직업 부문이 일반인들에게 침탈당해 경제적 어려움을 호소하게 된 반면, 사회적 지위에서의 멸시와 천대는 여전했던 상황이 형평사 창립의 구조적 배경이었다는 것이다.[11]

　그러나 이 문제는 다른 한편에서 전혀 다른 해석을 가능하게 할 여지를 주고 있기도 했다. 즉, 일반인이 육류 판매업에 뛰어들어 그 이익에 욕심을 낼 만큼, 식민 경제하에서 도부업 및 육류 판매업이 백정의 경제적 지위 향상에 기여할 수 있는 기반 역할을 했다고도 볼 수 있다는 것이다. 이는 백정 사회에서 성공한 자산가가 나올 수 있는 토대가 되었다. 경제적 성공 위에서 자신들의 사회적 권리를 더 크게 주장할 수 있도록 했고, 그것이 형평사 창립으로 이어지고 있었다고 볼 수도 있는 것이다. 형평사 창립에 이학찬이나 장지필처럼 재력 있고 교육받은 백정 출신이 포함되어 있었다는 사실은 이를 대변하는 한 사례이기도 했다.[12] 이를 고려했을 때, 백정의 업을 둘러싸고 변화하고 있던 이 같은 경제 상황의 과도기적 성격은 백정 사회에게 기회(경제적 성공 가능성)이자 동시에 위협(타 직업군의 자기 직업군으로

1925년 4월 24일 경성에서 열린 '전조선형평대회' 장면. 1923년 경상남도 진주에서 창립된 형평사는 백정이란 계급적 구분의 실질적 타파와 자녀의 교육 장려 등을 통해 "참사람"이 되기를 주된 취지로 한다고 밝히고 있었다. 『동아일보』 1925년 4월 25일 자.

의 침투)이었을 것으로 추론 가능하다. 그런데 이같이 모순적이면서도 혼란스러운 경제적 조건 위에서 한 가지 바뀌지 않고 견고하게 유지되던 것이 있었다. 바로 이들에 대해 일반인이 보이던 사회적 멸시와 천대의 전통적 방식이었다.

공평公平은 사회의 근본이요, 애정은 인류의 본양本良이라. 그리하여 우리는 계급을 타파하며 모욕적 칭호를 폐지하며 교육을 장려해 우리도 참사람이 되기를 바람이 본사의 주지主旨니라.[13]

강상호姜相鎬, 신현수申鉉壽, 천석구千錫九, 장지필張志弼, 이학찬李學贊

〔표 2〕 언론에 나타난 형평사원과 지역 주민 간 집단 충돌(1923~1930)

일시	지역	사건 관련 주요 기사
1923년 5월 30일	진주	형평사장을 구타(『동아일보』).
1923년 8월 21일	*김해	김해의 계급적 대충돌(『조선일보』).
1923년 9월 11일	*제천	제천 형평사원에게 강제로 형평사 분사 창립 축하식에 수백 명의 노동자가 달려들어 사원 수십 명을 무수히 난타(『동아일보』).
1924년 5월 17일	진영	양반 자랑하다가 형평사원과 투쟁(『동아일보』).
1924년 6월 6일	오치원	노동자와 형평사원, 오치원 시장에서 대격투(『조선일보』).
1924년 7월 14일	부여	형평사원이 받는 설움(『조선일보』).
1925년 8월 15일	*예천	500여 농민, 형평사를 습격(『조선일보』).
1925년 8월 16일	현풍	달성에서 형평사원 박해(『조선일보』).
1925년 9월 6일	논산	충청남도 논산에서 농민이 형평사원 구타(『조선일보』).
1925년 10월 16일	논산	요리업자 일치로 형평사원을 모욕(『조선일보』).
1926년 2월 8일	익산	형평사원 구타가 도화로 수백 명의 군중과 형평원 대치(『조선일보』).
1926년 5월 4일	서산	서산 해미읍리민, 형평사원과 충돌(『동아일보』).
1926년 5월 5일	부여	형평사원과 난타. 중국 사람과 말싸움(『동아일보』).
1926년 7월 6일	강경	선부(船夫)가 폭행. 형평사원 난타(『동아일보』).
1926년 7월 11일	이리	형평사원과 문제 되어 이리 시민 소동(『동아일보』).
1927년 8월 13일	김제	동민이 합력하여 평형사원 난타(『동아일보』).

일시	지역	사건 관련 주요 기사
1928년 7월 5일	*임실	수백 명의 동민이 형평 지부 습격(『동아일보』).
1928년 8월 22일	예산	예산 노동자와 형평사원 간 충돌(『중외일보』).
1929년 1월 23일	정읍	농민 200여 명이 형평사원을 포위 구타(『조선일보』).
1929년 5월 10일	청양	형평사원 아홉 명을 청양서에서 구검(句檢)(『동아일보』).
1929년 5월 31일	달성	형평사원과 농민이 또 충돌(『동아일보』).
1929년 5월 31일	공주	세 명만 구치, 일곱 명은 석방(『동아일보』).
1929년 5월 31일	달성	달성 농민과 형평사원이 충돌하여 유혈 참극(『조선일보』).
1929년 6월 10일	장호원	장호원에서 또 농민과 형평원 충돌(『조선일보』).
1930년 6월 15일	수원	수원에서 또 형평·농민 충돌(『조선일보』).
1930년 7월 2일	청양	청양 형평원 모욕으로 200사원이 쇄도(『조선일보』).

등이 백정 사회의 대표가 되어 1923년 4월 25일 창립 발기인 대회를 열었던 형평사는 무엇보다 그 사회적 대우 문제를 형평사 창립의 근본 이유로 든다. 백정이 더 이상 양민으로부터 "백정"이라는 멸칭으로 불리기를 거부하고 그들과 똑같이 대접받고 교육받을 수 있는 권리를 갖겠다고 선언했던 것이다.[14] 이 선언과 함께 형평사가 자기 지부를 경상도를 비롯한 충청남도, 충청북도, 경기도, 강원도 등 한반

도 이남 지역을 중심으로 넓혀가면서 이제 자신을 '형평사원'으로 내세우는 이들과 여전히 '백정'이란 호칭으로 그들을 부르고 또 대하고자 하는 이들 사이에 충돌이 일기 시작했다.

이상에서 우리는 형평사 대중과 반형평사 대중 간의 충돌이 어떤 사회구조적 배경에서 연원하고 있었는지를 확인할 수 있다. 그런데 앞서도 언급했듯이, 이 같은 구조적 기원은 그야말로 무수한 개별 사건들을 둘러싼 커다란 배경에 대한 추론에 불과하다. 이 구조가 [표 2]에 나온 무수하고도 다양한 사건들 내부의 논리, 즉 행위의 형식논리를 설명해주지는 않는다는 점이다.

이 같은 문제는 이 사건 속에서 일어나던 '적대'의 전선에도 마찬가지로 적용된다. 형평사와 반형평사 대중 사이의 적대적 구조가 개개의 사연을 가진 행위자들의 일상에서 드러나고 있었을 때, 그것의 논리는 과연 무엇이었을지를 별도로 고민할 필요가 있다는 점이다. 적대는 사건이 가진 그 내적 원칙과는 상관없이 이미 완성되어 있다가 사건이란 외피를 쓰고 나타난 준비된 어떤 실체에 불과했을까? 아니면 사건 내부의 어떤 원칙들을 통해 사건의 현장 속에서 구성되는 어떤 운동이었을까? 만약 적대가 이 후자의 관점처럼 사건을 통해 구성된 것이라면, 이 구성을 가능하게 하던 사건 내부의 세부적 논리(혹은 원칙)를 우리는 새롭게 개념화할 필요가 있다. 또한 그것이 적대적 대중의 구성에 어떻게 기여하는지 질문해야 하는 것이다. 다음에서는 이를 '실천'과 '주관', '실존'과 '신체어'라는 네 가지의 개념적 테마 위에서 들여다본다.

실천

1926년 6월 28일은 전라북도 이리의 장날이었다. 이날 정인태는 장터 음식점에서 친구와 함께 술을 마셨다. 바로 그때, 형평사원 함기선의 아내 박성녀가 밀린 고깃값을 받으려고 음식점에 찾아왔다. 주인은 손님한테 받을 돈으로 외상값을 줄 테니 기다리라고 했다. 바로 그때 정인태가 자신이 먹은 술값을 전부 지불하지 않은 채, 일부만 내고 음식점을 나가려 했다. 그러자 이를 본 박성녀가 정인태를 막아서며 말했다.

"당신이 돈을 안 내서 내 고깃값도 못 받으니, 잔소리 말고 술값을 내오!!!"

이 질책이 담긴 말을 들은 정인태는 바로 박성녀에게 응대했다.

"주제넘은 소리를 뭐라고 하느냐! 고기 파는 계집이 방자히 군다!"

"누구한테 해라 하느냐!!!"

박성녀는 이 말끝에 정인태의 멱살을 붙잡고 늘어지며 분노를 참지 않았다. 정인태가 박성녀의 뺨까지 때리고 있었지만 박성녀는 그 와중에도 정인태의 멱살을 놓지 않았다. 외상값이 밀린 음식점 주인과 백정 간에 시작된 실랑이가 돌연 손님이던 정인태와 백정 간의 폭력 싸움이 된 것이다. 이 싸움을 본 주변 사람들이 둘 사이를 말려 정인태와 박성녀는 겨우 떨어져 각자 집으로 돌아갔다.

그런데 이날의 사건은 이것으로 끝나지 않았다. 장터 음식점에서 박성녀가 당했다는 소문을 듣고 인근 형평사원 50여 명이 모였던 것이다. 이들은 박성녀가 뺨을 맞고 "고기 파는 년"이라는 소리를 들었던 음식점으로 몰려와 그 주위를 둘러쌌다. 그러고는 집으로 돌아가던 정인태를 쫓아가 그를 잡아 논바닥에 빠뜨리고는 수십 명이 난타했다. 그렇게 붙잡힌 정인태는 형평사원들에 의해 다시 장터로 끌려왔다.

"퉷!"

장터의 여러 구경꾼이 보는 앞에서 형평사원 무리가 정인태를 때리면서 그에게 침을 뱉었다. 백정들에게 구타당하는 양민! 이 모습을 본 인근 주민들은 크게 격앙하여 형평사원들의 행동을 꾸짖는 한편, 경찰서에 이를 신고했다. 그러자 형평사원들은 이 주민들을 경찰에 맞고소하는 것으로 대응했다. 정인태를 때리던 날, 이를 구경하던 주민들이 형평사원을 "백정"이라고 모욕하고, 또 그 싸움에 "간섭"했다는 것이 바로 그 이유였다.

결국 이 사건은 경성 형평사 본부를 비롯해 군산 및 기타 각지에 있는 수백 명의 형평사원을 이리로 몰려들게 했다. 이제 사건의 전선은 정인태와 박성녀 간 충돌에서, 이리 시민과 전국의 형평사 조직 간의 대립이 되었다. 중앙 본사까지 나서 조직적으로 대응하고 있었던 것이다. 그러자 이번에는 주민들이 이에 분개했다. 수백 명의 주민이 장터에 모여 이에 대항할 의지를 불태우는 한편, "수육비매동맹"을 결성하고 있었다. 백정한테서 고기를 사지 않기 위해 별도의 "수육 판매상 조합"을 설치한다는 것이었다. 피해자 정인태 역시 진단서를 첨부해 그날 자신을 구타했던 50명을 고발했다. 경찰에서 이 주민 측의 고소 고발에 따라 형평사원 조개동과 함기선 그리고 박성녀 등 10여 명을 구금하고 취조하는 한편, 검사국으로 이들을 송치

하려고 하자, 이번에는 이리 청년회가 사건의 중재자로 나섰다. 결국 청년회의 중재 끝에 이 사건은 1926년 7월 7일 밤, 경찰서 앞에 수백 명의 군중이 모인 가운데 조성환 외 두 사람이 각각 형평사 측과 이리 주민 측을 대신해 쌍방 타협하기로 하고 끝이 났다.[15]

이 사건은 일면 복잡해 보인다. 또한 사소한 분쟁에서 시작된 개인들의 일이 거대한 사회적 이슈로 확전되는 과정은 매우 다이내믹하다. 그러나 이 분쟁의 구도는 사실 매우 단순하다. 이 사건의 스토리를 다음과 같이 조금 도식적으로 정리해보자.

▶ 백정 — 외상값을 손님한테서 받으려고 도발.

● 양민 — "고기 파는 년"이라고 응대.

▶ 백정 — 이에 분노해 양민의 멱살을 잡음.

● 양민 — 뺨을 때려서 떼어놓음.

▶ 백정 — 이 소식을 들은 형평사원들이 모여서 양민(정인태)을 장터 한가운데서 구타함.

● 양민 — 이 상황을 목격한 주민들이 "백정"이라고 욕하면서 형평사원들 힐난 및 경찰 호출.

▶ 백정 — 주민들이 "백정"이라고 모욕하고 싸움에 간섭했다고 고소 + 중앙 형평사 파견됨.

● 양민 — 수육비매동맹 결성.

■ 사회단체 — 사건 봉합.

이 도식이 보여주듯이, 이 사건에 등장하는 인물은 숱하게 많지만 마지막에 이리 청년 단체가 중재자 역할을 하며 끼어들어 '봉합'하기 전까지 '싸움'은 정확하게 '이편'과 '저편'이라는 두 개 진영으로 아주 단순하게 나뉜 채 전개되었다. 이 두 개의 진영, 즉 양민 측과 백정 측이 서로를 번갈아가며 자극하는 구도가 이 자못 길고 복잡해 보이는 사건의 전부였다.

그런데 이 같은 이항적 대립 구도는 처음부터 결론이 정해진 정체된 어떤 것이 아니었다. 서로 충돌하는 두 개인은 그들조차도 예기치 못한 자극을 서로에게 반복하면서 그 강도가 커지고 있었고, 이 커진 강도가 다수에게 전파되거나 목격되면서 개인이 만든 전선이 대중의 전선으로 확장된 것이다. 아무도 예측하지 못한 상태에서 장터의 두 개인 간 소란이 적대하는 두 대중을 만들어냈던 것이다.

사실 이리 장터에서 일어난 이 같은 싸움의 구도, 즉 양민과 백정 간에 티격태격하는 상호 자극과 그것으로 인한 대중의 구성이라는 "구도"는 형평사 조직 이후 1920년대 중반 남부 농촌 지역을 중심으로 매우 빈번하게 일어나고 있었다. 다음의 사건들을 보자.

1927년 8월 13일 김제 장터[16]

- 양민—1927년 8월 9일, 김제군 금구면 상신리 금구 형평사원 이평래가 김제 장에 갔다 오는 길에 김제군 쌍감면 황산리 어느 주점에서 하리면 서정리에 사는 임종권을 만나 말다툼 끝에 임종권이 형평사원 이평래를 난타함.
- ▶ 백정—형평사원들이 이를 듣고 분개하여 10여 명이 몰려가 임종권을 구타하며 보복함.

- 양민—이를 목격한 동리 사람 20여 명이 10여 명의 형평사원을 때림.
▶ 백정—상대적으로 수가 적었던 형평사원들은 도망감. 이후 형평사원 이평래가 임종권을 경찰에 고발함.

1929년 5월 5일 공주에서 형평사원의 보복[17]

- 양민—충청남도 공주 형평사원 이수복, 이창수 등 세 명이 공주군 장기면 신관리에 있는 박기원의 주점에서 술을 먹다 주인 박기원과 싸움이 일어남. 지나가다가 이를 본 농민이 "백정 놈들이 오만하다"고 고무신을 벗어 들고 형평사원을 구타함.
▶ 백정—읍내 거주하는 형평사원 10명이 현장에 달려가서 주점 주인에게 고무신으로 형평사원을 구타했던 촌 양반을 찾아내놓으라고 위협함.
- 양민—협박한 이들 중 세 명이 구속됨.

1926년 5월 4일 서산 해미읍리민들과 형평사원 간 충돌 사건[18]

- 양민—1926년 5월 4일, 이희연이라는 형평사원의 집 앞을 지나던 고명화와 양병팔이 집 앞에 걸린 빨래줄 때문에 통행이 불편하다고 이희연 집앞의 빨랫줄을 끊어 버림.
▶ 백정—형평사원 이희연과 그의 처 조씨는 이에 크게 분개해 고명화, 양병팔과 몸싸움을 함.
- 양민—이때 이곳을 여행 중이던 김재국이 이를 보고 양민이 "백정 놈에게 봉변을 당하다"고 말하며 개탄하고 지나감.

▶ 백정 — 인근 형평사원들이 김재국의 이런 발언을 전해 듣고 인근 여관을 찾아다니며 김재국을 내놓으라며 떠들고 다님.

● 양민 — 동리 사람들이 소란을 피운다고 항의함.

▶ 백정 — 형평사원들과 동리 사람들 간에 패싸움 발생.

● 양민 — 동리 주민들의 수육비매운동 시작.

▶ 백정 — 형평사원들은 이 비매운동에 대항해 동리 주민 지군열을 비롯한 여섯 명을 업무방해죄로 서산경찰서에 고소하고, 구타 상해죄로 빨랫줄을 끊었던 고명회외 양병팔 외 14명을 고소함.

양민을 가리키는 ●표와 백정의 ▶표가 서로 정확하게 교차하고 있음을 확인할 수 있다. 이 같은 티격태격, 즉 한쪽의 촉발이 다른 쪽의 또 다른 촉발을 유도하는 상호 촉발은 우리에게 다음의 몇 가지 이유로 중요하다.

먼저, 이 촉발은 주체의 순수한 자기 의도만으로는 설명되지 않는 예측하지 못한 '우발적' 결과였다는 점이다. 정인태는 장터 음식점에서 주인도 아닌 백정 박성녀에게 술값을 전부 내라는 요구를 받았다. 그래야 자신이 점주로부터 밀린 외상값을 받을 수 있다는 논리였다. 정인태의 입장에서 이 주장은 자못 황당했다. 그것도 백정으로부터 이런 요구를 받게 될 거라고 그는 전혀 생각치 못했을 것이다. 상황의 의외성. 정인태는 장터에서 누구도 아닌 백정에게 양민인 자신이 어이없는 불쾌한 일을 당하게 될 거라고 그리고 그것이 백정 대 양민 간의 커다란 충돌을 야기하게 될 거라고는 전혀 예기치 못했을 것이다.

이런 이유로 실제로 양민과 백정 간의 집단적 충돌 사건들을 정리한 [표 2]에서 조직적 충돌이 미리 준비되어 있던 것으로 추론 가능한 것은 *표를 한 김해, 제천, 예천, 임실의 네 군데 정도다. 정인태와 박성녀 사이의 충돌도 마찬가지였다. 설사 정인태가 양민 대 백정 간의 수백 년 동안 누적된 차별적 지위의 존재와 그에 대항하는 백정 조직의 탄생이라는 양측 간의 구조적 맥락을 '알고' 있었다 할지라도, 그 구조에 대한 '인식' 자체가 그날 장터에서 그가 받을 촉발과 그에 따른 그의 선택을 미리 결정하지는 못한다. 더군다나 이 쌍방 간 티키타카가 형평사를 둘러싼 사회 공론의 문제로 커질 것이라고 누가 알았겠는가? 그날의 사건은 철저하게 주체의 의도를 벗어나 그에게 덮쳐왔던 일종의 사고 즉 사건이었다.

그럼에도 이 사건은 철저하게 주체의 '**실천**' 없이는 발발할 수도, 또한 확장될 수 없던 것이기도 했다. 양측 간의 이 티키타카가 한편에서는 주체의 의도를 벗어나 발발하고 있었음에도 동시에 주체가 그 같은 우발의 상황에 온전히 내재한 채, 고유한 자신만의 선택 즉, 결단을 하고 있음을 이 사건들은 보여주고 있기 때문이다. 정인태와 박성녀는 모두 어느 날 갑자기 자신들에게 벌어진 일에 대해 적극적으로 대응했다. 그리고 그것이 또 다른 촉발을 일으켰다. "고기 파는 년"이라는 정인태의 대응이나 그에 지지 않고 그의 멱살을 잡고 거칠게 따지던 박성녀의 행동은 모두 그런 의미에서 명백히 의도치 않은 상황에서 주체가 한 적극적이고도 '**능동적**'인 선택의 결과였다. 비非주체적인 '**우발성**'과 주체적 결단인 '**실천**'이 역설적이게도 동시에 마주쳤던 것이다.

개인들은 자신들도 예기치 못한 사건에 주체적으로 대응하는 '실천'의 장에서 이 같은 적대의 구조를 현실화시키고 있었다. 그들이 주체의 의도와 상관없이 마주하게 된 '운수' 나쁜 상황에 그럼에도 철저하게 실존적인 자기 의지를 가지고 대응하기 전까지, 사회의 메타적 구조는 그들의 삶에서 아직 완전히 실현되어 나타나고 있지 않았던 것이다. 이 같은 실현이 일회적인 것으로 그치지 않고 서로가 서로를 자극하는 촉발의 '반복'으로 이어지고, 그것이 지나가던 구경꾼들을 불러세워 이웃의 형평사원들이 소환되는 '전파'를 만들어낸 것이다. 이것이 이쪽 아니면 저쪽으로 갈라진 "동지와 적"으로 나뉜 대중을 만들어내고 있었다. **적대**는 따라서 관념적인 대립의 구조를 넘어서는 주체의 '실천'이자, 뿔뿔이 흩어진 개인들을 이항화된 대중으로 배치시키는 행위 즉 '**운동**'의 논리였다.

다음에서는 이처럼 적대를 구조나 관념보다는 우발적이고 실존적인 차원의 실천으로 접근할 때, 양측의 싸움을 '객관'이나 '중도'의 관점에서 포괄하려는 접근이 어떤 한계를 갖는지 "**주관**"이라는 테마 위에서 들여다보자.

주관

1925년 4월 24, 25일 이틀에 걸쳐 경성 천교도당에서 열린 형평사 전국대회에서는 다음을 운동 방침으로 결의했다.

우리 운동에 박해를 가하는 자에 관한 건. 박해당한 일체 사실을 들어

연도	1923년	1924년	1925년	1926년	1927년	1928년	1929년
건수	17	10	14	14	44	60	68
연도	1930년	1931년	1932년	1933년	1934년	1935년	총 계
건수	67	52	31	26	27	27	457

* 고숙화, 『형평운동』, 독립기념관 한국독립운동사연구소, 2008.

관계 당국에 진정할 것. 만약 진정도 무효가 되는 때는 40만 사원의 단결력으로 최후의 태도를 취할 것.[19]

예천과 김해 등에 형평사 지부가 창립되면서 지역 주민이 형평사원과 이를 지원하던 지역 단체에 일으킨 폭력 소요를 경험한 후의 결정이었다. 공평과 인류애를 내세우며 시작되었던 창립 초기의 추상적 이념에서 더 나아가, 형평사의 지향에 반발해 여전히 그들을 "백정"으로 취급하려는 양민들에게 "단결력으로 최후의 태도"를 취할 것이라고 결의하고 있었다.

이 같은 결의 때문이었을까? 〔표 3〕의 통계 수치에서도 보이듯이 백정들과 마을 주민들이 무리를 지어서 대결하는 집단 충돌이 1920년대 후반으로 갈수록 더 빈번하고 격렬해졌다. 그렇다면 당시 강령에서 말하던 이 "박해"를 실제 백정들은 일상에서 어떤 의미로 정의하고 또 받아들였을까? 또한 양민은 백정에 대한 자신들의 행위를 스스로 어떻게 보고 있었을까? 박해라고, 아니면 당연한 대응이라고? 무엇이 되었든 이 같은 양측의 자기 판단은 싸움의 양상에 깊은 영향을 준다. 먼저 백정이 스스로 박해받았다라고 인식하고 총력 대응하던 준거는 무엇이었는지, 다음의 사건들을 보며 알아보자.

1926년 6월 25일, 강경 형평사원 오이남의 어머니 조선녀는 강경의 횡산 나루를 건너려고 배에 탔다. 이때 배 안에 탄 사람들이 비가 오지 않아 매우 걱정이라는 말들을 주고받고 있었는데, 이를 듣고 있던 조선녀가 한마디 거들었다.

"차라리 비가 올 테면 넉넉히 오고 그렇지 않으면 아주 오지 말지. 비가 올 듯 올 듯하고 마는 것은 하늘도 사람을 조롱하는 모양이다."

이때 조선녀의 말을 들은 백사공 김천기는 그녀의 말이 몹시 불쾌했다.

"백정 년이 별 못 할 말 없이 다한다!!!"

김천기는 나룻배가 백사장에 닿자마자 조선녀를 강가에 눕혀 놓고 무수히 난타했다. 감히 백정 주제에 양민들의 대화에 끼어들어 왈가왈부한 것이 괘씸하다고 여겼던 것이다. 김천기는 과거 관청이 아니라 주민들이 직접 사형私刑을 행하던 대로 백정을 응징했다. 감히 양민이 하는 대화에 백정이 끼어들다니, 이는 매로 다스려야 했다.[20] 자신의 어머니가 이처럼 백주 대낮에 배를 타고 오다 백사장에 끌려가 사공에게 맞았다는 것을 알게 된 형평사원 오이남은 곧바로 뱃사공 김천기를 찾아가 이를 따졌다.

그러자 오히려 이 상황을 목격한 인근의 주민 수십 명이 모여들어 오이남을 협박하며 구타했다. 이에 오이남은 참지 않고 대응했다. 그는 형평사 행동 방침에도 나와 있듯이 먼저 어머니의 상태에 대해 의원으로부터 2주일의 치료가 필요하다는 진단서를 발급받고 이를 토대로 강경경찰서에 뱃사공 김천기를 고발하는 한편, 형평사 중앙 총본부에도 이를 알려 지원을 요청했다. 그로 인해 중앙 본부 류공삼이 강경까지 특파로 내려와 진상을 조사하는 등 형평사 차원의 조직적 대응이 이루어졌다.[21]

양민들의 대화에 끼어들었다고 난타당한 것 그리고 이를 항의했다고 다시 양민들에게 집단으로 두들겨 맞은 것! 오이남과 그 어머니 조선녀에게는 백정의 '예법'을 가르치겠다고 일상적으로 가하던 **물리적 '폭력'**, 그것이 바로 "박해"였다. 따라서 이 같은 부당한 가혹 행위, 즉 박해는 더 이상 참고 견뎌서는 안 되는 것이었다. 그것은 형평사의 강령이기도 했다. 오이남은 따라서 참지 않고 이에 항의했던 것이다. 그런데 소위 백정들이 느꼈던 '박해'의 실체는 결코 천편일률적이지 않았다. 또 다른 사례를 보자.

1926년 5월 4일, 서산 해미읍에서는 백정 이희연 집 앞에 걸려 있던 빨랫줄 하나가 중요한 사건의 발단이 되었다. 그날 양민인 고명화와 양병팔 두 사람이 이희연의 집 앞을 지나가던 중 그 집 앞에 걸린 빨랫줄이 거치적거려 통행이 불편하다며 그 줄을 끊어버렸다. 그러자 이희연과 그의 처 조씨는 이에 크게 분개해 빨랫줄을 끊어버린 이 양민 두 사람과 몸싸움을 벌였다. 그런데 마침 이곳을 여행 중이던 김재국이 이 광경을 보게 되었다.

"쯧쯧 백정 놈에게 봉변을 당하다니 … ."

이 말은 곧 근방의 형평사원들을 불러 모았다. 이희원과 그의 처 조씨를 김재국이 "백정 놈"이라고 불렀기 때문이다. 형평사원들은 인근 여관을 찾아다니며 김재국을 내놓으라고 동리를 떠들썩하게 했다. 이 같은 상황에 동리 주민들도 가만히 있지 않았다. 그들은 형평 사원들이 부당하게 소란을 피운다고 생각했기에 이들에게 항의했다. 그리고 이 항의는 곧 형평사원들과 동리 사람들 간의 패싸움으로 번 졌다. 이 싸움의 결말은 어떠했을까?

동리 주민들은 해미읍 형평사원들에게 압박을 가하기 위해 다른 지역들에서 이 같은 소란이 일어나면 늘 마지막에 양민들이 하듯 "수육비매동맹"을 만들었다. 그러자 형평사원들은 이에 대응해 동리 주민 지군열을 비롯한 여섯 명을 "업무방해죄"로 서산경찰서에 고소 했다. 한편, 빨랫줄을 끊었던 고명화와 양병팔 외 14명 역시 형평사 원에 의해 고소당했다.[22]

강경 나루터에서 백정들이 박해라고 인식한 것은 양민들의 대화에 끼어들었다고 구타를 당하고 이에 항의했다고 다시 집단 구타를 당한 일을 가리킨 것이었다. 반면, 해미읍에서의 박해는 빨랫줄로 시작된 형평사원과 양민 사이의 몸싸움을 보고 "백정"이라는 단어를 내뱉은 사람의 '발언'이 문제였다. 그렇다면 여기서 우리는 전자의 사례는 박 해의 의미에 부합하고, 후자는 박해라고 하기에는 미미한 사건에 형 평사원들이 과잉 대응을 했다고 구별 지을 수 있을까?

문제는 우리의 이 같은 평가나 구별이 사건 자체의 논리나 그것의 전개를 설명하는 데 큰 기여를 하지 못한다는 점이다. 두 사건의 사 뭇 달라 보이는 결에도 불구하고 형평사 "대중"은 똑같이, 아니 오히 려 후자의 사건에서 더 강하게 결집해서 사건의 몸을 키우고 있었다. 이것은 무엇을 의미하는가?

'적'이라고 타자를 규정하는 행위는 곧 그 적과 싸우겠다는 결단

(곧 의지)의 표현이다. 따라서 그것은 필연적으로 적의라는 '감정'을 동반한 실천적 판단이지 않으면 안 된다. 즉 어떤 행위를 박해라고 판단하고 그에 총력 대응한다는 것은 단순히 누가 우리의 적이고 누가 동지인지를 '아는' 문제의 수준을 넘어선다는 점이다. 이 같은 감정적 실천 위에서 다양한 이해와 목적을 가지고 존재하던 흩어진 개인들이 이쪽 아니면 저쪽으로 무리 지어 분명하게 나뉜 적대하는 '대중'이 되고 있었다. 따라서 앞의 사건들 속에서 우리가 알게 되는 것은 이렇게 대중이 형성되는 과정에서 이들이 누군가를 '적'으로 결정하는 실천을 할 때 중요했던 것은 철저하게 각자가 처한 상황 속에서 이들이 느끼고 있던 지극히 **주관적인 감정**이었다는 점이다.

강경 나루터에서 자기 모친이 당한 구타는 백정이라고 받은 부당한 박해이며 따라서 이 박해를 수행하거나 그 박해에 가담한 이들 모두를 적으로 규정해 그와 싸우는 형평사 대중이 만들어지는 것은 당연했다. 그런데 이는 해미읍에서의 논리이기도 했다. 빨랫줄을 두고 양민과 싸우던 형평사원들이 "양민이 백정에게 봉변당한다"라고 혀를 차며 지나가던 사람의 말로 자신들이 여전히 차별대우를 받고 있다고 느껴 분노한 것 역시 형평사원이 하나의 무리로 집결할 수 있는 충분한 이유가 되고 있었기 때문이다. 무엇이 박해인가에 대한 객관적 기준이 아니라, 이를 박해라고 느낀 주체들의 상황적 **주관성**이 대중 구성에서 더 중요하게 작동하고 있었다는 점에서 두 사례의 논리는 동일했다. 그렇다면 양민들은 백정들이 '박해'라고 말하던 자신들의 행위를 어떻게 생각하고 있었을까?

1924년 6월 14일, 충청남도 부여군 은산면에 사는 정천봉(32)은 같은 동리에 사는 형평사원 이상남의 집에 고기를 사러 갔다. 그러나 고기가 없었던 이상남의 처 박씨는 이렇게 말했다.

"고기가 없어서 팔 수가 없습니다."

이 말에 정천봉은 욕설을 하며 응대했다.

"요사이 백정 놈은 도무지 어줍지 않아 못 쓰겠다!"

"아니, 고기가 없어서 못 파는데 무슨 이유로 욕설을 하시오?"

그 말에 정천봉은 이상남을 구타해 중상을 입혔다. 이상남이 이 상황을 경찰에게 고발을 하러 갔으나 주제소 순사 박근수(28)가 별일 아니라는 듯이 그냥 돌아가라고 하자 이상남은 분함을 참지 못해 부여병원에 가서 진단서를 받으려 했다. 그런데 이 역시도 쉽지가 않았다. 순사 박근수가 이미 자전거를 타고 병원에 가서 의사와 무언가를 협의해놨던 것이다. 그 때문이었을까? 의사는 중상을 입은 이상남에게 일주일만 치료받으면 되는 경상이라고 했다. 이상남이 하루 종일 별 소득 없이 경찰서와 병원을 찾아다니다 집에 돌아왔을 때, 이상남의 아들 이배옥(19)이 이 사실을 알게 되었다. 그는 곧 분해서 정천봉을 찾아가 그에게 그날의 일을 따졌다. 그러자 이를 전해 들은 동리 주민 30여 명이 밤 12시가 다 된 시간에 이상남의 집에 달려와서 이렇게 외쳤다.

"마을을 떠나라!"

이상남은 할 수 없이 다음 날 오전 10시에 이 마을을 떠나겠다고 했고, 그제야 마을 사람들은 해산했다. 이 일은 인근 형평사원들에게 알려져 형평사원 30여 명이 모여 선후책을 강구하는 한편, 주재소를 항의 방문했다. 그러자 주민 300여 명이 다시 모여 형평사원들과 충돌

했는데, 주재소장이 나선 뒤에야 이들은 대치를 겨우 풀었다.[23]

이상남은 그날 "박해"를 당했다. 그저 고기가 없어서 못 판다고 했다가 백정이 건방져졌다는 비난을 듣고, 그 말에 항의를 했다고 두들겨 맞았던 것이다. 그런데 양민의 관점에서 이 사안은 어떤 것이었을까?

고기를 사러 갔으나 백정 쪽의 사정으로 고기를 살 수 없는 것만으로도 이미 불쾌했는데, 이를 '건방져진 백정 놈'이라 했다고 감히 백정의 항의를 받은 것이다. 이는 있을 수 없는 일이었다. 조선시대 내내 내려온 관행대로 사형私刑으로 다스려야 마땅했다. 그런데 그랬다고 경찰에 고소를 당하는가 하면, 심지어 그 아들로부터 항의까지 받았다. 이 정도면 이는 정천봉 개인의 문제가 아니었다. 천한 백정을 수백 년간 대해온 그들의 신조대로 할 수 없다면 쫓아내는 수밖에 없었다. 이와는 결이 조금 다른 사건을 하나 더 보고 백정이 말하던 '박해'를 양민은 어떻게 생각하고 있었을지 추론해보자.

1924년 6월 6일, 충청남도 조치원리에서는 형평사원과 노동자가 큰 싸움을 벌였다. 싸움은 조치원 형평사원 이재록(46)이 연기군 조치원면 조치원리에 살던 김성숙(65)이란 노인을 조롱하면서 시작되었다. 그는 장터에서 "체머리를 흔드는(일종의 틱 장애—저자)" 김성숙을 보고 이를 놀린다. 김성숙이 이에 분개해서 무례함을 책망할 때, 같은 동리에 살고 있던 이응보라는 동리 머슴이 이를 보고 이 둘의 싸움을 말렸다. 그런데 형평사원 이재록은 말리던 이응보에게 오히려 욕을 하며 그를 구타했다. 이 사실이 주위에 알려지자 인근 노동회에서 이재록의 행동에 다음과 같이 분노했다.

"형평사원의 행동이 이같이 강포하여 노인도 모르고 함부로 불경한 말을 하며 말리는 사람까지 무리하게 구타하는 것은 그저 둘 수 없다."

노동회는 그런 이유로 7월 1일 오후 5시경, 조치원 시장에서 노동자 총회를 개최하고 이재록 외 두어 명의 형평사원을 잡아다 주의를 준다. 그런데 조치원경찰서에서 양측 간의 충돌을 우려해 총회장을 해산시키려 할 때, 형평사원 편순성은 헤어져 가던 노동자를 향해 다음과 같이 내뱉었다.

"칼로 찔러버리겠다!"

이 말은 곧바로 노동자들을 다시 자극했다. 노동자 전경선이 분함을 참지 못하고 덤벼서 싸우다 경관에게 잡혀 전경선은 유치장에 구류되었다. 결국 이 일로 노동자 수백 명이 경찰서 문전에서 무죄한 전경선을 석방하라고 일대 소동을 벌였다. 경찰이 노동회 회장과 부회장 등 예닐곱 명과 형평사원 다섯 명을 하룻밤 유치장에 가두고 이튿날 풀어주었지만 이것으로 그칠 수 없는 일이었다. 양민 쪽에서는 7월 3일 오후 9시에 청년회관을 빌려 시민대회를 개최하는 한편, "우육판매조합" 설립을 결의하고 있었다.[24]

이 사건에서 양민은 농촌에서 일손이 부족한 철에 지역을 돌아다니며 '고용살이'를 하던 이른바 당시의 비정규 농촌 노동자, 즉 머슴이었다. 이들 머슴은 농촌 사회의 최하층이었다. 그러나 이들은 엄연히 양민이었다. 백정의 존재가 그 같은 '구별'을 가능하게 하고 있었기 때문이다. 그런데 그 백정이 경제적으로 신분 상승을 하는 사례가 나오는 것에서 더 나아가 공식적으로 "백정"으로 불리지 않고 "양민"으로 불리겠다고 선언했다. 이는 머슴에게 자기 존재가 부정되는 위협으로 다가왔을 것으로 충분히 추론할 수 있다. 머슴에게 부여되던 사회적 지위, 그들이 스스로에게 부여하고 농촌 공동체를 통해 엄연히 인정받고 있다고 생각한 존재 가치가 백정에 의해 위협받은 것이다. 백정을 대척에 둔 머슴과 농민의 연대에는 이 같은 논리가 전제되어 있었다.

그런데 그날 이 같은 백정과 머슴 간의 팽팽한 긴장감이 하나의 사건을 만났던 것이다. 감히 백정이 장애를 가진 노인을 조롱한 것에 그치지 않고, 이에 분노한 노인과 백정 사이의 언쟁을 조정하려 했던 머슴에게 욕을 하고, 심지어 구타까지 한 것이다. 이 일은 결코 머슴 이응보와 백정 이재록 간의 개인적인 사안이 될 수 없었다. 그래서 조치원 노동회가 나서 조직적 차원에서 조치원 형평사에 항의를 했던 것이다. 그런데 그에 대해 '칼로 찔러버리겠다'고 대드는 백정이 나오다니! 백정과 형평사는 마을 공동체에서 내쫓아야 하며, 그러기 위해서는 그들을 경제적으로 고립시켜야 하는데 그 방법은 양민들이 우유 판매 문제를 스스로 해결하는 수밖에 없었다. 우유판매조합의 설치는 신체적으로 그들을 징벌했던 전통적 방법을 넘어서 그들이 할 수 있는 유일한 징계 방법이었다.[25]

따라서 우리는 이같이 서로 완벽하게 이질적인 조건 위에서 자기 존재의 이유를 지키기 위해 싸우던 양측 대중의 충돌을 보며 다음과 같이 접근할 수 있다. 양민과 백정 대중은 모두 특정한 날의 특정한 장소에서 부지불식간에 마주했던 사건들 안에서 고유한 그들만의 경험을 하고, 그 경험에서 만들어진 감정적이고도 지극히 주관적인 판단으로 역사적으로 누적된 구별(양민/백정)의 구조를 실천하거나 또 그것에 대항했다. 그렇기 때문에 양측 대중의 결집에서 가장 중요한 역할을 했던 것은 형평사의 강령이나 구래의 관습 같은 추상적 관념 혹은 사회구조라고 한정지어 말할 수 없다. 백정이나 양민 모두 이 같은 관념과 구조의 존재를 알고 있었지만, 그것 자체가 사건을 만들고 대중을 집결시키지는 않았기 때문이다. 양측의 대중은 '상대'가 나에게 준 행위가 만든 감정에 따라 다시 상대의 행위를 촉발했고, 그렇게 촉발되어 만들어진 '감정'이 주체의 판단이자 행위가 되고 있었기 때문이다. 따라서 이 '주관'의 논리를 넘어서서 "동지"와 "적"으로 갈라져 있던 양측 모두에게 적용될 수 있는 합리적이거나 객관적인 준칙은 존재하지 않았다. 설령 있었다 하더라도 그것이 "동지"와 "적"으로 갈라진 대중의 결집에 직접적 영향력을 행사하고 있었다고 보기는 어려웠다.

따라서 우리는 존재의 관계를 초월한 추상적인 관념이나 강령은 대중의 행위를 끌고 가거나 일정하게 통제하기 위한 틀로 존재할 수는 있지만, 그것 자체가 "동지"와 "적"을 판별하고 "동지"를 지키기 위해 적과 싸우는 대중을 구성시키는 직접적 논리가 된다고 말할 수 없다. 대중 행위의 방향성을 결정하는 논리가 되기에 그것은 명백한 한계를 지니며 무엇보다 그것 자체로 대중의 정치가 만들어지고 있지는 않았기 때문이다.

실존

그렇다면 당시 지식인 사회는 이 문제에 대해 어떤 생각을 가지고 있었을까? 우선 그들이 보기에 머슴, 농민이나 백정, 모두 계급 조건으로든 민족적 처지로 보든 같은 하층의 '민중'이었다. 그런데 이들이 서로 척을 지고 싸우는 것은 그 자체로 안타까운 일이었다. 따라서 이들을 계급 혹은 민족이라는 보편타당한 관념 위에서 묶어내기 위한 노력이 필요했다. 그렇다면 이 같은 지식인 사회의 논리는 구체적으로 어떤 것이었고, 형평사나 반형평사 대중은 이에 어떻게 반응하고 있었을까?

… 생각하라! 예천 주민의 처지가 형평사원보다 다를 것이 무엇이며, 논산 상인의 지위가 형평사원보다 높을 것이 무엇인가? 민족적으로 보아서 다 같은 배달의 혈통일 뿐 아니라 계급적으로 보아서도 다 같은 제4계급에 있는 동무다. 민족적으로 보아 계급적으로 보아 이러한 관계가 있는 것도 부지不知하고 자기 민족을 자기가 압박하고 자기 계급을 자기가 유린한다는 것은 사실상으로든지 이론상으로든지 어디로든지 불합당하고 애석한 일이다.[26]

『조선일보』의 이 논설은 1925년 8월 9일부터 8월 11일까지 경상북도 예천에서 일어났던 반형평사 소요와 같은 해 10월 논산 요리업자들의 형평사원에 대한 음식 판매 거부를 사례로 들고 있다. 논설의 요지인즉슨, 형평사원과 그들을 혐오하는 지역민들이 본질적으로 다르지 않고 같다는 것이었다. 그들은 똑같이 핍박받는 피지배계급이며 같은 혈통의 동포였다. 따라서 이를 생각지 못하고 시대착오적인 우월감으로 백정을 대하는 것은 "자기 민족을 자기가 압박하고 자기 계급을 자기가 유린하는" 것이었다. 또한 형평운동의 "근본적 의의"를 "이해"하지 못하는 "불합당"한 행위이기도 했다. 따라서 요구되는 것은 "사해동포적인 인도적 관념"으로 사회적 약자인 형평사원들을 "역사적 운명"을 같이하는 동포로 끌어안는 것이었다.[27] 이같이 사회 보편적 관점에서 양자 간의 통합을 주장하는 논리는 『동아일보』도 유사했다. 『동아일보』 역시 형평사 창립 초기부터 형평사에 '점진주의'를 요구하며 "사회의 분열 반목"을 조장하기보다 "상호제휴의 계몽적 발도"를 주장하고 있었기 때문이다.

    … 그 주의가 어떻게 선善하고 어떻게 미美하더라도 인심에 관습한 사실은 실로 하루아침一朝一夕의 단시간으로 홀연히 제거하기 어렵거늘 과거 수백 년의 제도라. … 따라서 우리는 형평운동의 접근 방식步式이 점진적으로漸一漸으로 그 이상을 실현할 것이오. …[28]

형평사와 연대하던 지역 청년회를 비롯한 사회운동 단체들의 논리 역시 이와 다르지 않았다. 그들은 백정 사회를 무산계급으로 등치시키면서 형평사라는 조직이 사회주의적 계급 운동으로서 갖는 의의나 봉건 질서 타파에 기여하는 '사회 보편 가치' 때문에 그 지지를 표명하고 있었기 때문이다.[29] 그렇다면 이같이 자신들의 실존적 지위가 아닌, 그들이 추구하는 '관념' 혹은 '가치'에 근거하고 있던 지식인 사회의 논리는 형평사와 반형평사 대중에게 어떻게 받아들여지고 있었을까? 김해읍에서 있었던 반형평사 소요를 통해 이를 살펴보자.

1923년 8월 16일, 경상북도 김해군 김해 읍내에는 수천 명의 농민이 모여들었다. "사발통문"을 받고 외진 촌에서부터 모여든 농민들은 시끄럽게 외쳐댔다.

"합성학교를 부수자!!!"

오늘의 목적은 합성학교를 부숴버리는 것이었다. 1909년 김해군에 설립되었던 사립 합성학교는 아직 제대로 된 공립보통학교가 김해읍에 없었기에 사실상 군내에서 유일한 기초교육기관이었다. 그런데 이 유서 깊은 학교를 부수자는 것이었다. 그때 군중 속에서 한 노인이 이의를 제기했다.

"우리의 돈과 힘으로 건축한 것을 우리가 파괴하는 것이 무슨 시원할 것이 있느냐!"

이때 잠시 주춤했던 군중 속에서 누군가 외쳤다.

"그럼, 백정의 집을 부수자!!!"

그러자 마치 기다렸다는 듯이 수천 명의 군중이 바로 형평사원이 많이 사는 "왕릉"으로 향했다. 그들은 우선 형평분사장 이옥천의 집에 들어가 정미 기구를 파쇄했다. 그러고는 집 안의 세간들을 전부 부수고 옷가지들까지 모두 꺼내 조각조각 찢어버리는가 하면, 밖에 있던 장독을 모조리 깨트리고 심지어 집기둥 뿌리마저 통째로 뽑아버렸다. 그런데 이날 성난 군중들이 들이닥친 곳은 백정의 집만이 아니었다. 이들이 부순 집은 일곱 채였는데, 그중에는 양민 출신 최동

명의 집도 있었다. 이유는 최동명이 "백정과 혼인을 하겠다"고 했기 때문이다. 최동명은 양민과 백정의 엄연한 차이의 질서를 흐트린 자였던 것이다. 게다가 백정 마을을 덮친 무리는 합성학교의 유리창을 부수고 김해청년회 간부의 집을 습격해 가옥이나 그 외의 가산까지 모두 파괴했다.

사태가 이쯤 되자 주시하고 있던 경관들이 이들을 해산시키려 했으나 "흥분된 군중"은 전혀 말을 듣지 않았고 급기야 서문 밖 백정들과 면내 머슴들 사이에 겨루가 벌어졌다. 이때 형평사원 임경이는 "목숨을 내놓고 저항하다 여러 사람에게 구타되어 일시는 기절까지 되는 중태"에 이른다. 그러자 경찰에서 드디어 형평사원들을 공격한 주민 15명을 구속했다. 그들 대부분은 사발통문을 받고 온 농민이거나 마을의 일꾼인 머슴이었다. 도대체 김해에 무슨 일이 있었던 것일까?[30]

때는 1923년 8월 13일 밤. 김해 청년회관에서는 일본에 유학 중이던 북성회 강연단이 김해에서 순회강연을 시작하려 했다. 일본 유학생들로 꾸려진 북성회가 김해청년회와 김해여자청년회, 사립 합성학교 직원 그리고 형평사 김해 분사의 후원을 받아 도착한 것이었다. 이날 김해 읍내 많은 지역민들이 청년회관으로 모인 가운데, 청년회에서 운영하던 야학에 다니던 학생들도 강연을 보려고 청년회관에 도착했다. 바로 그때, 회관에 들어가려던 몇몇 야학생 앞에 한 강연회 관계자가 이들을 막아서며 다음과 같이 말했다.

"백정과 (같이—인용자) 환영을 아니 나가는 사람이 백정이 들어온 강연장에는 어찌하여 들어가고자 하느냐?"

입장을 거부당한 이들 야학생은 실은 며칠 전부터 강연회 주최 단체 중 하나였던 김해청년회와 충돌을 빚고 있었다. 그 이유는 북성회 강연단의 김해 방문을 축하하는 환영단에 들어오라는 것을 이들이 백정과 함께하지 못하겠다고 거절했기 때문이다.

"백정과 같이 출영出迎하러 못 나가겠다."

환영단을 같이 꾸리자는 김해청년회 간부들의 제안을 백정과는 같이 못 가겠다며 거부했던 것이다. 이처럼 야학생들은 백정과 자신들이 같은 취급을 당한다고 느껴 불쾌했는데 다음 날 강연회장에서는 청년회 관계자로부터 같은 이유를 들어 입장을 거부당했던 것이다. 백정과 같이 못 있겠다고 했던 이들이 왜 백정이 듣는 강연장에는 들어가려고 하느냐는 비아냥이었다.[31] 이 사건은 입장을 거부당한 야학생 50여 명을 몹시 화나게 했다.

"우리가 땀을 흘리면서 터를 닦고 궁색한 중에 돈을 모아 지어 놓은 청년회관을 우리는 오지 못하게 하고 백정들만 강연을 듣게 하는 것은 너무나 가증한 일이다!"

강연회 출입을 거부당한 야학생들은 이같이 분노하며 지역 농민과 머슴을 한데 모았다.[32] 특히 노동조합까지 결성해 형평사에 조직적으로 대응하던 머슴들은 이 사건에 야학생이나 농민 못지않게 적극적으로 나섰다.[33] 농민과 머슴을 이렇게 함께 묶어내고 있던 논리는 매우 단순했다.

"농민이 백정보다 못하다!"[34]

농민과 머슴은 지역 사회단체들이 형평사 창립을 적극 도우면서 백정보다도 못한 존재로 취급받았다고 느꼈다. 따라서 백정 출신이 아님에도 이념적 이유로 그들을 돕고 나섰던 이들 그리고 백정과 혼인하겠다는 농민 같은 중도의 경계자들이 오히려 이들의 분노를 부채질하고 있었다. 야학생, 농민, 머슴 들 수백 명이 청년회관에 돌을 던지고 합성학교 유리창을 깨는 한편, 백정과 혼인하겠다는 최동명의 집을 파괴하면서 하나로 결집하던 이들의 모습은 이 중도의 '경계자들'이 이들 반反형평사 대중에게 어떤 의미로 받아들여지고 있었는지를 잘 보여주고 있다. 양민이면서 동시에 백정의 편에 서 있는 '중간'이란 불가능했다.

1920년대 내내 이처럼 혈통 때문이 아니라, 이념적 가치 때문에 형평사원들의 편에 서서 형평사 지부 창립을 돕거나 형평사의 이념을 옹호하고 나서던 이들은 반형평사 대중에게 모두 "신백정"으로 불렸다. 이 같은 규정은 청년회 같은 이른바 깨어 있는 사회단체들이 보편적 이념의 올바름을 들어 이 양자 사이의 싸움에 개입하는 것을 어떻게 받아들이고 있었는지 확인시키고 있었다. 양민과 백정 사이에 중간은 있을 수 없었다.[35]

그렇다면 우리는 이 같은 이항적 적대로 나뉘던 대중의 행위를 어떻게 해석해야 할까? 지식인 사회의 논리대로 접근할 경우, 이들 간 투쟁은 양쪽의 대립 아래 깔려 있는 보편적 토대(계급·민족적)를 자각하지 못한 그 인식의 결여를 보여준 결과였다. 따라서 그로 인해 벌어진 불필요한 무질서와 혼란은 잘못이었다. 이 같은 지식인 사회의 접근은 한편에서 분명히 '옳은' 것으로 이해된다. 그런데 우리가 이 같은 관념적이며 도덕적인 접근 논리를 보며 그것이 '논리'로서가 아니라 '정치'로서 '힘'을 가지고 있었다고 느끼기 어려운 이유는 무엇일까?

앞서 김해 소요가 보여주고 있듯이 적대하는 두 대중은 그럼에도 서로를 완벽하게 이질적이라고 느꼈다. 앞에서 우리가 보았던 숱한 형평사와 반형평사 대중 간의 싸움은 이를 이미 말해주고 있다. 양민들은 기성의 질서를 위협해오는 백정을 사회적 약자라고 보지 않았으며 백정 역시 자신들에게 인간 이하의 대접을 거리낌 없이 하던 이들에게 계급적이거나 민족적인 동질감을 느끼고 있지 않았다. 따라서 우리는 지식인 사회의 논리가 가진 정치적 힘의 결핍 혹은 결함은 그 논리 자체 때문에 생긴 것이 아니라고 생각해볼 수 있다. 오히려 이 결함은 그 '옳은' 논리가 각각의 대중이 발 딛고 서 있던 실존적 경험에서 흘러나오던 불안, 공포 혹은 분노나 뼛속 깊은 한에 직접 발 디디고 있지 않았기 때문에 생기고 있었다. 그들이 백정을 이해한다 하더라도 백정의 삶을 살고 있지는 않았다. 또한 양민의 심정을 이해한다 하더라도 장터에서 백정에게 매 맞던 양민을 보며 세상이 무너졌다고 분노하던 대중의 공포에 직접 몸 담고 있지도 않았다. 이들이 표방하던 관념적인 기표들은 백정과 양민의 실존적 분노 혹은 공포를 '**표현**'하는 것이 아니었다. 아니 오히려 그것을 초월한 관념이었다.

따라서 우리는 다음과 같이 생각해볼 수 있다. 과연 자신의 세계와 삶을 지키려고 목숨을 걸고 싸우는 적대하는 두 대중의 투쟁 밖에 서서 이들에 대한 변증법적 종합을 시도하는 정치는 과연 대중 정치의 장에서 얼마나 실질적 힘을 가질 수 있는가라고 말이다. 또한 지식인 사회가 내걸던 관념적 기표들은 이들 대중의 실존적인 욕망을 실제로 '**표현表現**'하기보다는 오히려 자신들의 논리로 덧씌워 '**대변代辯**'하는 것에 맞춰져 있던 것은 아닐까라고 말이다.

이런 이유 때문에 우리는 대중 적대의 '현장'에서 실제로 이들의 의사를 실천하고 있던 언어는 어떤 것이었는지 본격적으로 들여다볼 필요가 있다. 그 싸움의 현장에서 움직이고 있던 언어는 지식인 사회가 사용하던 추상적이고도 개념적인 문어적 기표였을까? 아니면 그보다 더 단순하지만, 더 빠르고 강렬하게 전선 위 주체의 실존적 욕망을 직접 표현하던 전혀 다른 종류의 언어였을까?

신체어

1929년 5월 27일 저녁 8시경, 경상북도 달성군 창동의 한 장터에서는 형평사원과 창동 주민들이 몸싸움을 벌였다가 주민 김성근이 형평사원 신복성을 낫으로 찔러 위독하게 만든 사건이 발생했다. 이 사건은 그날 우육상牛肉商을 하던 신복성 외 세 사람이 장터에서 '키' 만드는 버들을 사서 집에 가는 길에 주점에 들러 술을 마시면서 시작되었다. 이들은 술을 마시다 흥이 오르자 노래를 불렀는데, 바로 그때 주점에서 백정들이 술을 마시는 것을 본 나무꾼 세 명이 이들을 꾸짖었다.

"백정 놈들이 어른 앞에서 주정한다!"

그러자 술을 마시며 노래 부르던 형평사원 세 명은 대들었다.

"내 돈 주고 내가 술 먹는데 뭘 상관이냐!"

백정의 이 같은 대꾸는 나무꾼들의 분노를 샀다. 그리고 결국 나무꾼들과 형평사원들 사이에 패싸움이 일어났다. 그런데 이 싸움은 그것으로 그치지 않았다. 장터에서 이를 목격한 동민들이 이 싸움에 끼어들면서 이 싸움은 형평사원들과 동네 주민들의 싸움으로 커졌고, 그 결과 형평사원 신복성이 김성근의 낫에 맞아 중상을 입었다.[36]

우리는 이 상해 사건에서 형평사원을 향한 나무꾼의 꾸짖음과 그에 대응하던 형평사원의 대꾸가 사건의 시작임을 알 수 있다. 그렇다면 이날 형평사원과 나무꾼 간에 오갔던 '말'이 전달하고 있던 것은 무엇이었을까? 그것은 양측의 의사를 내포한 어떤 '정보'나 '지식'이었을까? 아니면 괘씸함과 적의 그리고 그에 대응한 반항심과 분노 같은 '감정'이었을까?

물론 우리는 이 사건에서 나무꾼과 백정 사이에 오갔던 대화의 '내용'이 무엇인지 안다. 나무꾼은 백정에게 양민 앞에서 백정이 갖추어야 할 예의를 가르치려 했고, 백정은 그를 수용할 수 없다는 의사를 전달했다. 그렇지만 이처럼 이들의 대화에서 그 말이 담고 있던 '**내용**', 즉 말 안에 내포되어 있던 **관념적인** 의미는 그 말에 수반되던 신체적 '**어투**'와 상관없이 자신을 표현할 수 있었을까? 백정에게 예의를 가르치려던 나무꾼의 말에서는 고압성이 있었고, 그에 대꾸한 백정의 말에는 격한 반항의 감정이 실려 있었음을 신문 보도만으로도 충분히 느낄 수 있다. 이때 고압성과 반항이라는 감정을 표현해주고 있던 것이 무엇이었는가가 중요하다. 그 감정이 과연 말소리의 크기나 —거칠거나 부드러운— 강도 같은 '신체적' 울림 없이 표현될 수 있었을까? 형평사가 조직 차원에서 주장하던 인권이나 양민이 외치던 유교적 관행을 내포한 개념어만으로 이 같은 감정이 충분히 표현되어 전달될 수 있었을지 생각해봐야 하는 것이다. 전라북도 익산군에서 일어났던 사건을 들여다보고 이 문제를 논해보자.

1926년 2월 5일, 전라북도 익산군 함열읍에서는 그곳에 사는 청년 및 노동자 수백 명과 함열읍 및 인근 읍의 형평사원 수백 명이 모여 대치하다 경찰의 제지로 겨우 해산했다. 이 사건은 한 술집 여주인과 함열읍 청년들 간에 싸움이 일어나 청년들이 술집 여주인을 폭행하면서 시작되었다. 폭행 소식을 듣고 평소에 여주인과 알고 지내던 형평사원 네 명(황등, 이병택 등)이 위문을 하러 이 술집을 방문했다. 그런데 이들의 방문을 두고 지역 주민들 사이에 소문이 돌았다. 형평사원들이 여주인을 폭행한 마을 주민들에게 보복하기 위해 모의를 꾸미고 있으며, 함열읍 형평사원이던 심상구가 이 모임의 주동자라는 것이었다. 청년 대여섯 명은 심상구에게 이를 따져 물으러 그의 집에 찾아갔다. 그런데 여기서 문제가 되었던 것은 이 청년들을 대하던 심상구의 '태도'였다. 심상구는 집 앞에서 나오라는 청년들의 호령을 듣고도 즉각 뛰어나오지 않고, 이들을 몇 시간 동안 문 앞에서 세워두었다.

"이놈 거만한 놈이라!"

그리고 몇 시간 만에 겨우 나온 심상구를 청년들은 달려들어 곧바로 구타했다. 그러자 인근의 형평사원 네 명이 심상구를 폭행했던 마을 청년들에 맞서 싸우기 위해 합세하면서 이 사건은 청년들과 형평사원들 간의 패싸움이 되었다. 그날 싸움은 중재자의 개입으로 겨우 끝났지만 형평사원에게 맞은 것을 도저히 그대로 넘어갈 수 없었던 청년들은 이에 그치지 않고 2월 5일 새벽 3시경 노동자(머슴) 60여 명을 끌고 술집 여주인 집으로 몰려갔다. 그곳에는 형평사원 황등이 있었다. 마을 청년들과 머슴들은 황등을 밤새 구타했고, 출동한 경찰의 개입으로 겨우 해산했다. 그러나 이 소식을 들은 인근 지역 형평사원 수백 명이 함열읍에 몰려오고 머슴 역시 같은 규모로 모여 서로 대치하면서 함열읍이 제2의 예천이 될 수 있다는 언론의 지대한 관심을 받을 만큼 사건은 커졌다.[37]

이 사건에서 우리가 흥미롭게 살펴볼 것은 당시 사건의 촉발제 역할을 했던 것이 "몇 시간이 지나도록" 집에서 나오지 않은 채, 마을 청년들을 기다리게 했던 형평사원 심상구의 '태도'였다는 점이다. 이 태도가 청년들을 극도로 "흥분"시켜 그를 "거만하다"고 집단 구타하게 했다. 백정의 태도를 둘러싼 양측 간의 이 같은 실랑이는 우리에게 당시 백정과 양민 사이에 오가던 언어가 실어 나르던 것이 결국은 일종의 '감정'에 기반한 실존적 '의지'의 표현 즉, '기 싸움'이었다고 생각해볼 여지를 준다.[38] 상대의 어떤 행동이 자신들의 존재 이유를 땅에 끌어내리려 한다고 인식하게 되었을 때, 그 같은 존재의 위기에 대항하기 위해 주변의 힘을 결집시키고 그 힘으로 다시 다른 쪽의 기세를 반동적으로 꺾어 누름으로써 자기 존재감이 보존되었음을 확인하던 상황 말이다. 그리고 이를 표현하는 데 유효하게 작동하던 것은 인권이나 평등 같은 형평사의 이념을 실어 나르는 개념어概念語도, 양민 쪽에서 내세우던 전통적 유교 논리(양良·천賤의 구별)를 내포한 관념적인 문어文語도 아니었다. 대중을 결집시켜 양측으로 나뉘어 싸우게 만들던 대화의 수단은 '개념어'가 아닌 '**신체어**'였기 때문이다. 자신들의 실존적 의지를 감정이란 형식으로 분출시키는 데 작은 몸짓 (즉 태도) 하나면 충분했다. 감히 자신을 만나러 온 양민을 무례하게 문 앞에 계속 세워둔 그 태도 하나면 충분했던 것이다. 다음에서 보게 될 형평사원 조덕수의 '눈빛'도 그런 역할을 했다.

1924년 5월 8일, 경상남도 진영은 장날이었다. 형평사원 조덕수는 소고기를 팔러 시장에 갔다. 그가 마침 최모의 상점 앞에서 잠시 지체하며 서성거리자 최모는 백정이 자기 상점 앞에서 서성거리는 것이 자못 못마땅했는지 그를 내쫓았다.

"다른 곳으로 가라!"

그러자 이런 점주의 행동에 조덕수는 눈을 부릅뜨고 그를 노려봤다. 점주 최모는 자기를 쏘아보는 조덕수에게 소리쳤다.

"백정 놈이 양반에게 무례한 행동을 하느냐!"

조덕수는 이런 최모의 호통에 다음과 같이 소리치며 응대했다.

"백정 놈은 사람이 아니오?"

이때 지나가던 행상들이 이들의 실랑이를 구경하다가 싸움에 끼어들면서 사건이 커졌다. 행상대들은 조덕수를 향해 다음과 같이 소리치며 몰려들어 그를 두들겨 팼다.

"아직까지 백정은 백정 놈이요, 양반은 양반인데 무슨 소리냐?"

그러자 이번에는 다른 형평사원들이 싸움에 끼어들어 이 행상대들과 치고받고 싸우기 시작했다. 경찰이 개입해 싸움은 겨우 끝났으나, 행상대와 형평사원 양쪽에서 부상자가 발생하고, 조덕수는 행상대 중 일고여덟 명을 경찰서에 고소하면서 사건은 일단락되었다.[39]

이 사건을 통해 우리는 다시 한 번 반형평사 소요의 촉발 과정에

〔표 4〕 문자언어와 신체언어

문자어	신체어(말, 표정, 태도)
시공간적 자유	시공간적 한계
문법적 산물	관습 문화적 산물
의미와 정보 전달에 최적	감성 전달에 최적
글쓰기를 통한 항구적 보존 가능	즉흥적 발생 및 소멸

서 별 볼 일 없는 '신체어'가 매우 중요한 역할을 하고 있음을 생각하지 않을 수 없다. 몸의 떨림을 전하는 목소리 속 '어투', 눈빛이나 얼굴의 일그러짐 등을 통해 의미를 던지던 '표정', 몸 전체의 일정한 동작을 통해 주체의 의도를 전달하는 '태도' 등은 바로 우리가 앞서 신체어라 부르는 예였다. 반면, 비신체적 개념어는 순수한 사유의 표현 도구로서 문자언어와 그것에 기반해 함축된 의미를 논리 체계하에서 전달하는 언어로서 주로 언론의 지면이나 조직(형평사)의 강령 등을 통해 등장하고 있었다. 민족이나 계급과 같은 언어 그리고 형평사가 조직의 이념으로 내세운 평등과 그 행동의 강령으로 명시한 박해는 신체어처럼 목청의 떨림이나 얼굴의 일그러짐, 혹은 동작의 변화 같은 매개 없이도 주체의 의도를 전달할 수 있다는 점에서 시공간을 초월해 자신을 전달하는 힘을 가진다.

그러나 여기서 중요한 것은 그럼에도 그 같은 관념어가 '사건'을 만들고 있지는 않았다는 점이다. 사건은 그보다 무의미해 보이지만 강렬하고, 그보다 영속적이지 않지만 즉각적인 신체어를 통해 탄생하고 확장하고 있었기 때문이다. 〔표 4〕는 이 같은 두 언어의 차이를

보다 세부적으로 구별해 정리한 것이다.[40]

신체어가 가진 사건적이고도 관계적인 성격, 관념이 아닌 감정의 전달에 최적화된 언어로서의 특징은 반형평사 소요 속 대중 정치 그 자체이기도 했다. 이 신체어야말로 대중의 정치가 어떻게 발발하고 확장하다 사라지는지를 잘 보여주고 있었던 것이다. 일상 속에서 서로 잡거하던 이질적인 개인들이 예기치 못한 순간 상대와 부딪쳐 만들어진 전선 위에서 그 안에 내재된 감정을 담아낸 언어들로 서로를 촉발하며 대중이 되고 또 그런 방식으로 다시 개인이 되어 사라지고 있던 것. 이 같은 신체적 실천의 논리가 대중 정치의 논리라고 봐야 한다는 점이다.

그런데 이같이 무리를 지어 신체적으로 대결하던 싸움들을 보며 우리는 이 과정에서 이들이 느꼈던 것이 과연 '슬픔'이었을지, 아니면 '기쁨'이었을지 생각해볼 필요가 있다. 우리가 앞서 보았던 싸움에는 그것에 온전히 몰입해 이를 마치 즐기는 듯한 모종의 열광이 엿보였기 때문이다. 그런데 이는 우리가 일반적으로 싸움에 대해 하는 말들, 즉 싸움은 그 속에 있는 인간을 피폐하고 우울하며 고독하게 만든다는 말과 배치된다. 그런데 만약 이 싸움이 우리가 이 책에서 계속 보고 있는 종류의 싸움, 즉 개인과 개인의 싸움이 아니라, 개인으로 시작했지만 순식간에 수십 명에서 수백 명으로 불어나 이쪽 아니면 저쪽의 다수자로 자신을 변신시키던 싸움이었다면 어떠했을까? 형평사 대 반형평사의 전선 속에 있던 대중들은 이 싸움이 고통스럽고 우울하기만 했을까? 아니면 이 전선에서 모종의 희열 혹은 쾌감을 맛보고 있었을까? 다음에서 보려는 것은 이런 의미에서 싸우는 대중이 그 '전선'에서 맛보고 있던 것이 기쁨이었는지 슬픔이었는지를 보는 일이다.

이를 위해 우리는 다음 장에서 식민지에서의 줄다리기 시합을 둘러싼 다양한 대중의 소란을 살펴볼 것이다. 줄의 양쪽으로 나뉘어 놀이를 하던 대중이 갑자기 치고받고 싸우다 이에 개입하던 식민 권력과 충돌까지 하던 놀이가 그것이다. 이 '놀이 싸움'의 소란은 우리에게 전선이 대중에게 과연 슬픔만을 주는 것인지 탐구할 수 있게 해준다. 만약 싸움이 대중에게 쾌감을 주었다면 그 쾌감의 구체적인 성격은 무엇이었을까? 그리고 그것은 어떻게 싸움에 열광하는 대중을 만들어내고 있었을까?

제6장

열광

전쟁은 원시사회의 구조이지,

결여된 교환이리는 우발적 실패가 아니다.

이러한 폭력의 구조적 지위에 상응하는 것이

'야만인들'의 세계에서 폭력의 보편성이다.

— 피에르 클라스트르, 『폭력의 고고학』, 2002.

석전(石戰)! 돌싸움의 쾌감

1913년 2월 18일 오후 3시 30분경, 용산의 육군 화장장 부근에서는 약 200여 명의 아이가 모여 상대를 향해 돌을 던지는 이른바 편쌈, 즉 석전을 시작했다. 바로 그 전해인 1912년 3월 '경찰범 처벌 규칙(제50조)'에 따라 석전이 금지되었음에도 이를 어기고 돌싸움을 한 것이었다. 경찰서에서 곧바로 출장해서 이를 금지시켰지만 소용이 없었다. 2월 18일에는 200명이었던 것이 2월 19일에는 300명으로, 2월 20일에는 약 800명이 돌싸움을 하려고 모여들었다.[1]

1921년 1월 17일 오후 3시경, 마포에서도 같은 일이 벌어졌다. 3, 4부락 청년 수백 명이 동막 앞 광장에 모여 석전을 벌였는데, 관할 주재소에서 해산시키려 했지만 오히려 더 많은 사람이 모여들고 있었다. 이 같은 해산 시도에도 1월 21일에 다시 모인 사람 수는 전날보다 많아서, 마포, 동막, 서강 등지에서 1천여 명에 이르는 이들이 전날에 이어 석전을 또 벌였다. 용산경찰서에서 이를 다시 해산시키고 다시는 석전을 못 하도록 엄중 경고했다.[2] 이처럼 이미 1912년에 금지된 석전은 그럼에도 여러 지역에서 경찰의 눈을 피해 산발적으로 행해지고 있어 당국에서는 이를 항상 금지하고 있었다고 기록되어 있다.[3]

그 같은 석전은 1920년대 후반까지도 계속된다. 과연 석전, 즉 돌싸움은 무엇이었을까? 『한국민족문화대백과사전』에 따르면 석전은 음력 정월 대보름에 각 지방에서 행하던 남성들의 돌 던지기 놀이였다. 놀이 방식은 단순했다. 마을끼리 혹은 한 마을에서 동편과 서편으로 나뉘어 수백 보 정도의 거리 혹은 개천을 사이에 두고 들판에서 돌팔매질을 하다 돌이 무서워 후퇴하는 쪽이 지는 경기였다. 그런데 이 석전은 스포츠 경기와 달리 언제 끝이 날 지가 정해져 있지 않고, 참가 인원 등 규정이 없었기 때문에 양쪽에 많게는 수천 명의 군중이 몰려들어 며칠씩 계속되는 경우가 빈번했다.[4]

돌싸움이라는 말에서 예상할 수 있듯이 별도의 안전장치도 없이 맨몸에 돌을 들고 싸웠기에 "이마가 깨지고 팔이 부러"지는 것은 물론이거니와 머리를 맞아 죽는 경우도 다반사였다. 『동국여지승람』에는, 그럼에도 "상하거나 죽어도 후회하지 않고 수령이 금하여도 듣지 않았다"라고 기록되어 있었다. 이처럼 상대 혹은 자신의 생명을 앗아갈 만큼 위험했음에도 대중은 석전에 광적이라고 할 만큼 열광

영국의 화보 주간지 『그래픽(*The Graphic*)』 1902년 2월 8일 자에 실린 석전 삽화. 그 기원이 삼국시대까지 거슬러 올라가는 석전은 조선시대에는 주로 정월 대보름이나 단옷날에 행해졌다. 전쟁에서 적들과 싸울 때 민간에서 행하던 투석전(投石戰)이 대중적 유희가 된 사례로서 전쟁을 욕망(열광)의 차원에서 접근할 수 있게 하는 민속학적 사례다.

했고, 왕들은 이를 한편에서 경계하면서도 완전히 저지하지는 못 했다. 심지어 때로는 오히려 이를 권장하고 그 관람을 즐기기까지 했다.[5] 그런데 구한말 정확히 식민지적 근대가 시작되면서부터는 석전에 대한 새로운 시각과 통제가 작동하기 시작했다.

1905년 『대한매일신보』[6] 그리고 1913년 총독부 관보 『매일신보』[7]에서 말하던 석전은 "무식한 자"들이 하는 것이며 "생명을 위험하게 하는" 행위였다. 그럼에도 이를 용맹이라고 생각하면서 그 행위를 돌아보지 않는 석전은 사적으로도(가정), 공적으로도(국가) 전혀 이익이 되지 않는 "야만적" 행위였고, 이 같은 시각에 식민 권력이나 피식민 지식인 사회의 견해 차이는 없었다.

이것은 일종의 사기士氣를 고무하는 것이라 하여 구한국 시대에는 정부에서 이것을 묵인해왔으나 총독 정치가 된 이후로는 메이지明治 45년도 (1912년—인용자)에 경찰범 처벌령에 의하여 취체를 엄중히 해서 일시는 근본적으로 이러한 폐풍이 없어졌더니 최근에 이르러 이러한 습관이 발생되어 이전에는 음력 정월부터 시작하던 편쌈이 양력 정월부터 시작하는 경향이 있으므로 경기도 경찰부에서는 각 경찰서에 명령하여 이와 같은 습관을 타파하라고 통첩을 발간했는데 만일 경찰 당국의 명령을 순종치 아니하고 감히 편쌈을 하는 때는 용서 없이 경찰범 처벌령에 처할 터이며 또 부상을 낸 경우에는 상해죄로 처하는 바, 이와 같은 유희적 편쌈은 **비문명적**(강조—인용자) 유희이므로 절대적으로 근절치 아니하면 아니 되겠다고 경무 당국자는 말하더라.[8]

그런데 이렇듯 식민 권력이 엄금했고 심지어는 검거하는 경관이 눈앞에 있는데도 조선에서는 이 위험한 석전을 계속 벌이곤 했다. 1924년 2월 22일, 석전이 행해지던 서대문 밖 동막 공터는 예전부터 석전 장소로 유명한 곳이었다. 그래서 "못된 무리들은 경관의 눈을 속여 종종 피를 흘리는 참극이" 일어나곤 했었다. 경관이 그날 정월 대보름맞이 석전이 행해질 것을 미리 알고 특별히 경계했음에도 연희면(지금의 서울 서대문구 연희동)과, 용산 방면에서 대현리(지금의 서울 서대문구 대현동)로 약 100명가량이 모여 돌싸움을 했다. 경관이 이를 보고 급히 쫓아갔지만 네 명의 경관으로는 해산시키는 게 불가능할 정도였다. 결국 본서에서 기마 경관과 도보 경관 지원을 요청받고서야 이들을 해산시킬 수 있었다.[9] 금지된 석전을 하다 일어난 부상도 빈번했다. 1928년 평안남도 대동군 남곶면 장매리에서는 6월 한식맞이 석전으로 스물두 살 김용환이 돌에 머리가 깨져 사망하는가 하면, 아이들이 석전을 하며 던진 돌에 지나가던 부녀자가 맞아 죽는 사건도 있었다.[10] 그렇다면 이처럼 위험하고 또 경찰이 그렇게 금지하던 놀이에 식민 대중은 왜 열광했던 것일까?

이 문제를 보기 위해 석전이 가지던 특징을 먼저 자세히 들여다볼 필요가 있다. 우선 앞서도 언급했듯이 그것은 무수한 사람들로 이루어진 무리가 양편으로 갈라져 서로에게 돌팔매질을 한다는 것 이외에 정해진 규칙이 없었다. 인원수의 제한이나 참가 자격도, 경기의 시작과 끝도 정한 게 없었고, 돌을 던져 어디는 맞힐 수 있지만 어디는 안 된다는 등의 제약도 없었다. 특히 이 같은 규칙을 강제하는 심판 권력이 없었다. 여기서 심판이 무엇인지 잠깐 생각해보자.

그것은 싸우는 양측이 합의하에 자신들을 통제할 권한을 양도해 생긴 제3의 힘이다. 그런데 석전에는 제3의 힘이 존재하지 않았다. 경기의 승패가 '돌이 무서워서 도망가는 쪽'으로 결정되었기 때문이다. 이는 철저하게 싸우는 양측 이외에 다른 어떤 권력도 이 싸움에 개입하는 것을 허용하지 않는 논리가 석전에 있었음을 확인시킨다. 이 심판 권력의 유무라는 측면에서 봤을 때, 근대 스포츠는 싸우는 자들이 자기 안전의 보장을 대가로 그 힘의 통제를 스스로 욕망한 놀이라면, 석전은 그 같은 통제를 철저하게 거부한 채 즐기는 놀이라고 할 수 있다.[11] 팔이 부러지고 머리가 깨지며 실제로 돌에 맞아 죽더라도 자신들의 신체적 안전을 위해 싸움의 통제 권한을 가진 권력을 석전은 허용하지 않았던 것이다. 바로 이 점 때문에 지식인 사회와 식민 당국이 석전을 "야만"적이라고 비난했던 것이다. 무질서하고 위험한 채로 상대가 생명의 위험을 무릅쓰고 스스로 굴복할 때만 승패를 결정할 수 있는 통제와 규율을 거부한 석전은 야만적(전근대적)이었다.

그러나 이 '야만'을 보며 우리는 역으로 이것이야말로 이 싸움에 대중이 열광하게 했던 힘은 아니었을까라고 생각해 볼 수 있다. 통제에서 벗어나 목숨을 걸고 서로 싸우는 행위가 주는 희열, 그것도 개인과 개인 간의 외로운 싸움이 아니라, 싸움이 계속되는 한 무리가 계속 유지될 수 있다는 그 아슬아슬한 쾌감이 이 야만적 싸움을 ―비난과 금지에도 불구하고― 가능하게 했던 진짜 힘은 아니었을까라고 생각해볼 수 있는 것이다.

그러나 어디까지나 이는 현재 시점에서 유추해보는 가정에 불과하다. 따라서 다음에서는 석전과 조금 달랐지만 그럼에도 그와 매우 유사한 원칙을 갖고 보다 광범위한 지역에서 오랫동안 계속되었던 삭전素戰, 즉 줄다리기를 통해 이 가정의 타당성 유무를 살펴보려 한다.[12]

석전처럼 삭전에도 특별히 정교한 기술이나 규칙이 없이 수많은 사람들이 몰려들고 있었다는 것 그리고 석전만큼은 아니지만 삭전 역시 이를 금지하려는 식민 당국과 그 '통제'를 거부하던 대중 사이에 잦은 충돌이 있었다는 것 등, 이 둘 사이에는 차이점보다 공통점이 많았다. 특히나 삭전이 격렬해지곤 할 때, 그것이 석전으로 변하면서 놀이 대중이 말 그대로 서로를 적대하며 싸우는 대중이 되는 경우가 종종 있었다는 점은 우리가 석전을 통해 해결하지 못한 질문을 삭전에 던져볼 수 있게 한다. 양측으로 나뉘어 싸우는 대중이 이 싸움에 열광하던 이유는 무엇이었을까? 여기에는 어떤 쾌감이 존재하고 있었을까?

삭전(索戰)! 줄다리기의 쾌감

> 진주에는 여름 중 지정한 날에 성 밖과 성안의 인민이 삭전을 하는 습관이 있다. 습관의 유래는 알 수 없으며 또 그 최초의 원인도 알 수 없으나 여하간 이 폐습이 수백 년을 계속해온 것 같다. 거금 10여 년 전에 이 삭전으로 다수의 사상자가 나온 결과, 경찰이 이를 금지해오다가 다이쇼 大正 10년(1921년―인용자) 큰 가뭄이 있던 당시 다시 이 삭전이 시작되었다. … 살기를 띤 양편은 시 전체가 총동원을 개시하여 전쟁 준비에 필승을 기하고 상당한 자금을 조달하는 등 십여 일을 두고 밤낮을 잊을 정도로 매달렸다. 과연 굉장한 활동이다. 또한 무의미한 활동이다, **비열한** (강조―인용자) 활동이다.[13]

1924년 「삭전을 폐지하라」는 제목으로 『조선일보』에 실렸던 논설의 일부다. 진주의 줄다리기 시합을 예로 든 이 논설은 줄다리기가 하나의 "유희"가 아닌 실제 "전쟁 준비"를 방불케 함을 비판하고 있다. 줄다리기가 열리는 지역에서 그 시합은 "전 시민"이 총동원되어 준비하고 경기할 뿐만 아니라, 양편으로 갈라졌던 시민들이 시합이 끝난 후에도 줄다리기의 "감정"에 홀려서 "영원한 적대 행동"을 하는 일상의 "전쟁"을 만들고 있었다.

첫째, 쓸데없는 감정에 흘려서 영원한 적대 행동이 되고 만다. 삭전이라 하면 진주에만 있는 것이 아니요, 남도 지방에는 도처에 있는 것 같다. 혹 농한기를 이용한 농민의 유희적 운동(즐길거리—인용자)이 되지 아니하는 것도 아니지만 이곳의 삭전은 예를 초월한 특별이다. 양편은 수백년을 내려오면서 이 삭전으로 전통적 감정을 포장하게 된다. 그리하여 삭전 이외까지 이 감정이 파급하여 농업에 상업에 심지어 세탁장에까지 교통을 끊고 시비를 건다. 이와 같은 반목질시로 결국 단도單刀로 투석投石으로 중경상을 내는 데 이른다. 또 삭전이 변해 격투로 권투로 일종의 백병전白兵戰이 되는 것이 통례라 한다. … 이 행위 저 행동이 모두 감정에만 흘려서 결국은 영원한 적이 되어 전 시민의 모든 계급이 분열된다.[14]

줄다리기 시합 그리고 그것에 보이는 대중의 열광은 '전투'에 열광하는 모습 그 자체였다. "계급의 분열"을 야기하는 이 놀이의 전투적 성격은 그것이 가진 다른 모든 폐풍적 요소, 예를 들면 미신이나, 시합 원리의 원시성, 농촌 경제의 어려움과 반비례하는 시합 준비에 드는 막대한 비용 같은 낭비적 요인을 다 더한 것보다 큰 문제였다.[15]

그런 이유에서였을까? 총독부는 삭전과 석전을 똑같이 골칫거리로 접근하고 있었다.[16] 무차별적인 수많은 사람들이 —관중을 포함해— 한자리에 모여 아주 단순한 이분법으로 갈라져 싸운다는 것, 놀이로 시작된 대중의 운집이 경찰의 통제나 마을 유지의 개입을 무시하고 종종 자신들의 싸움에 온전히 몰입해 폭력을 동반한 소란으로 이어지고 있었다는 것 등에서 이 둘은 유사했다. 심지어 삭전을 "폐지하라"고 주장하던 지식인 사회의 논리 즉 "야만적"이며 "분열적"

이라는 것 역시 석전 폐지 논리와 같았다.

이런 이유 때문이었는지 원래 대보름이나 단오, 한가위, 혹은 정월 초하루 등에 조선 이남 농촌 지역에서 벌어지던 줄다리기는 1910년 한일병합 이후 10여 년간 그 흐름이 끊어지다 1920년대 초부터 다시 활성화된다.[17] 지역 청년회나 유지 단체의 성장 및 3·1운동 이후 총독부 통제 정책의 완화와 맞물려 이 단체들이 주도가 된 줄다리기 시합이 다시 성행했던 것이다. 그런데 이 같은 성행은 그럼에도 시합의 허가나 운영 문제 등에서 이를 쉽게 허가하지 않으려던 관할 경찰서와의 계속된 충돌과 타협 끝에 이루어진 결과였다.

1924년 3월 1일, 밀양에서 개최된 줄다리기 대회에는 군내 주재소원이 총출동해서 이를 엄중히 경계했고, 1923년 정읍에서도 정월 보름맞이 줄다리기를 하고 있을 때, 정복·사복을 입은 주재소 순사들이 줄다리기 시합에 출장을 와서 시합을 감독했다.[18] 1923년 울산에서도 줄다리기 대회는 오랫동안 "옥외 집회" 금지라는 이유로 허용되지 않다가 주민들의 간청으로 겨우 인가를 얻었음에도 시합이 시작되려는 순간, 어떤 이유에서인지 취체를 하러 출장 나온 경찰의 "중지 명령" 한마디로 대회가 해산되기도 했다.[19]

줄다리기 시합을 둘러싼 지역 주민과 관할 경찰서 간의 이 같은 신경전은 1920년대에만 국한되지 않았다. 이미 많은 지역에서 1940년대까지도 줄다리기 시합이 성행하고 있었지만 그 와중에도 그 허가를 두고 지역민과 경찰 당국 간에 지속적인 실랑이가 발생해 1931년 2월에는 경상남도 동래에서 정월 보름맞이 줄다리기가 경찰 불허로 무산되고[20], 진영에서는 비슷한 때에 경찰의 허가를 얻지 못했다가

지역 유지들이 경찰을 거듭 설득한 끝에 간신히 개최가 결정되기도 했다.[21]

그러나 경찰 당국과 지식인 사회까지 나선 줄다리기에 대한 이 같은 경계에도 불구하고 줄다리기는 제주부터 함경도에 이르기까지 모두 108여 곳에서 성행했다.[22] 그렇다면 이처럼 경찰의 관점에서 야만적이자 원시적이며, 조선인 지식인 사회의 관점에서 무산계급 내 분열만을 자초하는 전쟁놀이였던 이 줄다리기에 왜 그토록 많은 지역에서 수많은 사람들이 몰려들었을까? 줄다리기를 둘러싼 "열광"의 구체적 내용은 무엇이었을까? 다음에서는 이 열광을 '강도 되기'와 '전사 되기'라는 두 가지 변신의 쾌감을 통해 설명해보고자 한다.

쾌감1 강도 되기

모르는 것에 의한 접촉보다 인간이 더 두려워하는 것은 없다. … 인간이 접촉의 공포로부터 해방될 수 있는 유일한 경우는 군중 속에 있을 때뿐이다. 이때는 두려움이 오히려 정반대의 감정으로 변한다. 이때 인간은 '밀집된 군중', 즉 몸과 몸이 밀착되어 누가 누구를 밀고 있는지 알 수 없을 정도로 물리적으로 빽빽이 들어찬 군중을 필요로 한다. 군중 속에 놓이는 순간 인간은 닿는 게 두렵지 않게 된다. 이상적인 경우에 거기서는 모두가 **평등**(강조─인용자)하다. 어떠한 구별도 없으며 성별 차이조차 존재하지 않는다. 민 자가 곧 밀린 자요, 밀린 자가 곧 민 자인 것처럼 느끼게 된다. 갑자기 모두가 한 몸이 되어 행동하는 것 같아진다. 군중이 서로

밀착하려고 하는 것은 바로 이러한 이유 때문인 것 같다.[23]

　　빽빽하게 들어선 다수자 틈에서 그들과 아예 하나의 몸으로 밀착하게 되는 밀집 상태! 그 밀집 위에서 밀거나 밀리는 리드미컬한 운동 속에 만들어진 다수자! 카네티가 군중을 설명하는 이 같은 방식은 마치 줄다리기 속에서 어느 한쪽 줄을 잡고 늘어져 있는 수많은 사람들의 상태를 대변하는 것 같다. 카네티에 따르면 이 같은 수적 "밀집"은 인간이 일상의 공간에서 혼자 존재할 때 느끼는 불안, 즉 외부적 접촉으로부터 갖는 불안과 공포에서 오히려 개인을 온전히 놓여나게 한다. 그 같은 밀집이 주는 쾌감, 즉 해방감 때문이었을까?

　　정말로 많은 사람이 줄다리기 시합에 몰려들었다. 1926년 경상북도 안동 읍내에서 음력 정월을 맞아 마련한 줄다리기 대회에는 경상북도의 각 군과 각 촌에서 몰려든 관람객만 무려 5만 명이었다. 1923년 3월 동래 군민 줄다리기 대회에서는 동서로 나뉜 양쪽 줄다리기 참여자가 수만 명이었다. 같은 해 부산청년회 주최로 열린 대회의 관중은 7만, 8만 명에 이르렀다.[24]

　　이렇게 어마어마하게 많은 사람들이 몰렸다는 것은 줄다리기의 줄을 봐도 알 수 있었다. 줄다리기에 이용된 줄의 길이는 지역에 따라 달랐지만 강진읍의 경우 전체 줄 길이가 200~300미터였고, 지름만 40~60미터에 이를 만큼 거대했다. 그리고 이 줄을 잡기 위해 만들어진 새끼줄의 길이는 20센티미터나 되었다.[25] 동래 군민 줄다리기에 동서 양측 참가자가 수만 명이었다는 기사 보도가 충분히 가능했던 것이다.

1922년 경상남도 동래군(지금의 부산시 동래구)에서 줄다리기의 줄을 만드는 장면. 과거 정월 대보름 행사로 치러지던 동래군의 줄다리기 시합이 1922년 다시 시작되었을 때, 약 2만여 명이 이 시합에 몰려들었다. 당시 부산 인구는 6만 명이었다.

그런데 이 줄다리기와 '다수'의 관계 문제에서 우리를 더 흥미롭게 하는 것은 이를 보고자 몰려들었던 관중들과 줄다리기에 참여한 선수들 간의 관계였다. 당시 줄다리기는 현재 우리가 운동회에서 하는 시합과 달리 정확한 규칙과 이를 감독하는 심판의 역할이 매우 모호했다. 시합에 참여하는 선수와 이를 응원하거나 관람하는 관객이 따로 구별되어 있지 않은 경우가 빈번했던 것이다. 3일에 걸쳐 진행되던 진주 줄다리기가 그 한 예다. 이 승부에서는 줄을 끌다 나와 볼일을 보기도 하고 다시 들어가 잡기도 했으며, 자기편이 불리해진다 싶으면 응원군이 더 모집되기도 하고, 그에 맞춰 반대쪽에서도 똑같은 상황이 벌어지는 등 줄다리기에 참여자와 관람자의 구분이 명확하게 정해져 있지 않았다.[26] 때로는 응원자로 때로는 참여자로 시합이 열리는 장소에 몰려들었던 인원은 적게는 1천여 명에서 많게는 7만, 8만 명이었다.

여기서 우리는 당시 줄다리기에 단순히 많은 사람이 한 곳에 밀집하고 있었다고만 이야기해서는 안 된다. 이 참여자들 그리고 이를 구경하는 이들이 어떠했냐가 중요했다. 참여는 성별, 연령, 직업 등과 상관없이 지역민이면 —지역민으로 취급되지 않는 백정 같은 이들을 제외하면— 누구나 가능했다. 이 때문에 줄을 당기는 순간만큼은 여자와 남자, 고용인과 노동자, 청년과 장년 등으로 구분된 사회적 구획이 해체된 채 이들 모두가 당기거나 밀리는 '힘의 강도'가 되는 체험을 할 수 있었다.[27]

사회적 위계와 규범에서 이탈해 모두를 하나의 힘의 세기, 즉 강도強度로 변신시키고 있었던 것이다. 이 같은 변신이 주는 극단적인 평등, 아니 정확히 '해체'의 논리는 이 시합이 가지고 있던 단순한 이항성의 원칙에서 가장 극단적으로 드러난다. 진주 줄다리기에서 성내조와 성외조의 구분이나, 충청남도 당진군에서 수상水上과 수하水下의 구분, 부산에서 남군(초량동, 영주동, 목도牧島, 서부, 사하면)과 북군(고관, 부산진, 동래, 서면)의 구분에 따른 배치는 어떤 사회적 위계질서나 구분을 전제하고 있지 않았다.[28] 양측은 그저 동네의 이쪽이거나 저쪽, 위이거나 아래, 왼쪽이거나 오른쪽이라는 '형식'으로 나뉠 뿐, 그들 각자의 '내용'은 중요치 않았다. 이항의 구분이 완전한 평등을 실천하고 있었던 것이다.

진주의 줄다리기는 성내조와 성외조 두 조로 나뉘어 승패를 결정한다. … 성내가 승리하게 되면 성외 여자는 성내 여자에게 얼굴을 들 수 없는 치욕을 느낀다. 또한 성외가 승리하게 되면 성내의 여자는 성외 여자에 대해 머리를 들 수 없다. … 따라서 이 멸시를 피하고, 우위를 획득하기 위해 줄다리기에는 노약자, 남자, 여자, 상하 귀천, 관리도 기생까지도 협력해서 응원했던 것이다.[29]

따라서 여기서 중요했던 것은 오직 상대의 생존 여부였다. 일정한 강도를 줄의 떨림으로 그 반대편에 계속 전달해주지 않으면, 하나의 힘의 세기였던 다수자가 일상의 개인들로 뿔뿔이 흩어져 사라졌기 때문이다. 수만 명의 사람과 촘촘하게 밀집해 밀고 당기는 강도의 세기, 그 율동의 힘으로 존재하는 것을 계속 즐길 수 있느냐의 여부는 "동지"와 "적"의 이항 구도가 얼마나 오랫동안 계속될 수 있느냐에 따라 결정되었다.

군중이 자신을 존속시킬 수 있는 가장 확실한 그리고 때로는 유일한 가능성은 그와 관련된 **제2의 군중**(강조—인용자)이 존재하는 데 있다. … 양편의 대치 상태가 양편의 내부에 영향을 미친다. 비상한 주의력을 요하는 이 대결로 인해 두 집단의 내부는 특별한 방식으로 집중된다. 상대편이 뿔뿔이 흩어지지 않는 한, 다른 한쪽의 사람들은 함께 모여 있어야 한다. 두 집단 간의 긴장은 양편의 사람들 모두에게 압박으로 작용한다.[30]

상호 적대하는 두 대중의 존재. 그 적대의 관계가 각기 다른 쪽 대중의 존재 역시 가능하게 했다. 개별자가 아닌, 하나의 강도 즉 에너지로 존속시키는 가장 중요한 원리는 상호 적대하는 대중의 존재 그 자체라는 카네티의 설명은 진주 줄다리기에서도 그대로 나타나고 있다. 1924년 7월 7일 진주 줄다리기가 대중 소요로 변하기 직전까지 그 안에서 대중들이 체험하고 있던 것을 확인함으로써 이를 설명해 보자.

1924년 7월 7일, 진주 줄다리기가 개최되었다. 경찰에서는 "예전과 같이 밤에는 위험도 많고, 취체도 어려우므로 오후 0시부터 5시까지 승패를 결정한다"는 전제하에 줄다리기를 허가했다. 다섯 시간의 시합에도 승패가 나지 않으면 무승부로 하고 경찰이 해산을 명령한다는 것이었다. 그런데 경찰이 허가한 시간이 지났는데도 양쪽은 여전히 팽팽해서 승부를 가릴 수 없었다. 그래서 결국 경찰은 저녁 8시가 되자 대중에게 해산을 명령했다. 그런데 아무도 집으로 돌아가지 않았다. 오히려 밤이 깊어지자 사람은 점점 더 모여들었다.

점점 모여드는 사람은 많아져서 점차 군중은 살기殺氣를 띠게 되었다.[31]

이 같은 "살기殺氣"는 양측이 그 "수"를 더 키워서 상대에게 자기 수를 과시하려면서 시작된 것이었다. 이미 성내조 측에 모여 있던 사람의 수가 더 많았다. 그러자 상대의 힘에 대응하기 위해 성외조에서도 사람을 불러 모았다. 상우단이라 불리는 20세 이하 소년 100명, 기독교청년단 200명 등 모두 300명이 결사대라고 해서 붉은 머리띠를 두르고 요란스럽게 몰아쳐 온 것이다. 그것은 곧바로 성내조를 자극했다.

성내조도 역시 그에 자극을 받아 철도 공사 인부 100명을 고용해서 대항 운동을 개시했다. 그러나 사태는 더 험악해지고 나아지지 않아 경찰에서는 순사를 요청하고 대오隊伍를 파견해 사건의 발발을 미연에 방지하고자 했다. 새벽 2시, 밤은 점차 밝아와 새벽이 왔는데도 결승이 나지 않았다.[32]

이후 살펴보겠지만 양측 주민 간 물리적 충돌에 심판이던 경찰들까지 주민들과 충돌을 했다. 이처럼 진주 줄다리기가 3일씩이나 이어진 데에는 앞에서 본 것처럼 양측 대중이 서로를 자극하며 밀고 당기는 힘의 강도를 계속 유지하기 위해 줄을 놓지 않았던 것이 결정적이었다. 그러던 것이 3일째 저녁이 되어 성내조와 성외조 주민이 한두 사람씩 자리를 떠나고 줄만 남게 되자 줄다리기는 끝났다.[33] 경기의 종료 여부가 온전히 경기 당사자들의 의지로 —심판이라는 제3자가 아닌— 결정되었던 것이다. 힘의 세기를 직접 체험하고 그 강도의 율동에 내맡겨진 이들이 스스로 이 "적대"가 더 이상 의미 없다고 느껴지게 될 때 비로소 경기가 그들 '자신'에 의해 종료된 것이다.

일상에서 '개인'으로 존재하는 이들이 다른 개인과의 관계에서 자기 보존을 위해 싸우는 과정에서 발생하던 숱한 긴장이 오히려 수많은 사람들 틈에 온전히 흡수됨으로써 사라지고 있었다. '밀집'의 쾌감이었다. 또한 사회적으로 상하의 관계 어느 곳에 속할 수밖에 없는 사회 속 주체들이 줄 앞에서는 그저 줄의 이쪽과 저쪽이라는 형식적 구분 위에서 평등해졌다. 그 평등한 이항의 틀 위에서 순수한 힘, 즉 '세기'가 되는 것은 '강도 되기'의 쾌감이었다. 이 같은 쾌감, 즉 밀집과 강도 되기의 쾌감이 그저 놀이로 싸움을 하던 이들을 실제 싸움꾼 즉 전사로 변이시키고 있었다. 석전처럼 삭전에서도 놀이에 한정되어야 할 싸움이 그 '선'을 넘어 현실의 싸움으로 나타나는 경우가 빈번했던 것이다. 상대편과 싸울 뿐만 아니라 이들을 통제하려던 경찰과 싸우기까지 했다.[34]

따라서 이처럼 비일상적이고 비규범적인 에너지가 주는 쾌감에 한몰된 대중은 매우 '위험'했다. 무엇보다 놀이일망정 개인, 규율 그리고 질서라는 구획의 틀을 넘어서 흘러다니는 자유로운 힘, 강도를 발산하는 '전사'가 되도록 해주는 놀이 속 쾌감, '전사 되기'의 쾌감은 매우 강렬하고 또 위험했다. 줄에 매달려 있어야 할 힘이 줄다리기 줄을 넘어서 언제든지 일상의 질서를 도발하는 힘으로 넘어갈 수 있었기 때문이다. 그리고 실제로 그런 일이 벌어졌다. 경찰이 허가와 금지 사이를 모호하게 오가며 그렇게 경계했음에도 줄다리기를 금지하거나 줄다리기 도중에 개입해 해산을 명령하는 경찰에 도발하는 전사가 된 대중의 착각(놀이와 현실을 혼동하는)이 많은 사건 사고를 일으켰던 것이다.

쾌감2 전사 되기

1928년 2월 21일, 황해도 금천군 개녕면에서는 줄다리기를 시작하려던 도중 줄다리기의 "길이"가 문제가 되어 일대 소란이 일었다. 그날 대회를 위해 개녕면에서는 발기인을 위촉하고 인근 각 면에서 기부를 얻어 대규모의 줄을 만들어 시합 준비를 끝냈다. 그런데 대회 전날 출장 온 주재소 순사들은 이들이 준비해 놓은 줄다리기 줄이 마음에 들지 않았다.

"줄의 규모가 너무 거대하다!"[35]

줄이 거대하다는 것은 그만큼 많은 사람들이 줄을 잡는다는 것이고, 이 수는 시합을 허락할지 말지를 가늠하는 가장 중요한 문제였다. 수가 많을수록 대중의 규모는 그만큼 커지며, 거대한 규모의 대중이 서로 편을 갈라 싸우는 재미에 열광할 때, 그 쾌감이 어떤 방향으로 일탈할지는 아무도 예측할 수 없었기 때문이다. 그래서 결국 줄다리기 양편 진영에서 35칸의 줄만 남겨두고 나머지는 끊어버리기로 결정했다. 그렇게 하지 않으면 군내 최대 규모의 축제가 취소될 수도 있었다.

마침내 대회 당일인 2월 21일 오후 4시경, 줄다리기를 위해 무려 2만 명이 아침부터 각처에서 물밀 듯 몰려들어 인산인해가 되었다. 이제 줄을 주재소의 요구대로 끊어내고, 대회를 시작만 하면 되는 상황! 주변의 공기는 진주의 그것처럼 살기까지는 아니어도 전투가 시작되기 일보 직전의 흥분과 긴장감으로 가득 찼다. 그런데 경관 일고여덟 명이 대회장에 출장해 먼저 동편 줄을 측량하고 남은 줄을 끊어내기 위해 도끼를 가지러 간 사이에 사건이 일어났다.

당시 대회장에 있던 이향래라는 청년이 사람들의 허락도 없이 자기 칼로 줄다리기 줄을 끊어버리려 한 것이다. 그러자 이를 목격한 대중이 크게 분노했다. 감히 줄다리기 줄에 함부로 손을 대다니! 그 줄이 어떤 줄인가? 가장 길 경우 줄 길이 200미터에 지름만 60미터에 이르렀다. 줄 만드는 데 드는 비용을 마련하려고 십시일반 기부를 받을 발기인까지 조직될 정도로 많은 이들의 비용과 수고가 들어간 줄이었다. 심지어 그 때문에 『조선일보』에서는 빈한한 조선 농촌에서 줄다리기 시합을 위해 조선 전역에서 연간 1만 5,280원의 거금이 소비되고 있다고 질타하던 줄이었다.[36] 경찰에서 줄을 자르라고 한 것도 모자라 이를 주민들의 허락도 받지 않고 누군가 자르려고 했던 것이다. 그러자 곧바로 그가 응징된 것이다.

근방에 모여 있던 대중들이 줄을 끊으려 한다고 소동을 일으키며 이향래를 집단으로 구타했다. 그런데 이때 맞아서 중상을 입은 것은 이향래뿐이 아니었다. 경찰이 나서서 이를 만류하려다 경찰까지도 덩달아서 대중에게 구타당했다. 동면 주재소 소장이 나서서 이향래를 겨우 끌고 나와 자동차에 태워 병원으로 보내 응급치료를 하는 사이, 이 급보를 접한 금천경찰서는 다음 날 오전 7시, 보안계 주임 이하 경관 20여 명이 현장에 들이닥쳤다. 뭘 하려던 것이었을까?

사람이 희소한 기회를 타서 양편 줄을 모두 끊어버려 삭전을 못 하게 하고 노점을 모두 축출했으므로 이 대회는 중지가 되고 말았으나 ….

줄다리기 줄을 끊으려 했다고 사람을 집단으로 구타해 중상을 입히고 이를 만류하던 경찰까지 함께 구타한 사건이었다. 줄다리기를 하거나 또는 보겠다고 금천군 내 각처에서 "아침부터 물밀 듯" 밀려온 2만 명에 달한 사람들이 더 큰 사고를 치지 전에 막아야 했다. 그러나 이렇게 많은 사람들이 운집한 가운데 줄을 끊었다가는 다시 또 무슨 일이 일어날지 알 수 없었다. 그래서 최대한 "사람이 희소한 기회"를 노려 양편 줄을 모두 끊어버렸다. 경찰의 이 같은 조치에 민심이 동요했던 것은 당연했다.

무려 2만 명에 달한 대회장은 인산인해를 이루었는데 일반은 크지 않은 이유로 오랫동안 많은 물질과 노력을 희생하여 준비한 삭전을 못 하게 된 것을 애석하게 여기는 동시에 경찰 당국의 과도한 처치를 비난한다더라.[37]

그런데 이 사건에서 우리가 주목해야 할 것은 경찰의 이 같은 난폭한 행정 처분 이전에 줄다리기를 보겠다고 이미 수만 명이 대회장을 가득 채워 흥분의 열기로 그곳이 터져나갈 듯 했었다는 점이다. 그 열기가 없었던들 과연 청년 하나가 갑자기 줄에 칼을 대고 있는 것을 보고 그를 끌어내 집단 난타하고, 심지어 이를 만류하던 경찰까지 구타하는 일이 가능했을까?

상대와의 싸움을 욕망하는 대중의 열기 안에 내재되어 있던 비규범적인 에너지와 그것이 주던 쾌감이 이를 저지하거나 혹은 그럴 가능성이 있는 것과 강하게 부딪치게 될 때, 그 힘은 언제든지 줄 밖으로 일탈할 수 있었다. 삭전의 놀이 전사, 즉 가상의 싸움꾼이 언제든지 줄 밖으로 튕겨져 나와 경찰을 두들겨 패는 현실의 싸움꾼, 즉 현실을 교란하는 전사가 될 수 있음을 이 사건은 보여주고 있다.

1931년 2월 15일 저녁, 부산 초량정 신도로에서의 줄다리기 시합에서도 금천군과 유사한 일이 발생했다. 갑자기 뭐가 문제였는지 줄다리기 시합을 하고 있던 대중들에게 다가가 부산경찰서 순사 대여섯 명이 이를 금지하고 해산시켰다. 줄다리기 시합에 참여하고 있던 3천여 명의 사람! 그 양측의 대중은 한창 그들 사이에 밀고 당기면서 서로를 자극하던 쾌감에 빠져 있는 상태였다. 밀집의, 해체의 그리고 전사 되기의 쾌감이 순식간에 경관의 "해산" 명령 한마디로 갑자기 끊어지게 되자, 쾌감은 곧 분노로 바뀌었다. 그 분노는 출장한 순사를 집단으로 두들겨 팬 후, 줄다리기 시합을 계속하는 것으로 표출되었다.[38]

1927년 경상남도 김해읍에서 줄다리기의 쾌감을 만끽하던 대중들은 경찰을 구타한 건 아니었지만 "해산" 명령을 무시한 것에는 부산 못지않았다. 김해읍에서는 매년 음력 정월이면 큰 줄다리기를 해오던 풍속에 따라 그해에도 줄다리기를 하려고 관할 주재소에 허가를 요청했지만 허가가 나지 않았다. 금지당한 줄다리기! 그런데 김해읍 주민은 이 같은 금지에도 불구하고 기어코 줄다리기를 실시했다. 음력 2월 1일에 부근 일대 사람들이 남과 북으로 편을 가르는 줄다리기를 하고 있었던 것이다. 이 사실을 안 경찰이 긴급하게 뛰어들어와 해산을 명령했다. 그러나 아무 소용이 없었다! 이미 양편에 4천 명 가까이 모여 있었다. 경찰의 해산 명령에도 아랑곳하지 않고 자신들만의 승부로 어영차를 계속하던 이들은 결국 승부를 갈랐다. 북편이 이겼다![39]

대중과 경찰의 이 같은 충돌 때문이었는지 『동아일보』 기사에 따르면 당시 경찰은 줄다리기 시합을 전후로 상당히 "신경과민"해지고 있었다.[40] 1928년 강원도 화천군에서는 결승을 앞두고 상리上里와 중리中里, 하리下里와 위리衛里가 좌우로 편을 나누어 줄다리기를 하고 있을 즈음, 팽팽해진 기 싸움에 양편 대중 간에 신경전을 띤 소란이 일어났는데, 이에 취체를 나왔던 일본인 순사와 조선인 순사 두 사람이 이 싸움을 말리는 과정에서 대중을 폭행하며 이들을 격분시켰다.

'게다' 짝을 벗어서 오른쪽을 향해 난타한 결과 세 명을 부상시키고 그중 화농 청년 회원 김준룡은 고토小東 순사에게 맞아 눈과 얼굴에 중상을 당하니 이를 보고 격분한 군중 20여 명이 화천경찰서에 쇄도하여 대표 세사람을 뽑아 문책하고 피해자는 그 이튿날 진단서를 첨부하여 춘천지청에 고소했더라.[41]

그런데 이처럼 줄다리기 과정에서 상대와 싸우는 놀이에 심취해 있던 이 놀이 전사들의 비규범적 에너지가 일으킨 가장 큰 일탈은 경기가 끝났음에도 경기 속 에너지를 일상에서 계속 이어가며 만들어 낸 소란이었다. 그것은 식민 당국의 입장에서는 사회질서의 교란이자 위협이었으며, 조선 지식인 사회의 입장에서는 무산자들의 계급 단결을 훼손하는 지극히 감정적이고도 소모적인 문제적 행동이었다.[42]

1928년 2월 8일, 경상남도 안의에서는 연중행사인 줄다리기 시합이 성황리에 끝났다. 이긴 쪽은 청룡 편이었다. 청룡 편은 승리를 축하하기 위해 여흥을 즐기는 한편, 대로변에 수백 명의 군중이 풍류를 울리며 행진을 했다. 그런데 바로 그때 갑자기 어디에선가 돌이 빗발치듯 떨어졌다. 그러자 청룡 편에서도 이에 대항하여 돌이 날아온 쪽으로 다시 돌을 던졌다. 줄다리기의 끝이 금지된 놀이, 바로 '석전'으로 변했다.[43]

줄다리기가 석전으로 바뀐 것은 경상남도 안의에서만 있었던 일이 아니었다. 경상남도 고성군 마암면에서는 동서로 나뉘어 8월 21일 밤, 비를 기원하는 줄다리기를 했다. 면내 주민 거의 모두가 나와서 수천 명의 군중이 편을 갈라 싸우고 순식간에 승부가 결정되는 것이었다. 동편의 승리였다! 그런데 바로 그때, 승리가 결정되자마자 서편에서 동편의 군중을 향해 돌을 던졌다. 이에 질세라 동편에서도 서편을 향해 돌을 던지면서 결국 줄다리기로 시작했던 이 힘의 대결은 결국 돌싸움으로 바뀌었다. 이 석전으로 동편 어린아이 한 명이 날아온 돌에 맞아 머리에 중상을 입었다.[44]

규칙도 심판도 없이, 상대에게 집어던지는 돌이 무서워 상대편이 도망갈 때야 비로소 승부가 결정되는 '석전'! 그 석전이 줄다리기와 교통交通하고 있었던 것이다. 석전과 비교해 무기('돌')를 쓰지 않는다는 것, 청년회나 유지 등 나름 지역 지도층이라 불리는 이들이 주최 세력으로 줄다리기 대중의 운집에 간여하고 있었지만 이는 둘 사이의 의미 있는 차이라고 보기 어려웠다. 무엇보다 군수나 경찰, 서장 같은 이들이 심판권을 가지고 싸우는 양 대중의 힘 위에 형식적으로 군림하려고 시도했음에도 ─줄다리기를 금지당하거나 중도 해산을 당할 때 그리고 심판 결과가 부당하다고 느꼈을 때─ 이 권위에 힘으로 도발하는 사례들은 많이 있었기 때문이다. 그 위험성과 야만성 때문에 줄다리기와 달리 일찌감치 "금지"되던 석전이 결국 줄다리기 후에 그 싸움을 대신하고 있었다. 줄다리기를 통해 분출하던 비규범적 에너지가 —삭전 즉, 돌싸움의 형식을 띠고— 줄을 이탈해 사회로 넘어가고 있었던 것이다.

특히, 1924년에 『조선일보』 진주 지국 기자로 하여금 「삭전을 폐지하라」는 연속 논설을 쓰게 했던 그해 진주 줄다리기는 삭전이라는 한낱 전투 놀이에서 대중이 쌓아올리던 전사 되기의 쾌감이 심판 권력에 대한 도발뿐만 아니라 그들의 일상도 점령하면서 줄이 아닌 전혀 다른 형태로 양측 대중 간 '전투'가 계속될 수 있음을 보여준 대표적 사례였다.[45]

1924년 7월 8일 새벽 2시, 전날 오후 0시부터 시작한 진주 성내조와 성외조 간의 줄다리기가 벌써 14시간째 계속되고 있었다. 이미 5시에 경기가 끝나야 했었다. 경찰이 나서서 해산을 명령했지만 앞서 본 다른 지역처럼 별 소용이 없는 채로, 성외 주민들이 갑자기 싸움을 돕기 위해 수십 명이 달려들고 이에 질세라 성내 주민들도 몰려와 줄을 잡으면서 경기는 도무지 끝날 기미를 보이지 않았다. 아침이 밝자 성내조에서 먼저 이탈자가 생겼다. 성내조 중에는 점원이나 어린 남자, 주부 등이 주로 가담했었는데, 이들은 모두 다음 날 생업 때문에 계속 줄에 매달려 있을 수 없었던 것이다. 성외조와 비교해 소수가 된 성내조! 바로 그때 성외조 안에서 누군가 다음과 같이 소리친다.

"성외가 이겼다!!!"

갑작스런 외침에 놀란 것은 성내조만이 아니었다. 성외 측은 이 소리에 함성을 지르며 이겼다고 기뻐하며 마구 날뛰었다. 그 틈에 전혀 확인되지 않은 다음과 같은 소리도 들려왔다.

"심판자 가타야마片山 경찰서장이 공평하게 판단해서 성외가 이겼다고 선포했다!!!"[46]

이 들도 보도 못한 심판의 선포 소식에 성내조 대중이 모두 펄쩍 뛰었다. 이대로 성외 측 주장을 그냥 받아들일 수는 없었기 때문이다. 그래서 약 300명이 도청에 몰려가 경찰부장과 면담을 요청하는 한편, 경찰서장을 격하게 비난했다.

"서장을 불러서 일을 상세히 물어보겠다."

경찰부장의 이 같은 답변을 듣고 서장을 만나러 간 성내조의 줄다리기 대중은 서장을 포위한 채, 극도로 분노해 그를 질책했다.

"권세로 어찌하여 부당한 말을 했느냐!"

"승패는 구습에 따라 판정되어야 하는 것으로 경찰서장으로서 아는 것이 없다. 또한 나는 그와 같이 말을 한 기억이 전혀 없다."[47]

경찰 서장의 이 말이 대중에 전해지자 성내조 대중은 환호했다.

"그것이 틀림없다. 우리들은 결코 지지 않았다, 성외조 사람들의 선전에 불과한 것이다!"

이제 줄다리기는 다시 시작되어야 했다. 성외가 이긴 것이 아니라, 그들의 선동에 불과했던 것이 밝혀졌기 때문이다. 그런데 이제 성내조와 성외조 대중의 싸움은 "줄"에만 매달려 있지 않았다. 줄다리기 시합이 만들어낸 이 전투력이 그들의 일상으로 넘어왔기 때문이다.

다음 날 진주는 긴장한 공기가 감돌고, 시장에서는 성외 주민이 성내 주민에게 물건을 팔지 않는다는 불매 동맹으로 성내 측에 대항하고, 성내 주민은 성외 주민의 교통을 방해하는 것으로 응대한다. 또한 진주를 돌아 흐르는 남강 어귀에서는 성외 부인과 성내 부인이 말싸움을 시작하고, 성내 주민이 성외 주민의 세탁물을 강에 **빠트리게** 하는 경우도 있었다. 도처에서 작은 싸움이 연출되고 있었다.[48]

불매, 교통 방해, 말싸움, 신체적 충돌 등 성내 주민과 성외 주민 간의 도처에서 일어난 작은 싸움들은 7월 8일 밤까지 이어졌다. 그러자 당시 진주성 안팎을 긴장시키던 이 같은 분위기에 경찰까지 대규모 소요를 우려하기에 이르렀다. 경찰 당국에서 지역 식자층 즉, "유학생, 노동공제회 간부, 청년회 유력자" 등을 불러 다음과 같이 타일렀다.

"제군들 같은 선각자가 진주에서의 구식舊式의 소동을 방임하고 있는 것은 부끄러운 일이다. 그러니 책임을 다해서 노력해달라."[49]

이 같은 경찰의 경고에도 불구하고 더 심각한 양 주민 간 충돌이 경찰서에 보고되어 올라왔다. 성내 주민과 성외 주민 간에 "칼로 찔렀다"거나 "살인"을 했다는 이야기들이 그것이었다. 그러나 사실은 이와 많이 달랐다. 서로 간에 지팡이로 상처를 내거나, 술에 취한 자가 줄 위에 올랐다 떨어져서 부상을 당한 것, 성내 주민 두 명이 성외 주민에게 몰래 본뇨를 살포한 것 등이 전부였다. 그럼에도 이같이 사소한 부상이나 오물 살포 같은 도발이 "살인" 소식으로 전이되어 전파되었던 것이다. 성내 주민과 성외 주민 간의 물리적 충돌 아래 숨어 있던 대중 간의 신경전 혹은 심리적인 전투가 성 안팎의 여론을

가득 지배하고 있었음을 엿보게 하는 대목이다.[50]

이 과정에서 우리가 주목해야 할 흥미로운 사실은 이처럼 줄다리기 시합에서 시작된 전투의 열기가 줄을 이탈해 일상을 가장 강하게 지배하고 있는 동안에 정작 줄다리기 경기 자체는 대중의 관심에서 멀어지고 있었다는 점이다. 결국 결승을 짓자는 이야기는 진척이 없는 채, 진주 줄다리기는 승패 없이 그대로 종료된다.

> 9일 저녁에 이르자 성내 측도 성외 측도 권태를 느껴서 두 사람이 떠나고 세 사람이 떠나고 도로에는 줄만이 남아서 군중은 사람 그림자도 보이지 않았다. … [51]

이 같은 결과를 어떻게 봐야 할까? 이 사실이야말로 우리는 언론이 폐지를 주장하고 경찰이 그렇게 우려했던 것처럼 줄다리기 놀이 자체가 싸우는 대중을 만들어낸 것이 아니라고 추론해볼 수 있게 한다. 줄다리기가 아니라, 바로 대중의 어떤 욕망이 줄다리기라는 놀이를 원하고 있었고, 그 욕망이 다른 경로를 통해 충분히 해소될 수 있게 되었을 때 줄다리기는 이제 더 이상 중요하지 않은 것이 되었다는 점이다. 줄다리기가 전투적인 대중을 만드는 것이 아니라, 대중의 전투에 대한 욕망이 줄다리기를 가능하게 하고 있었던 것이다. 성내와 성외 주민들은 줄다리기로 시작된 싸움, 그 싸움이 주던 쾌감, 내적인 평등 규율을 벗어나 순수하게 힘과 기세가 되는 체험을 이미 일상의 다른 공간들에서 체험하고 있었다. 물론 줄다리기가 매개가 되어 만들어진 지평이긴 했지만, 빨래터와 길거리 그리고 장터라는 모든 공간이 이미 줄다리기에서 느끼던 싸움의 쾌감을 쉬지 않고 향유할 수 있는 장소로 탈바꿈되었을 때, 줄다리기는 더 이상 그들에게 예외적인 매력을 주지 못하고 있었던 것이다.

이제 우리는 앞서 석전(돌싸움)에서 시작했던 질문을 삭전(줄다리기)을 통해 정리할 수 있다. 석전과 삭전을 유사한 형식의 전통 놀이 혹은 시합이라고 전제했을 때, 석전을 그 금지에도 불구하고 계속하게 한 것은 우리가 삭전 속에서 보았던 그 쾌감이 석전에서도 동일하게 존재했기 때문이라고 생각할 수 있다. 삭전처럼 석전에서도 운집한 대중 안에 수적인 밀집과 관계의 절대적 평등이 존재하고 있었다. 모두는 그저 돌을 들고 싸우는 다수자이며 이편과 저편으로 나뉘었을 뿐, 그 관계는 평등했기 때문이다. 그 전제 위에서 줄을 당기던 힘처럼 날아들던 돌의 속도와 세기 틈에서 일상의 개인들이 바뀌고 있었다고 생각할 수 있다. 석전에도 **강도** 되기의 쾌감이 존재했다는 점이다. 무엇보다 적에게 돌을 던져 피가 튀기는 신체적 충돌에서 이들이 경험했던 것은 타인에게 어떻게 '복종해야' 하느냐의 문제가 아닌, 그 타인을 어떻게 '복종시킬까'였다. **군인**이 아닌 **전사**, 즉 누군가의 명령에 따라 움직이는 군인이 아닌, 스스로의 선택과 판단으로 타인을 굴복시키고자 하는 전사의 욕망이 삭전과 석전 이 두 놀이 전쟁의 무리 안에서 체험되고 있었다고 볼 수 있는 것이다.

그런데 이 같은 정리는 우리에게 여기서 더 나아가 보다 근본적인 정치철학적 질문을 하게 한다. 우리가 본 석전과 삭전이란 문화기술지적 사례들은 법질서에 대한 대중의 양가적 욕망을 보여주는 사례는 아닐까? 한편에서 자신의 안위를 위해 국가의 법과 권력에의 복종을 선택하지만, 그럼에도 그 복종의 틀에서 벗어나 그로부터 이탈하고 싶은 욕망으로 그들이 언제나 들끓고 있다는 것 말이다. 이 후자의 욕망을 국가를 향한 전쟁에의 욕망이라고 말할 수도 있을 것이다. 그렇다면 석전과 삭전에 열광하던 ―미처 근대화되지 못한― 식민지 대중의 모습에는 대중의 국가권력을 향한 이중의 욕망이 표현되고 있던 것은 아니었을까? 한편에서 전쟁이 줄 무질서에 대한 공포로부터 벗어나기 위해 국가로부터의 억압을 욕망하면서도, 동시에 자신들의 안위를 위해 양도했던 거칠고도 야만적인 힘을 다시 환수해 스스로 지배하고 싸우는 전사가 되고자 했던 욕망, 그 욕망의 이중성 말이다.

제7장

애도

위 설명에서 즉시 눈에 띄는 한 가지 사실이 있다.
그것은 바로 흥분이다. … 본질적인 것은 애도 그 자체, 무리의
모든 구성원이 함께 애도해야 할 어떤 것을 가지고 있는 상황이다.
애도 행위의 광폭성과 지속성, 이튿날 다른 새 움막에서 애도가
재연된다는 점, 애도가 놀라운 리듬으로 점차 심해지는 점,
완전히 지치고 난 후에도 또다시 새로 시작된다는 점,
이 모든 것이 여기서 중요한 것은
공동체적 애도의 흥분(강조—인용자)이라는
사실을 분명히 보여준다.
— 엘리아스 카네티, 『군중과 권력』, 2002.

우리는 앞서 싸움에 열광하던 대중을 보았다. 국가 속 개인들이 일상의 수직적 권력 구도에서 이탈해 "동지"와 "적"으로 나뉜 철저하게 수평적인 전선 위에서 자기 힘을 마음껏 발산하게 되었을 때, 대중이 된 개인들이 어떤 '쾌감'을 느끼는지 확인했다. 삭전이나 석전이 벌어지던 대보름이나 단오, 추석 같은 축제는 대중과 '기쁨'의 관계를 확인하게 하는 대표적인 시공간이었다.

그런데 다른 한편에서 우리는 이같이 일상의 개인들이 어떤 대상과 척을 지며 내적으로나 외적으로 동등한 다수자가 되는 과정에서 '기쁨'이 아닌, '슬픔'의 감정 역시 매우 중요한 역할을 하는 것을 흔히 경험한다. 사회적으로 만인에게 알려진 누군가의 죽음, 혹은 그 누군가가 도저히 용납할 수 없는 부당한 수난을 겪고 있다고 인식했을 때 느끼는 '슬픔'이 바로 그런 역할을 한다. 이 슬픔이 주는 정신적 상실감을 치유하기 위해 '애도'가 이루어지기 때문이다. 즉, 어떤 공적 주체의 '죽음'이나 '수난' 같은 '비극적' 사건을 두고, 사회 주체들이 이 비극에 정신적 상실감이란 의미를 부여하면서 그들 스스로가 그 치유를 위한 애도의 행위를 할 때, —그런 의미에서 여기서 말하는 애도는 생물학적인 것이기보다는 정신분석학적인 것이다— 이 애도 역시 개인들을 내적으로 동등한 다수자 즉 대중으로 만드는 역할을 한다는 점이다.

다음에서 우리가 보게 될 '왕의 죽음'과 '동포의 수난'은 그런 의미에서 특정한 비극적 사건 앞에 놓인 대중이 그 사건에 부여하는 정신적 상실감의 의미를 그들 스스로 어떻게 공유하고 또 그에 대응하고 있었는지를 잘 보여주는 사례다. '슬픔'은 개인들을 어떻게 대중으로 만들며, 이를 치유하려는 애도의 실천 과정에서 대중이 만드는 정치는 어떤 것인가?

애도 대중

왜 이렇게 우나? 이 눈물의 뜻은 무엇인가. 특별히 부인네들 조선 어머니들의 눈물의 뜻은 무엇인가? 임금이 돌아가셨으니 나라가 없어질까봐 우나? 그 임금이 계셨으면 없어졌던 나라가 다시 생길 것을 이제 돌아가셨으니 아주 희망이 없어져서 절망의 눈물인가? 그 임금이 좋은 임금이어서 살아 계실 때 선정을 많이 하셨으므로 우는가?[1]

1926년 4월 25일, 조선의 마지막 왕이자 대한제국의 2대 황제인 순종이 승하한다. 이 기사는 그 죽음 이후 10여 일이 지난 5월 4일, 「돈화문 앞에 엎드려 우는 조선의 어머니와 딸들의 귀한 눈물」이라는 제목으로 『동아일보』에 실린 기사의 일부다. 여기서 글쓴이는 대뜸 "왜 이렇게 우나?"라고 질문을 하고 있다. 그도 그럴 것이 4월 26일 순종의 죽음이 일반에게 알려진 이후, 돈화문 앞에 곡을 하러 몰려드는 '인파'는 어마어마한 것이었다. 이왕직 서무과 발표에 의하면 4월 28일 하루 동안만 인정전 앞에 나가 봉조奉弔한 자(조문을 드린 자)가 528명, 돈화문 앞에서 봉조한 단체 대표자만 4,250명, 개인들은 수만 명이었다.[2] 순종의 죽음 이후 조선 사회에는 어떤 일이 일어났던 것일까?

기사에 따르면 순종의 승하가 발표되기도 전인 4월 26일 오후 6시경부터 이미 창덕궁 정문인 돈화문과 금호문에는 수백, 수천 명의 사람이 밀려들고 있었다. 같은 날 밤 9시 45분경, 순종의 승하가 정식으로 발표되자 1만 명에 이르는 사람들이 몰려들어 "통곡"을 한다.

〔표 5〕 순종의 죽음과 지방의 애도

날짜	지역	애도 방식
4월 27일	인천 화평리 인천 신화수리	동민들이 곡단(哭壇)을 설치. 경성을 향해 망곡. 용동 예기(藝妓) 권번(券番) 기생들이 송림리 뒷산에서 망곡. 산정 뒷산에서 화류계 여성들이 망곡.
4월 27일 밤	군산	시민 전부가 노동공제회관 문밖에 각 단체 깃발을 꽂고 회관 안에는 병풍과 정화수를 놓고 촛불을 밝히며 향을 피우고 북쪽을 향해 절을 네 번 하고 망곡함.
4월 28일	상주	읍내 상산관 앞에서 여러 명의 남녀노소가 식장을 설치하고 서천을 향해 망곡함.
4월 28일	진주	유림은 공자묘에서, 일반 시민들은 촉석루 안팎에 모여서 서천을 바라보고 호곡(號哭)함.
4월 28일	이천	각 상점 철시, 휴업. 청년회에서 28일 9시 동산에 올라가 경성을 향해 망곡함. 29일 오후 1시에는 시민 전체가 공회당에 모여 엄숙한 봉도식 거행.
4월 28일	대구	오후 1시부터 달성공원 망경루에 제단을 설치하고 남녀노소가 서천을 향해 망곡.
4월 28일	안주	상민 유지들이 망경대에 올라가서 남천을 향해 망곡.
4월 28일	함경북도 경성읍	오후 5시, 연병장에서 유림 사장 이하 30여 명이 망곡제를 거행.
4월 28일	전주	시민 800여 명이 오목대에 올라 망곡. 철시.
4월 28일	예산	읍내 시민, 관공서원들 망곡식.
4월 28일	신천	주민들이 신천공원에서 망곡. 학생들이 옷에 상장(喪章)을 하고 애도함.
4월 28일	복계	철시. 남천에서 망곡. 200명 내외가 모여들어 망곡함.
4월 28일	나주	향교 명륜당에서 봉도식 거행. 장날에 철시.
4월 28일	양주	동부정미소조합이 조의를 표함.
4월 28일	강계	가무음곡을 금지. 철시.
4월 28일	선천	주민들, 철시 및 봉도함.
4월 28일	마산	철시, 봉도.
4월 28일	홍성	철시.

날짜	지역	애도 방식
4월 28일	대전	철시.
4월 28일	평양	평양포목상조합 관후리 상인 구락부(俱樂部)에서 봉도식. 평양공립여자고등보통학교에서 봉도식. 정의여자고통보통학교, 숭의여학교에서 27일 봉도식.
4월 28일	해주	봉도식.
4월 28일	밀양	철시.
4월 28일	홍원	철시.
4월 28일	죽산	철시.
4월 28일	원주	철시.
4월 29일	상주	청년회관에서 망곡. 여자야학교(女子夜學校) 학생 수백 명이 망곡.
4월 29일	신의주	철시, 휴업. 기생조합 임시총회 봉도.
4월 29일	이리	봉도식.
5월 1일	부산진	오후 1시, 자성대에 올라 망곡.

* 「철시 휴학 계속. 산상에서 망곡」, 「상주의 망곡」, 「진주의 망곡」, 「이천의 봉도」, 「우중의 망경루 곡성으로 미만」, 『동아일보』 1926년 4월 30일 자; 「초목도 명인하는 2천 민중의 호곡성」, 『동아일보』 1926년 5월 1일 자.

경찰 당국이 저녁 6시 이후 돈화문 앞 봉도를 금지한다고 발표한 4월 27일에도 상황은 마찬가지였다. 아침 8시가 되자마자 동구안과 파조교 사거리, 종로통 일대는 사람들로 인산인해를 이루어 원동 인근부터 재동, 안국동 등지까지 봉도 행렬로 가득 찼다. 4월 28일 일반에게 알려지지는 않았지만 총독 암살 시도가 있었던 탓에 4월 29일부터 계엄 수준의 삼엄한 경비가 있었음에도 곡을 하며 돈화문으로 인파는 더 몰려들었다.[3]

대구와 조치원에서 곡을 하는 모습. 대구에서는 달성공원 망경루에 제단을 설치하고 남녀노소가 서천을 향해 곡을 했고, 충청남도 조치원에서는 상인들이 철시한 채 비봉산에 올라가 곡을 했다. 『조선일보』 1926년 5월 3일 자.

원산과 북청에서 곡을 하는 모습. 창덕궁 돈화문 앞에 직접 가지 못한 대중들이 철시와 휴학을 하고 산에 올라 창덕궁을 향해 곡을 하는 것이 전국적인 신드롬이 되어, 4월 27일부터 성복례가 행해지던 5월 1일까지 계속되었다. 『조선일보』 1926년 5월 4일 자.

조선 왕조 마지막 왕의 죽음! 이 죽음 앞에서 애도는 개인의 사적인 공간에서 개별적으로 이루어지지 않았다. 슬픔을 혼자 감내하거나 삭히고 있지도 않았다. 조락한 왕조의 상징이자 그 왕의 마지막 거처였던 창덕궁 문 앞으로 사람들은 삼삼오오 짝을 짓거나 단체를 지어 모여들고 있었던 것이다.⁴ "돈화문 부근 일대"는 "사람의 바다와 눈물의 바다"를 이루고 전주이씨 대동종약소에 설치된 곡반哭班 안에서는 "겹겹이 둘러앉아" 애끓는 곡성이 쏟아졌다.⁵ 돈화문 앞으로 가지 못한 지방민들은 철시撤市와 휴학을 한 채, 산에 올라 죽은 임금이 계신 곳을 향해 "망곡望哭"을 하는 것이 〔표 5〕에서처럼 4월 27일부터 성복례成服禮(사망한 지 3일째 되는 날 망자의 친족들이 상복으로 갈아입는 상례의 절차) 날이던 5월 1일까지 계속되었다.

그러나 동리의 제일 큰 산에 올라 임금이 계신 궁을 향해 곡을 하는 것보다는 직접 "돈화문" 앞에 가서 통곡의 대열에 합류하는 것이 낫다고 여겼다. 이 때문에 5월 1일 성복례에 참여하고자 시골에서 올라온 이들은 5,400여 명이나 되었다.⁶ 그렇다면 무엇이 이 같은 거대한 대중의 운집을 가능하게 했을까? 죽음 자체나 그에 대한 슬픔만으로 이는 충분히 설명되지 않는다. 슬픔이 뿔뿔이 흩어진 개인들을 대중으로 만들고 있었다면, 그때 그들 내부에서 작동하던 논리는 무엇이었을까? 순종의 죽음과 식민지의 애도 대중은 이 문제와 관련해 우리에게 다양한 시사점을 준다.

슬픔과 욕망

먼저 우리는 당시 조선인 언론이 순종의 죽음과 그에 대한 대중의 애도를 어떻게 해석하고 있었는지 살펴볼 필요가 있다.

… 이제 이르러 500년간 성군의벽聖君誼壁이 일시에 거듭 붕조崩祖하심 같으니 고금을 부앙俯仰하여 어찌 실성失聲치 않을 수 있으랴. 우리 민중 아 울라! 조업肇業하신 태조를 울라! 치공 높으신 태종을 울리! 성인 임금 세종을 울라! … 마지막으로 대항의 용어龍馭를 울라![7]

『동아일보』는 왕위에 올랐을 때 이미 나라가 기울어 창덕궁에서 선대 임금들을 기리는 것 이외에 아무 역할도 할 수 없었던 그가 이 제는 그 죽음으로 조선 왕조의 종말을 상징하게 되었다고 한다. 이 같은 현실은 너무 '비극적'이었다. "조선 최종의 제왕"의 죽음임을 강조한 『조선일보』의 논평도 마찬가지였다.[8] 창덕궁에 갇혀 지내다 시피 하던 순종의 처지 그리고 그의 죽음이 조선왕조와 조선인에게 의미하는 것은 비극적인 종말이었다. 따라서 순종의 죽음을 보는 조 선인 언론의 첫 번째 시선은 "연민"이었다. 이 같은 연민의 시선은 돈화문 앞에 몰려와 곡을 하던 애도 대중을 해석할 때에도 그대로 투 영되었다.[9]

1926년 4월 30일, "이른 아침 고요한 공기 아래 그 처량히 들리는 울음소리!" 혹은 "창덕궁 안에 깊이깊이 서 있는 초목들조차 울음을 먹은 듯한데"와 같은 표현들로 시작되는 기사들은 4월 26일 돈화문

애도의 행렬. 죽은 임금이 계신 궁궐을 들여다볼 수 있는 동리의 제일 큰 산에 올라 애도하기보다는 직접 돈화문 앞에 가서 통곡의 대열에 합류하는 것이 나았다. 이 때문에 5월 1일 성복례에 참여하고자 시골에서 경성으로 올라온 이들이 5,400여 명에 달했다. 『조선일보』 1926년 4월 28일 자.

앞 상황을 "하늘에는 십오야의 둥근 달이 뚜렷하게 비추어 있었건만, 달빛조차 슬픔을 머금은 듯 무광無光하여 창천에는 수색愁色이 가득 어리었고, 대지에는 비참한 기분이 차고 넘치어 하늘과 땅이 한가지로 슬퍼하는 듯하다"라고 보도했다. 그 둥근 달 아래에서 울던 여인들은 "극도로 기가 막히어 어쩔 줄을 모르고 울고" 있어 "요란히 통곡하는 애끓는 소리"가 "하늘에 사무치고 땅 위를 진동한다"고 설명하고 있다. 다분히 멜랑콜리한 '비애'와 '연민', 이 같은 감성이 순종의 죽음 앞에 몰려든 대중 애도의 핵심으로 묘사되고 있는 것이다. 언론의 이 같은 해석에 따를 경우 애도 대중의 대규모 결집을 가능하게 하던 논리는 '연민'의 감성이었다.[10]

그런데 이 같은 연민의 감정 외에 언론이 대중의 곡성을 해석한 또 하나의 중요한 논리가 있었다. 그것은 그의 죽음에 내재된 '정치성'

이었다. 순종은 제국주의 일본에 왕권을 뺏긴 왕이자 그로 인해 쓸쓸히 칩거하다 죽은 왕이었다. 따라서 그의 죽음에 슬퍼하는 대중의 울음에는 민족적 울분이 내재된 것으로 접근되기도 했다.

조선인은 지금 정치적으로 경제적으로, 그리하여 사회적으로 매우 암담한 경지에 있어서 건들기만 하면 절망적 경향에 빠지게 되는 것이다. 암담한 경지에서 헤매고 있는 조선 민중이 이제 그 옛날의 국민적 원수이시던 융희제(순종은 조선 왕조 마지막 왕이자 대한제국의 2대 황제로서 융희제였다—인용자)의 조락하심에 당하여 그의 지정至情의 자연한 이치에서 나오는 애통과 봉도의 의義를 표하는 모든 방법을 무리하게 제지 간섭하는 것은 매우 불가하다. … 기마의 순사로 하여금 망곡자를 방축하고 혹은 망곡의 시간을 제한함 같은 것은 지난번에도 이미 그 일단을 비평했거니와, … 암담한 경지에 침륜한 민중이 건들기만 하면 격동되기 쉽고 더욱이 비상한 사변이 있는 때에 그러기 쉬운 바이며 만일 제3의 원인이 있어 이를 격동하는 바 있을 때에는 더욱 그 기세의 역전함을 보게 되는 것이니 ….[11]

경성과 지방은 물론이고 간도를 넘어 하와이에 이르기까지 조선인이 있는 곳이면 어디서든 순종의 죽음을 애도하고 있음을 강조하는 이 논설은 조선인이 현재 '정치, 경제, 사회적'으로 암담한 경지에 있다고 말하고 있다. 그렇기 때문에 조금만 잘못 건드려도 "절망적 경향"에 빠지게 된다는 것이다. 이 같은 상황에서 왕의 죽음을 애통해하며 봉도의 뜻을 표하고자 하는 대중을 무리하게 쫓아내거나 통제하는 것은 "그 기세의 역전"을 볼 수 있는 위험한 자극이라는 경고였다. 순종의 죽음 앞에서 엎드려 우는 대중들에게는 연민 이외에 식민 치하의 "암담한 경지"에 대한 울분이 있고, 그것이 이 울음으로 표현되고 있다는 암시였다. 그래서 『동아일보』는 아예 노골적으로 "원통함이 있어도 호소할 곳이 없는 우리! 설움이 있어도 울 곳이 없는 우리! 외로울 때에도 위로할 이가 없는 우리! 남에게 짓밟힘을 억울하게 당하고 있는 우리! 아니 울고 어이하리! 어이하리! 아! 슬프다"라고 말하고 있다.[12] 나라를 빼앗긴 억울함, 그 원통함의 울음! 순종의 죽음을 애통해하는 대중의 곡성에는 따라서 '정치성'이 내재해 있다는 해석이었다.[13]

이처럼 순종의 죽음을 인간적 '**연민**'이나 민족적인 항거 '**의식**'에 근거해 슬퍼한 언론의 접근 논리는 한편에서 당시 애도 대중의 행태를 우리가 이해할 수 있도록 돕는다. 특히, ─이후 자세히 살펴보게 될─ 순종의 죽음 이후 전국적으로 일어난 학생들의 휴학 봉도나 그 과정에서 발발하던 학교 당국과의 마찰에는 이 대중적 연민과 함께 국권을 빼앗아간 식민 권력에 대한 저항의식이 자리 잡고 있었다고 볼 여지가 분명히 있었기 때문이다. 그런데 언론은 이같이 연민과 분노, 감성과 정치의식이라는 두 차원에서 대중 애도를 설명하면서 동시에 이와는 전혀 다른 결의 논리로 돈화문 앞으로 쏟아져 나오던 대중, 지방에서 올라오던 봉도의 열기를 설명한다. 그것은 바로 "**감상주의**"였다.

9시 40분쯤 그 소식을 속히 들은 어떤 늙은 부인 한 사람이 창덕궁 서

쪽으로부터 구슬픈 목소리로 곡을 하며 돈화문 앞에 나타나자 군중들도 일시에 설움이 북받쳐 가장 비참한 목소리로 일제히 통곡하기 시작한다. 혹은 엎어지고 혹은 누워서 뒹굴며 혹은 가슴을 두드리고 혹은 두 손으로 굳은 땅을 긁으며 요란히 통곡하는 애끓는 소리! 하늘에 사무치고 땅 위를 진동한다.[14]

4월 26일 순종의 죽음이 발표되었을 때 돈화문 앞에 모여들었던 사람들이 어떻게 울고 있었는지를 보여주는 장면이다. 애도하는 사람들이 모여 있는 곳에서 누군가는 땅 위에서 뒹굴고, 누군가는 자기 가슴을 주먹으로 치고, 또 누군가는 심지어 맨손으로 굳은 땅을 긁어내는 '신체적 자해'와 함께 '곡'을 했다. 급기야 이 격한 울음으로 정신을 잃고 쓰러지는 일도 허다했다. 1926년 5월 2일, 평안남도 용강군 광량만에서는 공립보통학교 운동장에 주민 600여 명이 모여서 봉도식을 거행하던 중 보통학교 훈도 노응도가 얼마나 통곡을 심하게 했는지 그만 곡을 하다 기절하고 만다.[15] 5월 1일, 성복례가 있던 날 오후 4시 15분경에 돈화문 앞에서도 이와 유사한 일이 발생한다. 그날 돈화문 앞은 시골에서 성복례를 치르기 위해 올라온 이들까지 그야말로 인산인해를 이루어 곡을 하고 있었는데, 이런 와중에 26, 27세 된 부인 한 사람이 통곡을 하다가 기절해서 창덕궁 내 양약방에서 응급치료를 받았다.[16]

땅을 치고 울었고, 가슴을 때리며 울었다. 맨바닥을 손으로 긁어대며 울었고, 그렇게 계속 울다가 결국에는 지쳐 탈진한 끝에 정신을 잃고 쓰러졌다. 그러자 이제는 —이후 자세히 보겠지만— 언론까지 나서 이 같은 대중의 곡성을 "**감상**"에 도취된 결과라고 비난했다. 슬픔 자체에 깊이 빠져 그것이 주는 '**흥분**'에 매몰된 대중, 슬픔에 '**열광**' 하던 대중을 비판했던 것이다.

따라서 이 언론의 애도 대중을 향한 세 번째의 해석은 우리에게 전혀 다른 관점에서 슬픔이 어떻게 흩어진 개인들을 거대한 다수로 묶어내는지를 들여다볼 필요가 있음을 암시한다. 슬픔이 거부되는 것이 아니라 오히려 욕망되는 상황이 애도 대중의 구성 논리 중 하나가 될 수 있다는 점이다. 다음에서는 이런 의미에서 슬픔을 향한 대중의 욕망이 어떤 경로로 만들어지고, 그것의 사회적 효과는 어떤 것인지 알아보자.

흰옷

우리는 먼저 앞서 언론이 "감상주의"라고 비판한 대중의 슬픔에의 열광이 매우 공개적이고도 집단적으로 이루어지고 있었음을 다시 확인할 필요가 있다. 슬픔은 개인의 사적 장소에서 은밀하게 일어나고 있지 않았다. 적게는 수십 명에서 수백 명이 동네 어귀 산에 올라, 많게는 수십만 명이 돈화문 앞으로 몰려와 '한목소리'로 '곡'을 하고 있었기 때문이다. 이같이 촘촘한 밀집 위에서 표현된 대중의 슬픔을 특별하게 주도하던 이들이 있었다. 그들은 기생이나 인력거꾼, 메리야스 공장 노동자와 맹인, 여학생과 부녀자 그리고 어린아이 들이었다.[17]

밤새 첩첩으로 닫혔던 돈화문의 넓은 대문이 감개 깊은 듯이 좌우로 넌지시 열리자 어떤 소복한 부인네 일단이 빨리도 그 앞으로 달려들며 맨땅 위에 드러누워 슬피 통곡하기 비롯하니 뒤를 이어 모여드는 역시 소복한 부인네들과 소복한 여학생들과 또는 검은 댕기에 검은 상장喪章을 한 여학생들이 삽시간에 수백 명이나 모여 앉아 목이 메게 통곡한다.**18**

귀밑에 백발이 성성한 노인도 삼삼오오 모여들어 주름살 가득한 얼굴에 하염없는 두 줄 눈물을 금치 못하며 인력거부들도 단체를 지어와 기막히는 듯이 울고 가고 아이들도 울고 가고 색시들도 울고 간다. 가지각색의 흰옷 입은 사람들이 서로 바싹 따라 붙어接踵 모두 울고 가는 중에 당년 7, 8세 혹은 10세 내외의 어린 학도들이 선생에게 인도되어 그 앞에 엎드리어 '상감님!'을 부르며 정신없이 통곡하는 광경은 그야말로 간장이 스러지는 듯!! 이렇게 슬픈 날도 눈물 속에 해는 점점 서편으로 기울어졌다.**19**

이들 즉, 여성과 장애인, 기생과 어린아이 그리고 노동자는 모두 전통 왕조 시대에서라면 왕의 죽음을 두고 그 전면에 나설 수 없는 '타자'였다. 그런 이들의 애도가 언론의 큰 주목을 받으며 신문 지면을 화려하게 장식하던 것은 중요한 의미를 가지고 있었다. 순종 인산일因山日에 자발적으로 사비를 각출해 그 행렬에 참여하던 경성과 지방의 일반 상인들의 모습 역시, 과거 이 같은 참여가 육의전 상인들에게만 특화되었던 것과 비교한다면 같은 맥락에서 중요성을 갖고 있었다.

전통 사회 속 타자들이 왕의 죽음을 애도하는 주체가 될 수 있었던

창덕궁 돈화문 앞에 소복 입은 곡반. 의례 때는 남자의 경우 검은 갓 대신 백립을, 부인의 경우 소복과 흑각비녀(혹은 목잠), 여학생은 흰 저고리, 흰 치마에 검은 댕기 그리고 남학생은 왼쪽 팔뚝에 검은 상표를 찼다. 『조선일보』 1926년 4월 29일 자.

것은 대중 시대였기 때문이다. 곡반은 이제 양반 남성의 전유물이 아니었다. 무엇보다 이 애도 대중 내부가 절대적으로 평등했다는 점이 중요했다. 개별 개인이 그저 하나의 수가 되어 애도의 대열에 속할 수 있다는 것, 그 애도 앞에 모두가 '똑같아'지는 마법 같은 상황이 일어났던 것은 분명 희열이었을 것이다. 신분과 성, 계급과 연령, 학력과 지역의 차이를 초월해 수만 명에서 수백만 명에 이르는 이들이 같은 공간에서 빽빽하게 밀집해 동일한 행동(곡성)을 동일한 감성으로 하는 행위는 한편에서 분명한 슬픔이지만 동시에 희열이었을 것이라는 점이다. 너무나 슬프지만 절대 고독하거나 쓸쓸할 수 없는 대중의 애도 행위는 '열광'이 가능한 공간이었다. 이를 증명하는 또 다른 근거가 바로 '흰옷'! '흰옷' 입기 열풍이었다.

지난달 26일에 창덕궁 전하께서 승하하셨다는 발표가 장안에 떨어지자 돈화문 앞에는 슬픈 곡소리가 끊이지 아니하여 장안의 인심은 물 끓듯 하게 되었다. 각 여학교에서 … 일제히 자주 댕기를 풀고 흰 치마저고리에 조석 댕기를 드리고 나서서 돈화문 앞에 엎드려 슬프게 우는 모양은 참으로 세계 역사의 드문 현상이다. 날마다 돈화문 앞에 들고나는 눈이 부은 부인네들이 하루 수천 명에 이르며 더구나 5월 1일 성복 날에는 종로에서부터 안국동에 이르기까지 흰옷 입은 부인네들의 천지를 이루었다. 요사이 길에 지내가는 여학생 중에 흰옷에 검정 댕기에 흰 운동 구두를 아니 신은 이가 없다.[20]

남자의 경우 검은 갓 대신 백립을, 부인의 경우 소복에 흑각비녀(혹은 목잠)를, 여학생은 흰 저고리, 흰 치마에 검은 댕기를 그리고 남학생은 왼쪽 팔뚝에 검은 상표喪表를 차는 등의 의례가 4월 26일부터 6월 10일까지 국장 기간 내내 경성뿐만 아니라 조선 전역의 옷차림을 바꾸었다. 화려하게 치장하는 기생까지도 소복과 흑비녀로 차림새를 바꾸고 곡성 행렬에 나섰다. 4월 24일까지 하루 대여섯 개씩 팔리던 백립은 세 배로 그 수요가 증가하여 한 개에 60전 하던 백립 값은 1원 20전까지 배 이상이 올랐다. 또한 성복례 날인 5월 1일 기준으로 옥양목은 국상 전보다 약 1원가량이나 비쌌다.[21]

기생이든 맹인이든 공장 노동자든 모두가 '흰옷'을 입고 똑같은

'곡소리'를 내는 거대한 무리가 만들어졌던 것이다. 앞서 줄다리기 대중이 싸움에 열광하며 만들어내던 내적 평등과 거기서 얻고 있던 쾌감의 논리가 그대로 소복 입은 곡성의 무리에게 적용될 수 있는 것이다. 모두가 똑같은 옷을 입은 채, 한자리에 모여 살을 부딪치며 울어대는 행위가 서로에게 촉발하던 슬픔은 분명히 슬픔이지만 동시에 쾌감이었고, 그것이 울음에 열광하는 대중을 만들었다.

우리는 과거나 지금이나 위계가 잡힌 사회질서 속에서 살아간다. 그 위계의 차이가 만드는 질서는 한편에서 가진 자와 그렇지 못한 자 사이에 보이지 않는 불안과 경계를 내재한다. 가진 자는 침범당하지 않으려 하고, 못 가진 자는 뭔가를 얻기 위해 침범하려 하면서 위계는 안전이기보다 불안이고 타자에 대한 경계이며 긴장이 된다. 카네티가 이야기하던 개인들이 느끼는 접촉의 공포란 일반적으로 이 같은 종류의 불안에서 오는 것이라고 생각해볼 수 있다. 따라서 모두가 같은 옷을 입고 한자리에 모여서 한 사람을 향해 같은 마음을 표현하는 행위는 이 같은 일상의 위계가 주던 모든 종류의 긴장과 불안이 순간적으로 사라지는 해방의 체험일 수 있었다.

따라서 이를 가능하게 했던 '슬픔'은 그것이 분명 '기쁨'이 아님에도 불구하고, 대중이 적극적으로 추구하고 몰입하며 지속하고 싶었던 감정이었다. 슬픔이 주는 '아픔' 때문이 아니라, 오히려 그것이 주는 '쾌감' 때문에 슬픔이 욕망될 수 있었던 것이다. 이 같은 평등의 쾌감이 결코 계속될 수 없는 매우 이례적이고도 특이한 것이었다는 것 역시 슬픔에 열광하는 대중을 설명하는 데 매우 중요했다. 조선조 마지막 왕의 죽음! 그 자체만으로도 온전히 극적인 것이었다. 그런데

이를 애도하는 과정에서 만들어진 '모두 다 똑같이 되어 함께 있기'
라는 평등의 체험은 왕의 죽음만큼이나 극적이기 때문에 열광할 수
있었다. 마치 줄다리기로 허용된 싸움의 자유가 대중에게 매우 이례
적이고 비일상적이기에 열광했던 것처럼 일상에서 반복적으로 주어
져서 언제나 흔하게 체험할 수 있는 어떤 것이 아니라는 것에 '애도
대중'의 쾌감이 존재했다. 그러나 지식인 사회는 이 같은 애도의 쾌
감, 그냥 슬퍼하는 것을 넘어 그것을 욕망하는 것으로 보이는 행위가
장기간 격렬해지는 모습을 보며, 이를 "감상주의"라고 비판하기 시
작했다.

대행실천大行實天(황제의 서거—인용자)하심에 조선 민중의 감격이 날
로 간절해져가고 또 천하天下에 확대되어가는 것은 각지의 형세가 이를
잘 표명하는 바이다. 우리는 이에 관해 벌써 거듭 논평한 바 있었다. 망곡
과 철시와 및 각종 봉도 의식으로 민중의 감격은 갈수록 격렬해간다漸漸白
熱. … 이러한 감격 중에 흥분되기 쉬운 민중은 다만 흥분하거나 슬퍼하는
것興落뿐만 아니라, 한층 더 진지한 윤리적 노력이 이에 따라야 할 것이
다. 눈물은 인생을 정화하고 고난은 인생을 갈고 닦아 훌륭하게 만든다玉
成 하거니와 이는 개인에게만 그런 것이 아니라 민중에게도 적용되는 진
리다. … 망곡을 한다는 것이 다만 그칠 수 없는 감상적 발작인 것에 그쳐
서는 다만 기분의 작용에 지나지 않는 것이다. 조선인은 다시 한 번 과거
에 쇠락하여 패배한衰敗 자취를 검토하여 뼈를 깎는刻骨 각성이 있어야 할
것이다. 철시를 하는 자 역시 진지하고 경건한眞摯敬虔 민중적 애도의 의
사를 표현함으로써 할 것이다.[22]

거대한 무리로 운집해 함께 울어대는 이 "아이고"의 대중적 열기에 "각성"이 아닌 "감격"이, "진지"가 아닌 "흥분" 또는 "감성적 발작"이 있다고 보고 있었다. 『조선일보』가 보기에 피식민 조선인 사회에 요구되는 것은 이 같은 감상주의, 즉 슬픔에 의한 흥분이 아니었다. 필요한 것은 과거에 대한 "각성"과 미래에 대한 "진지한 노력"이라는 이성적 판단과 실천이었다. 오늘날 조선인의 비참한 처지의 근원에 대한 각성이나 이를 벗어나려는 진지함이 없는 감정적 "흥분"에 따른 망곡, 철시, 봉도는 의미가 없다는 이야기였다.

슬픔에 대한 대중의 이 같은 열광에 이성과 각성을 요구하는 것은 『개벽』이 『조선일보』보다 훨씬 더 신랄했다. 『개벽』은 순종의 죽음에 "한갓 감상의 눈물을 뿌리며 아이고 아이고 함에 그칠 것이 아니라, 한층 뜨거운 정열과 날카로운 안광을 휘둘러 홍채虹彩의 원류를 찾고, 갱생更生의 새로운 길新路을 더듬"어야 한다고 했다. 그에 따르면 조선 왕조는 소수 양반 계급이 민중 전체의 복리는 부정한 채, 그들만의 사리사욕으로 정치를 움직여 결국 융희제의 죽음으로 스스로 붕괴한 시대에 불과했다. 무엇보다 "무렴無廉한 억압 주구誅求"에도 불구하고 지배계급에게 충효할 것을 강요받은 피지배 민중이 그저 복종만 한 것이 "그 지위 그 미진한 잔명殘命을 다른 종족에게 양도" 하게 된 원인이었다고 말하고 있었다. 식민 지배의 근원에 조선조의 "억압 주구"와 민중 의식의 결여가 있었다고 주장하고 있었던 것이다. 따라서 이제 요구되는 것은 "내일의 세상은 민중의 것"임을 알고, "누구보다 더 먼저 더 철저한 민중 의식을" 갖는 것이었다. 이민족 침략자에게 나라를 내던진 책임을 가진 몰락한 왕조의 죽음에 통곡하고 슬퍼할 겨를이 없다는 주장이었다. 이는 앞서 『조선일보』의 주장과도 같았다. 이제 필요한 것은 왕조에 대한 충성이 아닌, 민중적 주체 의식에 기반한 각성이었다.[23]

『조선일보』와 『개벽』의 이 같은 질타는 한편에서 분명 타당해 보였다. 대중은 곡성에 도취되어 있었고, 다 같이 모여 땅을 치고 우는 행위를 그 자체로 즐기는 것으로 보였다. 그렇지만 지식인 사회의 이 같은 대중과의 거리 두기가 놓치고 있는 것이 있었다. 이 애도 대중의 열광이 그들이 말하던 그 '무의미'에도 불구하고 어마어마한 크기로 응집한 다수자를 만들던 실질적 힘이었다는 점이다. 조선조 마지막 왕의 죽음이 가진 시대적 의미와 대중의 나아갈 바에 대한 "각성"이 아니라, 슬픔을 욕망하는 그들의 '열광'이 그 같은 거대한 힘을 발휘하고 있었다는 것을 설명하지도 직시하지도 못 하고 있었던 것이다. 그 슬픔에의 열광이 포목 값의 시세와 인구 이동의 흐름을 바꾸고, 술 마시고 노래 부르거나 영화 보기 등 일상의 욕망을 스스로 금지시켜 그날그날의 풍경을 바꾸고 있었다. 이런 일상의 변화는 대중이 스스로 욕망한 결과이지, 신문이나 잡지 속 지식인들이 요구했던 정치적 의식 혹은 판단만으로 가능한 결과가 아니었다.

무엇보다 슬픔을 욕망하는 대중은 동시에 그저 정적으로 한곳에 모여 있는 대중이 아니었다. 무언가와 싸우는 대중, 투쟁하는 대중으로 쉽게 변할 수 있는 에너지가 그 안에 잠재되어 있다는 점에서 단순히 "감상"에 빠져 "각성"을 결여한 이들이라고만 치부하기에는 지나치게 '위험'했다. 왜였을까? 애도에 열광하는 대중이 욕망하던 정치적 판단은 『조선일보』나 『개벽』이 논한 것처럼 '복잡'하지 않았지만 실천하기 너무 쉬웠고, 그래서 힘이 있었기 때문이다. 슬픔의 대중이 투쟁의 대중으로 변신하는 길은 매우 빠르고도 간단했다. 논리는 매우 단순했다.

왕의 죽음에 오열하지 않거나 그저 방관하는 자, 그 죽음을 슬퍼하며 돈화문 앞으로 달려드는 자와 이를 오히려 내쫓으려 하는 자, 일상의 모든 것을 멈춰 세운 채 흰옷으로 갈아입고 산 위에 올라가 통곡하는 자와 멀쩡하게 학교에 나가 수업을 들으며 공부하려는 자, 이 같은 이항의 구분이면 충분했기 때문이다. 그리고 이 후자의 무리, 즉 애도 밖의 대중은 '적'이었다. 순종의 죽음 앞에서 오열하지 않고 평소처럼 술을 마시거나, 흰옷을 입거나 검은 상장을 달지 않은 채 화려한 옷차림으로 영화를 보러 다니는 자들, 그들은 용납할 수 없는 '적'이었다. 따라서 집단적으로 구타하거나 협박해도 마땅했다. 무리로 모여 울어 대려는 이들을 끊임없이 일상의 평범한 개인들로 다시 해체시키려는 권력의 시도 역시 순순히 받아들일 수 없었다. 따라서 이를 요구하는 경찰과 학교 그리고 불경한 조선인들에 대해 슬픔에 함몰된 대중의 감상은 언제든 충돌을 일으키는 일탈적 힘으로 변할 수 있었다.

따라서 대중의 슬픔에 대한 욕망에는 단순히 각성의 결여를 넘어선 **'위험성'**이 있었다. 이들이 반反애도의 무리에 가하던 적대의 논리는 종종 매우 **폭력적**이었고, 그 폭력의 스펙트럼은 식민 권력에 대한 저항부터 피식민 조선인 동포에 대한 물리적 폭행에 이르기까지 매우 광범위하게 나타나고 있었기 때문이다. 다음에서는 애도 대중의 이 같은 위험성이 구체적으로 어떠했고, 식민 권력은 이에 어떻게 대응하고 있었는지 살펴보자.

적대

4월 25일, 순종의 죽음이 임박했다는 소식이 전해지자마자 경성 시내 경찰서는 분주해졌다. 경찰부 고등 관원들, 각서 고등계원들이 총출동하고 정복 순사들까지 사복을 입혀 거미줄같이 경계망을 넓히는 한편, 종로경찰서는 30명의 외근 순사를 특근까지 하도록 했다. 순종의 죽음을 앞두고 "불온한 음모"로 유언비어를 퍼트려 "혹세무민"하는 자들을 경계하기 위한 것이었다. 애도는 오직 "온건하게" 진행되어야 하며, 그런 자에게는 "편의"가 제공되지만 그렇지 않을 경우 용서 없이 처벌한다는 것이었다.[24] 총독부는 먼저 순종의 죽음을 국장으로 하는 한편, 조선식 전통 장례 절차를 최대한 존중해 국상에 반영한다는 것, 국장 당일과 발상의 3일간은 조회를 생략輟朝하고, 가무음곡과 죄인 복역 및 사형 집행은 정지한다고 천명했다. 식민 권력이 왕의 죽음에 표하는 애도의 틀을 먼저 규정하고 그 틀을 벗어나는 '애도'는 허용하지 않는다는 것이었다. 이를 위해 구체적으로는 다음의 '허용'과 '금지'가 동시에 실시되었다. 창덕궁 돈화문 앞에서의 애도는 저녁 7시까지 허용되는 한편, 그 이후 야간 애도는 철저히 금지하며, 순종의 인산일에 전 학교가 휴학을 하고 애도에 동참하는 것은 되지만, 그 이외의 기간 동안에 공립학교가 휴학하는 것은 절대 금지한다는 것이었다. 전국적으로 일어나던 봉도식과 관련해서도 구체적인 가이드라인을 정했다.[25]

일정한 절차와 규칙의 틀을 만들고, 대중의 애도 행위를 권력의 틀 안에 포획하려는 이 같은 원칙들은 순종의 장례 시국이 온전히 식민

창덕궁 돈화문 앞 대중 통제에 나선 경찰의 모습. 4월 27일 이후부터 돈화문 앞에서 곡을 하려고 몰려드는 사람의 수가 엄청나게 늘어나자 경성 시내 각 경찰서에서 차출된 200여 명의 경관과 기마 순사, 헌병대가 돈화문 앞부터 종로 3정목까지 거대한 성벽을 쌓는 한편, 단성사 부근 일대에도 경계선을 만들어 종로 쪽 인파가 돈화문 쪽으로 밀려드는 것을 막았다. 『조선일보』 1926년 4월 30일 자.

당국에 의해 주도되고 관리되도록 하겠다는 의지의 표명이었다. 이는 다른 한편에서 이 시국의 주도권이 피식민 조선인 대중에게 넘어갔을 때 생겨날 예상 가능한 문제들에 이들이 가지던 위기의식을 보여주는 것이기도 했다. 그들은 다시 또 한 번 기미년의 소요를 마주하고 싶지 않았다. 따라서 애도를 '금지'하지는 않되, 적절히 '방해'할 필요가 있었다. 그렇다면 이 '방해'에서 식민 권력이 가장 중요하게 염두에 둔 것은 무엇이었을까? 그것은 바로 애도하는 대중의 '수'와 그 '지속성'이었다.

4월 27일 이후부터 돈화문 앞에서 곡을 하려고 몰려드는 사람의 수가 엄청나게 늘어나자 이들이 가장 먼저 한 일은 경성 시내 각 경찰서에서 차출된 200여 명의 경관과 기마 순사 그리고 헌병들을 동원해 돈화문 앞에서 종로 3정목까지 거대한 성벽을 쌓는 일이었다. 단성사 부근 일대에도 경계선을 만들어 종로 쪽 인파가 돈화문으로 밀려드는 것을 막았다. 돈화문을 중심으로 애도하려는 사람이 몰려들어 그 수가 급격하게 불어나는 것을 저지하기 위한 것이었다.[26]

수를 통제하는 것만큼이나 중요한 것은 이 다수의 사람들이 오래도록 밀집해 있는 것을 막는 것이었다. 흩어진 개인들이 밀집한 다수 즉 대중으로 지속되지 못하게 하는 것이 중요했던 것이다. 이를 위해 돈화문 앞 망곡은 한정된 시간 안에서만 허락했다. 오후 7시 이후 돈화문의 문이 닫혔는데도 여전히 그 앞에서 무릎을 꿇고 계속 통곡하는 애도자들은 강제로 한 사람씩 일으켜 세워서 끌어냈다.[27] 또한 돈화문의 문이 닫히면 궁문 밖 일대를 경관들이 점거해 운집의 공간 자체를 봉쇄했다.[28]

식민 권력이 대중의 '수'와 그 '지속'을 이처럼 경계한 이유는 무엇이었을까? 많은 수가 모인다는 것 그리고 그렇게 모인 다수자가 없어지지 않고 계속 유지된다는 것은 그 안에서 어떤 돌발적인 마주침들이 예기치 못한 사건을 만들지도 모른다는 것을 의미했다. 줄다리기 시합을 하겠다고 들떠서 모인 이들조차도 예기치 못한 내외부의 '촉발'로 싸움의 쾌감을, 줄을 넘어선 일상의 소란으로 확장시키는 일이 빈번했다. 하물며 왕의 죽음 때문에 천지가 진동하는 울음으로 곡을 하는 대중 수십만 명이 아침부터 밤까지 계속 몰려 있는 것은 상당히 위험했다. 그들 안에서 서로 간에 어떤 자극과 촉발이 만들어질지, 그것이 만든 예외적 힘이 어떤 폭발력을 발휘할지 알 수 없었던 것이다.

이 때문에 이미 모인 '다수' 안에서 변칙적인 행동이 일어나지 않는지 감시하는 것이 대중의 규모와 지속을 통제하는 것만큼이나 중요했다. 언론에 나중에 공개되었으나 이미 4월 28일에 총독 암살을 시도한 사례(송학선)도 있었다. 경무국은 권총 100여 정을 종로경찰서에 배포하는 한편, 50여 명의 경관을 무장시켜 망곡하는 이들이 조금이라도 이상한 시도를 보이면 즉시 해산시켰다. 4월 29일에는 70여 명의 경찰이 상경하고, 경찰 교습소 순사까지 총출동해 400, 500여 명의 경관이 돈화문 앞 일대와 종로 큰 거리를 빙 둘러 성벽을 만들었다.[29]

그 결과 4월 28일 아침부터 밤까지 하루에만 모두 26명이 종로경찰서에 검속되었다. 경관의 제지를 듣지 않고 이에 반항했거나, 무언가로 선동을 하고 술 취해서 난동을 부린 자들이었다. 이 수가 갈수록 많아지자 종로경찰서 유치장은 만원이 되어 2층 회의실까지 임시 유치장으로 사용될 지경이었다. 이 위험한 애도자들! 그들의 수는 갈수록 늘어나 4월 25일부터 5월 2일까지 종로경찰서에 검거된 사람은 전부 71명, 주의 제지한 사고 건수만 2만 7,960건이었다. 8일간 경성에 머무른 타 지역민 1,352명 중에서 여러 이유를 들어 퇴출된 이들은 1,219명이었다.[30]

이처럼 총독부가 돈화문에 몰려든 애도자에 대한 통제와 함께 중요하게 고려했던 것은 학생이었다. 학생이 애도 대열에 합류하기 위해 학교를 휴학할 경우, 일반 애도자와 마주치는 것은 정말로 위험한 것이라고 봤기 때문이다. 이 때문에 인산일을 제외한 국상 기간 동안

〔표 6〕 학생들의 지역별 동맹휴학

학교	일시	애도 맹휴
예산농업학교	1926년 4월 27일	학생들이 4월 27일 오후 5시, 금오산에 올라 봉도식을 하고 다음 날 휴학을 요구함. 교장이 불허하자 자체적으로 3일간 휴학.
상주공립보통학교	1926년 4월 27일	학교장에게 임시휴학을 요구하자 학교에서는 불허해 흰옷을 입고 등교.
원산공립보통학교	1926년 4월 27~29일	4월 27일부터 자발적 휴학. 4월 29일은 부분 휴학. 왼쪽 팔뚝에 검은 상표를 두르고, 여학생들은 검은 댕기를 맴. 상인들이 이에 함께 철시를 하며 동조함.
전주고등부통학교 제일공립보통학교	1926년 4월 27일 ~5월 1일	전주사립학교에서 봉도와 휴학을 함에도 전주공립학교는 그대로 수업을 강행하자 전주고등보통학교와 제일공립보통학교 6학년 학생 전원이 5월 1일까지 자체 휴학하고 등교 거부.
홍성공립보통학교	1926년 4월 28일	학교 당국의 위협 경고를 거부하고 동맹휴학을 한 채, 남녀 학생이 상복을 입고 매일 산에 올라가 망곡함.
안동공립보통학교	1926년 4월 28~30일	4월 28일, 5, 6학년 학생이 소풍을 다녀온 후 휴학을 요구했음에도 수업을 계속 강행하자 학생 측에서 불경(不敬)을 이유로 30일 아침 조회 시간에 5, 6학년 학생 250여 명이 갑자기 책보를 끼고 대열에서 이탈함. 교직원들이 이를 금지하려는 과정에서 충돌, 일대 혼잡을 연출함.
죽산공립보통학교	1926년 4월 29일	학교 당국자에게 휴학을 요구하며 상장(喪章)을 착용한 채 등교함.
강경공립보통학교	1926년 4월 29일	4, 5, 6학년 학생이 4월 29일 오전부터 휴학을 요구. 학교 측에서 불허하자 다 같이 수업을 거부하고 운동장으로 나가 집으로 돌아감.
삼천포공립보통학교	1926년 5월 3일	학생들이 모자에 흰 테를 두르고 5월 3일 애도하며 등교. 학교장과 선생들이 이를 불근신(不謹愼)한다고 비난하고 봉도를 허락하지 않자 5, 6학년 학생 140여 명이 동맹휴학.
원주공립보통학교	1926년 5월 3일	950명의 학생이 학교 측에 봉도식을 요구함. 학교에서 이를 불허하자 남산공원에 모여 봉도식 시도. 학교에서 나서 이를 해산시키려 하자, 학생들이 맹휴를 시도함. 이에 학부형들이 학교 측을 상대로 조정에 나서 5월 3일 오후 2시 학교 마당에서 남녀 학생 900여 명이 봉도식을 거행함.

* 「봉도 불허로 속발하는 맹휴」, 『동아일보』, 1926년 5월 6일 자; 「초목도 오열하는 2천만 중의 호곡성」, 『동아일보』, 1926년 5월 1일 자; 「봉도 불허로」, 『동아일보』, 1926년 5월 2일 자; 「안동공보교 맹휴」, 『동아일보』, 1926년 5월 5일 자; 「봉도 불허로 속발하는 맹휴」, 『동아일보』, 1926년 5월 6일 자.

공립학교 학생의 휴학이 금지되었다. 그러자 종로경찰서에 끌려왔던 일반인들처럼 학교 안에서도 각종 소란을 일으키며 학생들이 사건을 만들었다.

충청남도 논산군 강경공립보통학교에서는 6학년 김용배라는 학생이 순종 승하 당일 학교의 허락 없이 산에 올라가 망곡을 했다는 이유로 학교장에게 고발되어 경찰서로 불려갔다. 그런데 경찰서에 간 김용배가 학교장의 조치에 반성하지 않고 도리어 강력히 항의하고 나서자 학교에서는 그를 무기정학 처분을 했다. 그러자 6학년 학생 전체가 자신들도 김용배와 함께 정학시키라며 학교 측에 집단 항의했다.[31] 그 외에도 전라북도 김제군 금구공립보통학교에서 학생들이 4월 27일 자발적으로 봉도식을 거행하다 이를 폭력으로 저지하던 교원들과 충돌해 4월 28일부터 일제히 동맹휴학에 들어가는가 하면[32], 학교 차원의 공식적인 애도를 요구하다 교직원과 마찰을 빚거나 애도의 의지를 관철시키려고 맹휴를 하는 사례가 다양하고도 빈번하게 일어났다. 그들의 관점에서 왕 전하의 죽음 앞에서 학교가 공식적인 애도를 하지 않거나 이를 허가하지 않는 것은 "불경不敬"이었다. 그래서 결코 그대로 순순히 응할 수 없었다.

앞서도 언급했듯이, 불경하게도 애도를 방해하던 반反애도의 무리는 식민 권력뿐만이 아니었다. 국장 기간에 술을 마시거나 노래를 부르고 기생과 노는 자들, 그들이 피식민 조선인 안에 있었다. 이들은 곧 주민들에게 집단 구타로 응징되었다.

1926년 5월 2일 저녁 7시경, 전라북도 전주군 고산면 읍내리에서는 심만식이 동업자 일고여덟 명과 함께 동리 앞 시냇가에 있는 망북

대에서 술을 마시고 노래를 불렀다. 이때 주민들은 순종의 애도를 위해 "철시 봉도"를 하고 있던 참이었다. 모두가 봉도를 하는 와중에 음주가무를 즐긴 이를 그냥 두고 볼 수 없었다. 이를 목격한 동리 청년 이금재(20) 이하 주민들이 심만식에게 욕설을 하고 그 자리에서 그를 유혈이 낭자하도록 집단적으로 구타했다.[33] 같은 날짜에 경상남도 양산 읍내에는 배아무개와 최아무개라는 부호 두 사람이 요릿집에서 술을 마시다가 같은 지역 청년회장 및 그 청년회 회원들에게 욕설을 들었다. 그런데 청년회 회원들은 욕설만 하지 않았다. 폭력단을 사주해서 이 두 사람을 감금한 채 구타해 인사불성이 되게 했다.[34] 1926년 4월 29일에도 이와 유사한 사건이 발생했다. 경상남도 함안군에 사는 최봉한이 공주옥이라는 요릿집에서 기생 몇과 함께 놀았는데, 이를 목격한 근처 주민들이 최봉한을 두들겨 패다가 최봉한이 이에 대항하면서 쌍방 간에 피를 흘리는 패싸움이 되었다.[35]

애도 대중의 관점에서 이들 폭력의 피해자는 응당 두들겨 맞아도 당연한 이들이었다. 조선 전역에서뿐만 아니라 이역만리 외지로 나간 동포들, 만주와 멀리 하와이에서까지 봉도를 하며 애도를 표하는 시국에 감히 조선인으로서 있을 수 없는 "불경"한 태도를 보인 행동에 대한 도덕적 응징이었기에 이 같은 행위가 '폭력'인지 아닌지는 중요한 문제가 아니었다. 1926년 5월 2일에 본정경찰서에서 있었던 필적 대조 사건도 마찬가지였다. 그날 오전 11시경 본정경찰서에서는 서사헌정西四軒町(지금의 장충동 2가) 154번지에 사는 금은 세공업자 윤창선 외 다른 한 사람을 불러다 어떤 협박문을 들이밀며 취조했다. 협박문은 신정新町이라는 유곽에 보낸 것이었다.

다른 사람들은 모두 소복을 하고 망곡을 가며 근신을 하는데 너희들은 어찌하여 이 모양이 없이 그대로 있느냐! 곧 상복을 입고 망곡을 가지 아니하면 여차여차하리라!

일상의 개인을 하나의 대중으로 묶어내던 애도의 논리가 가진 단순성과 그 이항 논법하에서 한편의 슬픔은 다른 한편의 증오 혹은 혐오를 동시에 수반하고 있었다. 대중의 슬픔을 방해하거나 그 대열에 합류하지 않는 이들에 대한 혐오가 그것이었다. 그리고 이 혐오는 언제든지 폭력으로 바뀔 수 있음을 앞의 사례들은 보여준다.[36] 이 같은 혐오와 폭력은 조선인뿐만 아니라 민간 일본인에게도 적용되었다.

순종의 죽음이 일반에게 알려진 이틀 후인 4월 27일 오전 11시 40분, 경성 수은동 92번지 진성당 의원 앞에서는 일본인 한 사람이 조선인들에게 둘러싸여 두들겨 맞았다. 그 일본인 앞에는 부서진 사진기가 하나 있었다. 이날의 사건은 진성당 앞에서 사람들이 모여 처절하게 곡을 하고 있었을 때, 그 일본인이 빽빽이 들어서 있던 사람들 틈을 비집고 들어와 곡하던 이들을 사진 찍다가 발생한 것이었다. 그 같은 행동에 곡하던 이들 틈에서 누군가 물었다.

"신문사 사진반이냐?"

"아니다."

그 일본인은 그러고는 계속 곡하는 사람들을 사진 찍으려 했다. 그러자 곧 땅을 치고 슬피 울던 사람들이 분노했다.

"남은 곡을 하는데 너는 그것을 찍으려고 들여다보느냐."

이렇게 비난하며 여러 사람이 이 일본인 사진사를 구타했고, 사진기는 그 자리에서 산산이 부서졌다. 이를 본 종로경찰서원이 이 일본인을 종로경찰서에 데려가고 주도자로 보인 조선인 한 사람을 강제로 끌고 가자, 종로통은 이 같은 경찰의 처사에 대한 격앙으로 소란스러워졌다.[37]

이 같은 소란들은 애도 대중이 투쟁하는 대중으로 변할 때, 그 투쟁의 대상이 권력자에만 한정되지 않았음을 잘 보여준다. 애도를 방해하거나 그에 동참하지 않은 자를 향한 투쟁은 그가 위계 서열의 상하부(식민 지배 민족인가, 아니면 동족의 피지배 민족인가) 중 어디에 있는가와는 상관이 없었다. 오히려 투쟁의 '형식'논리라는 측면에서 양측의 반反애도 세력에 대한 대중의 대응 논리는 질적 차이보다는 오히려 많은 내적 유사성을 가지고 있었다. 물론 경찰이나 학교의 명령에 대해 이를 그저 거부하는 것에 불과했던 행위는 수동적 저항인 반면, 동네 주민들의 음주가무를 응징하던 행위는 능동적인 폭력이었다고 구별 지을 수도 있을 것이다. 그러나 두 가지 대응 모두 왕의 죽음 앞에서 감히 이를 슬퍼하지 않거나 그 슬픔의 표현을 방해하려는 자를 강하게 혐오하며 '적'으로 규정하고 있었다는 측면에서 동일했다. 또한 이 같은 대응 과정에서 만들어진 대중의 '적의'가 단순하고도 명쾌한 이항의 전선 위에서 그들 스스로를 단일하게 결속시키는 효과를 자아내고 있었다는 점에서도 두 세력을 향한 애도 대중의 행위 논리는 유사했다.

억울하게 죽은 자의 죽음 앞에서는 둘 중 하나의 선택만이 있었다. 그 죽음을 경건한 자세로 슬퍼하거나 불경하게도 그 죽음을 모욕하는 것이 그것이었다. 이 명쾌한 이항의 논리 위에서 대중의 구성과 실천(적과의 싸움)이 만들어지고 있었던 것이다. 애도 대중의 권력에 대한 저항과 피권력자에 대한 폭력 사이에 본질적인 차이를 넘어선 형식적 공통성이 존재하고 있었다고 봐야 하는 이유다.

이처럼 식민 공간에서 나타났던 대중의 애도 중 우리가 역사적으로 주목해야 하는 또 다른 사건에는 '죽은 자'가 아니라 부당하게 '수난받는 자'를 향해 일어난 애도가 있었다. 만주로 이주해간 조선인 동포의 수난을 슬퍼하며 조선인 사회가 그들을 구제하기 위해 보이던 행동이 그것이었다. 이 행동을 우리가 '애도'라고 말할 수 있는 이유는 앞서도 언급했듯이, 이 책에서 말하는 애도의 의미가 단순히 생물학적 죽음에 대한 슬픔을 가리키는 것에 국한되지 않기 때문이다. 애도를 정신적인 상실감에 따른 반응 일반을 가리키는 정신분석학적 의미로 접근했을 때, 다음에서 우리가 보게 될 1920년대 재만 조선인의 수난에 대한 신문 보도들은 조선 사회 안에 새로운 종류의 애도 대중이 만들어지고 있었음을 보여준다. 만주 벌판에서 굶어 죽어가거나 화적 떼에 납치되고 농토에서 쫓겨나던 재만 동포의 수난을 실은 기사들은 순종의 죽음 때보다 훨씬 적극적이고 강렬한 애도 대중을 만들어내고 있었다. 그리고 이는 우리에게 대중의 저항과 폭력 그리고 정치 사이의 미묘한 동거에 대해 보다 심화된 고민을 하도록 한다.

수난

… 지금 우리는 더욱 절박한 문제에 당면했다. 1. 길림성장吉林省長은

관내 각 경찰서에 중국에 입적하지 아니한 조선인은 금후 15일 이내로 일률 방축放逐할 것을 명하여 결국 올해 말까지는 모두 단행하기로 한 것. 2. 조선인으로 조선복 착용하는 것을 엄금하고 그의 착용자에게는 한층 박해를 가하는 것. 3. 이러한 모든 조항에 의하여 경찰관의 수하에 있는 천가장千家長, 백가장百家長(천가장, 백가장은 중국인 부락의 촌장을 가리킨다—인용자)은 모두 조선인 방축을 철저히 하기를 서약한 것. … 이것은 수백만 적수공권赤手空拳의 동포로 전혀 만리 사막에 방랑하여 맹수의 어금니 아래 유린하는 것과 같다. 인간이 된 자, 더욱이 조선인 된 자, 누가 이것을 남의 일 보듯 할 자냐?**38**

1927년 12월 6일 『조선일보』에 「재만 조선인 문제에 관한 대책 각 파 총연결의 운동의 필요」라는 제목으로 실린 논설의 일부다. 대략의 내용인즉, 만주에 이주 정착한 조선인들을 중국 정부가 정책적으로 쫓아내고 있기에 조선인 사회가 총결집해 이들을 도와야 한다는 것이다. 그런데 이 같은 주장을 하며 『조선일보』가 보인 특정한 어조가 눈길을 끈다. "인간이 된 자, 더욱이 조선인 된 자, 누가 이것을 남의 일 보듯 할 자냐?"라는 주장은 동포 수난에 무관심한 자를 "인간"으로서의 도리를 저버린 자로 도덕적 질타를 하고 있었다. 도대체 1927년 12월 재만 조선인들에게 무슨 일이 일어났던 것일까? 〔표 7〕을 보며 이야기를 이어가보자.

〔표 7〕은 1910년부터 1943년까지 일본 제국과 그 세력권으로 이주한 조선인의 현황을 정리한 것이다. 〔표 7〕이 보여주듯이 제국 권역 안에서는 주로 일본 내지와 대만 그리고 사할린이, 제국 권역 밖은

연도	조선 역외(명)						
	일본 제국 이외				일본 제국		
	만주	관동주	중국	러시아	내지	대만	사할린
1910년	158,433	20	0	54,076	2,600	2	0
1916년	328,207	67	244	72,773	17,972	2	0
1922년	534,967	635	1,247	173,525	90,741	145	616
1923년	527,416	611	1,100	314,362	136,557	203	1,464
1926년	552,217	976	2,367	188,480	247,358	353	4,387
1931년	629,325	1,747	2,580	194,249	427,257	999	5,880
1932년	654,023	2,002	3,582	194,249	433,692	959	4,787
1933년	671,535	2,259	4,954	200,000	500,637	1,191	5,043
1934년	758,885	2,708	6,214	200,000	559,080	1,316	5,787
1935년	826,570	3,251	7,197	200,000	615,869	1,604	7,053
1936년	895,000	4,025	11,353	200,000	657,497	1,694	6,604
1937년	932,000	3,917	16,420	200,000	693,138	1,985	6,592
1938년	1,056,308	4,496	21,816	200,000	796,927	1,903	7,625
1939년	1,162,127	4,828	44,759	200,000	980,700	2,260	7,625
1940년	1,450,384	5,710	77,667	200,000	1,190,444	2,299	16,056
1941년	1,490,000	6,405	86,793	200,000	1,484,025	2,539	19,768
1942년	1,562,000	7,279	86,153	200,000	1,778,480	2,662	19,768
1943년	1,634,000	7,414	86,564	200,000	1,946,047	2,662	25,765

* 도노무라 마사루, 김인덕·신유원 옮김, 『재일 조선인 사회의 역사학적 연구』, 논형, 2010, 83쪽.

만주와 관동주, 중국 그리고 러시아가 조선인의 이주 지역이었다. 그러나 제국 권역 밖이라 하더라도 조선인의 대거 이주는 대부분 제국의 '세력권'에 해당한 지역이라는 측면에서 조선인의 생활 범위가 범제국 권역 안에서 이루어지고 있었음을 알 수 있다. 이 이주 지역 중

[표 8] 역외 이주 조선인의 귀환 규모와 귀환 지역(1945~1950)

이주 지역	일본	만주	중국	대만	사할린	군인 군속	총계
조선인 수	2,100,000	1,948,375	86,564	2,775	25,000	220,159	4,382,873
남한 귀환	1,450,500	295,278	46,975	1,948	0	138,700	1,933,401
북한 귀환	49,500	688,983	27,589	427	8,000	81,459	855,958
귀환 합계	1,500,000	984,261	74,564	2,375	8,000	220,159	1,789,359
귀환 비율	71.42	50.52	86.14	85.59	32	100	63.64

* 장석흥, 『해방 전후 국제정세와 한인의 귀환』, 역사공간, 2012, 197~292쪽.

에서도 만주의 의미는 특별했다. 만주는 1910년부터 1940년대 초까지 제국 권역 내외의 다른 어떤 지역보다 압도적으로 많은 조선인들이 이주한 대표적인 재외 조선인 생활 권역이었기 때문이다. '조선' 지역 밖에서 '조선인'이 대규모로 거주하는 새로운 장이 만들어지고 있었다. 그리고 그것은 조선이 일본 제국 권역 내에 식민지로 포섭되어 생긴 결과였다. 이주 동기가 자발적이었든 강제적이었든 조선을 벗어나 제국 권역(및 세력권) 안에 대규모 이주민 사회가 만들어진 것은 조선의 제국 편입 이전에는 없던 새로운 인구 이동 현상이었기 때문이다.[39]

그런데 이 같은 조선인 디아스포라의 한 범주였던 재만 조선인은 그들이 처해 있던 정치적 지위의 독특한 성격 때문에 1920년대부터 1930년대 초, 조선인 사회에 "동포" 신드롬을 만드는 주인공이 되었다. 역내 조선인에게는 고향을 떠나 외지에서 떠도는 가련한 피를 나눈 형제였던 재만 조선인은, 그러나 중국인에게는 일본의 제국 확장에 복무하는 침탈자였다. 이 이중적 성격에도 불구하고 주로 이 후자의 관점에서 중국 정부는 재만 조선인을 만주에서 쫓아내기 위한 다양한 정책을 1920년대 중반 이후부터 쏟아냈다. 중국 정부의 이 같은 조치는 역내 조선인 사회에 동포를 구하기 위해 조선인 모두가 발 벗고 나서서 싸워야 한다는 '동포 구호'의 신드롬을 —1930년대 초까지— 만들어냈다. 그렇다면 당시 재만 조선인이 처해 있던 정치적 지위의 특수성(이중성)이란 구체적으로 어떤 것이었을까?

기존 연구에 따르면 조선인의 만주로의 이주는 1840년대부터 시작된 것으로 알려져 있다. 그런데 1860년부터 1905년까지 45년간에 걸쳐 20만 명에 불과했던 이주자 수는 조선의 식민 편입 이후인 1910년부터 1916년 사이에는 16만 명, 다시 1916년부터 1922년까지는 20만 명이 더 늘어나며 이주 규모가 급격히 커졌다. 식민 지배 전까지 45년간에 20만 명이 증가한 것에 불과했던 이주자 수가 불과 12년 만에 36만 명 이상으로 늘어났던 것이다. 이 같은 드라마틱한 수적 증가는 물론 한일병합에 따른 정치적 망명 때문이기도 했지만, 1905년 이후 체결된 '간도협약'이나 1915년 '남만주 및 동부 내몽골에 관한 조약' 등이 원인이 되기도 했다. 일본 국적자가 만주 농경지 개척에 유리한 조건이 형성되면서 경제적 이익을 위해 이주한 조선인 역시 많아지게 된 것이었다.[40]

그런데 이같이 농경지 소작권을 얻기 위해 만주로 이주한 조선인 수의 증가는 그와 더불어 조선인 정착지 내 일본 영사관의 증가를 동시에 불러왔다. 조선인 이주자를 보호한다는 명목으로 설치된 일본 영사관이 중국으로의 세력 확장의 성격을 띠고 있었다는 것이 문제였다. 중국의 조선인 정책에 대해 일본이 영사관 차원에서 이를 간섭하는 일이 빈번해지면서 재만 조선인을 사이에 둔 중·일 간 충돌이 잦아지고 있었던 것이다.

이 같은 상황은 역내 조선인에게 다음과 같은 해석을 가능하게 했다. 그저 생계를 위해 고향을 등지고 낯선 타지로 이동한 나라 잃은 불쌍한 동포! 이주 초기만 해도 조선인의 농지 개간 덕에 지가 및 소작료 역시 상승해 중국인에게 호의적으로 수용되던 조선인이 일본 제국주의 확장의 조력자로 "오인"되어 억울한 구축을 당하게 된 것이었다.[41]

따라서 당시 국제질서 아래에서 재만 조선인 안에 존재하고 있던 정치적 조건의 이중성을 그 자체로 받아들이는 일종의 중립적 관점은 조선인 사회의 시선에서 용납될 수 없었다. 왜냐하면 그들은 재만 조선인이기 이전에, 한 부모의 한 배에서 나온 "동포同胞"였기 때문이다. '그들'이 아니라 '우리'의 존재로 재만 조선인이 접근되었을 때, 그들이 중국인과 중국 정부에 주던 정치적 압박은 중요한 것이 아니었다. 그 과정에 무엇이 있었건, 결과적으로는 중국인으로부터 받고 있던 '박해!' 그것이 문제의 핵심이었다. 그렇다면 조선인 사회와 언론은 이 같은 동포의 부당한 '수난'에 구체적으로 어떻게 대응했을까?[42]

멜랑콜리

우리 기생들은 비록 가냘프고 약한孱弱 여자이나 또한 우리는 동포의 하나라. 들건대 이번에 귀회(조선일보사—인용자)가 새로 앞장서서 만주에서 늙은 부모와 어린 처자를 대동하고 주린 창자를 두 손으로 움켜쥐고 고향 산천을 향해 부르짖는 3,100여 명을 구하기 위하여 구휼금을 모집한다 하옵기로 비록 이것이 얼마 되지 못하나마 만 분의 일이라고 보태어 주린 동포를 구급하게 하라![43]

1921년 8월 13일, 한성권번 기생 일동이 『조선일보』에 "재만 기근 동포"를 위해 "동정금同情金"을 보냈다는 사연이다. 기생들은 자신들이 비록 가냘프고 연약한 여자이나 그럼에도 "동포"의 일원임을 강조했다. 그리고 만주에서 가족들을 대동하고 굶주린 채, "고향 산천"을 향해 부르짖는 동포들을 구하기 위해 기부를 하게 되었다고 한다. 『조선일보』는 이 기부 사연을 전하며 "화류계에 종사하는 기생"들조차 "우리 동포"를 향한 이 같은 자각이 있을진대, 실업 유지를 포함한 각계 지위에 있는 이들이 재만 동포의 사정을 외면해서는 안 된다고 주장했다.[44]

1920년부터 만주 지역은 심한 가뭄으로 재만 조선인의 기근이 심각했다. 이에 『조선일보』는 1920년 6월 19일부터 6월 22일까지 「동포의 안위를 좌우하는 초미의 문제」라는 연속 논설을 내보냈다. 이 논설은 일본 본토와 만주로 이주한 조선인의 실태를 알리는 한편, 이에 대한 역내 조선인의 관심과 구호를 호소하기 위한 것이었다. 이에 따르면 일본으로 건너간 조선인이 실업 문제(노동 이민)로 고초를 겪고 있다면, 농업 이민이었던 재만 조선인은 농경지의 가뭄으로 기근과 빚에 허덕이고 있었다.

한 방울의 비를 구경하지 못하여 못자리에 파종은 그만두고 밭에 씨 한 알을 뿌리지 못하게 되었으며 … 대개는 다시 파종했으나 비가 도무지 오지 아니한 까닭으로 싹이 올라오지 못하고 그저 타버렸으며 논에는 처음부터 못자리에 파종도 하지 못하게 되었는 고로, 농사를 지을 목적으로 오직 농사에 목숨을 걸고 집을 옮겨간 그들 동포는 비치는 희망이 암흑이 되고 창창한 전도가 철벽에 막혀 죽음을 피해온 잔약한 목숨이 또 한번 죽음의 바다에 뜨게 되었다.[45]

재만 조선인에 대한 이 같은 '구호'의 호소는 1920년대 중반 중·일 관계 악화 이후 중국 정부가 조선인 구축에 전면적으로 나서면서 본격화되었다. 더불어 1931년 9월에 이르면 만주사변의 여파로 재만 조선인 난민이 속출하자 이 구호 열기는 더욱 뜨거워졌다. 그런데 이 같은 상황 앞에서 우리가 『조선일보』 중심의 구호 운동에서 주목해야 할 중요한 사항 중 하나는 『조선일보』가 동원하던 담론의 독특함이다.

어젯날 부귀영화를 한 몸에 갖춰 무궁한 희망을 노래하고 창창한 장래를 기뻐하던 사람이 오늘 아침에는 밥을 굶어 만주벌과 일본의 지방에 더운 눈물을 흘리게 되었다. 사람의 운명은 그러하거니 하면 얼마 위로도 되지만 아무리 해도 옷깃을 적시는 그들의 눈물이 가슴에 흐르며 그들의 가슴에 끓는 피가 는다. 우리는 죽음의 캄캄한 바다에 목숨을 잃으려 한다. 우리는 죽음의 캄캄한 바다에 목숨을 잃으려 하는 그들 동포를 위해 한 줌의 동정을 미치는 동시에 널리 세상과 더불어 한 가지 그들의 구제

책을 생각해보고자 하노라.[46]

　이 글에서 재만 조선인은 경제사회적인 신분 상승을 위해 자발적으로 이주한 모험가들이 아니었다. 이들은 "죽음을 피해" 어쩔 수 없이 만주로 간 "가녀린(잔약한)" 약자들로 설명된다. 만주(그리고 일본)의 이주 조선인은 고향에서 살지 못해 고국산천을 등지고 낯선 타지로 이주한 '쫓겨간' 이들이었다.

　　무산자無産者의 참상에 대해서는 사람마다人我別 너 나 할 것 없이 불쌍히 여기는 것은 도덕상의 자연한 감각이거늘 더구나 조국을 같이하고 언어를 같이하는 우리의 무산자 형제여! 삶을 도모하고자 간절한 친척(서로간에 마음 씀씀이가 정성스러운 혈육―인용자)을 멀리하고 정다운 친구와 이별하고 자라난 촌락과 조상의 분묘를 포기하고 두려움에 몸을 구부린 발걸음으로 남부여대男負女戴하고 살 곳을 찾아나섰음에도 동쪽에는 얻을 것이 없고 남쪽에도 이익이 없으니 광활한 천지간에 어디로 향할 것이오. 만주의 풍경이 생각과 달리 낙토樂土라 하여 하루가 걸리고 이틀이 걸려 많은 시일을 걸려 국경의 끝트머리에 당도하니, 강물은 눈에 어린 눈물 같아 고국을 이별할 때 흘린 눈물을 더한 듯하고 강가의 풀은 무성하여 떠나온 고향을 부르는 듯했도다.[47]

　친척과 이별하고 태어나 자란 촌락과 조선의 분묘를 버린 채, 무거운 짐을 이고 한 걸음 한 걸음 겨우 내디뎌 당도한 벌판에서 고국만을 그리워하는 이들! 그들은 만주 벌판의 강물도 고국을 떠나며 흘린 눈물로 생각하고, 강가의 풀도 고향이 부른다고 생각하며 그리워했다. 재만 조선인에 대한 이 같은 서사는 그것이 표상하던 재만 조선인의 이미지가 어떤 것이었을지 짐작케 한다. 이들은 단순히 타지에 이주한 동족이 아니었다. 왜 이들이 어느 날 갑자기 맨손으로 허허벌판 낯선 타지를 경작하러 떠날 수밖에 없었는가? 그들은 쫓겨난 것이었다! 조선에서 살 수가 없어 오직 생존을 위해 쫓겨나듯 타지로 갈 수밖에 없었던 것이다. 그러나 그곳에서도 온전히 '정착'하지 못한 채 고향을 그리워하며 방황했던 것이다.[48] 여기서 우리는 『조선일보』가 이 같은 서사를 통해 강조하고자 했던 것이 무엇이었는지 짐작해볼 수 있다.

'나라 잃은 백성!'

재만 조선인은 식민 지배하 조선인의 현재를 보여주는 가장 극적인 예였다. 제국의 신민이었으나 그 보호 아래 있다고 할 수 없었고, 그렇다고 제국의 신민이기를 거부하거나 다른 국적(중국 국적)으로 쉽게 이동할 수도 없는 이들이 재만 조선인이었다. 이는 역내 조선인이 제국의 하위 경계자인 것과도 같았다. 일본 국적이나 일본인이 아니었고, 조선인이지만 조선 국적이 없는 '나라 잃은 백성!'이었다. 따라서 만주 벌판에서 중국과 일본 사이에 있던 재만 조선인은 나라 잃은 백성의 표상과도 같았다.[49]

이 같은 표상을 『조선일보』는 시종일관 특정한 '감성'으로 표현한다. 당시 논설들에 반복되어 등장하고 있던 "눈물", "끓는 피", "동정" 같은 단어들이 그것이었다. 그들이 겪는 수난의 부당함을 슬퍼하고 이를 통해 그 수난을 애도하는 것이 이 감성적 기표들에 함축된 의미였던 것이다. 따라서 이 기표들은 역내 조선인이 재만 동포와 자신들을 동일시하도록 만드는 매개였다. 그들의 수난은 나라 잃은 백성의 수난이기에 조선인이라면 누구나 그 고통을 함께 슬퍼해야 했다. 재만 조선인은 복잡한 국제관계 속 분석의 객관적 대상이기 이전에, 동정과 눈물, 끓는 피로 동일시되어 그 수난을 같이 슬퍼해야 하는 애도의 주체였던 것이다.

> 따뜻한 고국에서 경제의 파멸로 말미암아 두만강과 압록강을 등에 지고 만주의 마적馬賊인지 마적의 만주인지 구별키 어려운 만주 벌판을 피와 땀으로 개척해 놓고 생활의 안정을 얻으려 하는 시기에 한편에서는 축출령逐出令, 한쪽으로는 기근 등 각 방면으로 곤경을 당하고 있는데, 최근에 이르러서는 더욱이 각지에 마적들이 횡행하게 되어 재만 동포들은 더더욱 진퇴유곡의 함정에 들고 있는데 … 산중 부락에서 혹은 사람이 살지 않은 외진 곳無人之境에서 마적들의 악독한 수단毒手에 가슴에 사무친 원한을 품고 고국의 동쪽 하늘을 바라보며 쓸쓸한 만주 벌판에서 쓰러진 동포 수가 올해만 해도 수백 명을 셈하게 된다더라.[50]

1927년 중국 정부가 재만 조선인에게 중국 국적으로 바꿀 것을 강요한 이후, 중국 정부가 "소작 반환 강요, 부채의 독촉, 종자의 차압, 부녀의 모욕, 이주자의 거주 제한, 3~4배에 달하는 과세의 증가책"을 부가해 만주 조선인의 상황은 더욱 어려워지고 있었다.[51] 춥고 굶주리며 마적에게 쫓기는 "쓸쓸한 만주벌"은 "따뜻한 고국"과 대비된다. 그들은 "진퇴유곡의 함정"에 빠진 채, 사무친 원한을 품고 고국

성격	기부자
교육 단체	용강농민야학.
	평안북도 영변군 독산면 용흥동 영사야학.
	통영 진명여학원 기숙사생 일동.
사회 단체	경상북도 선산군 협진회 청년회.
	경상북도 선산군 산동 협진회.
	교토(京都) 조선인 동심(同心)구제회.
	백천청년회.
경제 단체	전라남도 고흥군 도양면 녹동 유지.
	신호전기 제작소 내 유지.
	목포 음식업자 조합.
노동 단체	여미천 공사장 노동자 일동.
	함남노동회.
	경성방직회사 영등포공장 종업원. 노량진 부흥촌 노동자 모임.
식민 기관	조선사회사업협회 경기도지부.
	이천군청.
	소사금융조합 직원 일동.
	양주금융조합 직원 일동.
	양동수리조합 직원 일동.
	시흥군청 취급분.
	학무과 취급분.
	조선사회사업협회.
	위원영림서 직원.

성격	기부자
식민 기관	신아산 헌병분견대 직원.
	조선사회사업협회 충남지부.
	전매국 원산출장소 및 원산 관내 전매국 판매소 직원.
	진해만요색사령부(鎭海灣要塞司令部) 직원.
	보병 제75연대 직원.
종교 단체	함경남도 신흥군 영고면 송흥리 장로교회 일동. 함경남도 신흥군 동상면 천도교 종리원.
	경상남도 양산군 하북면 신평리 기독교회와 양산소년동맹 하북지부.
	중앙기독교 청년회 야학부 야학 본과 2학년. 불교 노량진 포교소.
오사카(大阪) 사회 단체	오사카시 나카카와치군(中河內郡) 나가세촌(長瀨村) 재오사카조선노우회(在大阪 朝鮮勞友會) 일동.
기생	비성 예기권번.
	서산 명월관 기생 일동.
개인	운산면 여미리 윤명수.
	정미면 여미리 이득중.
	일본 후쿠오카현(福岡縣) 고쿠라시(小倉市) 노신근 외.
	함경남도 신흥군 동상면 김웅배. 함경남도 성동면 삼호리 강문희. 함경남도 망성면 화산리 신광계 권병남.
언론	조선일보 서산지국.

* 「재만 조난 동포 각지의 눈물겨운 동정」, 『조선일보』 1931년 11월 25일 자; 「백만의 조난(遭難) 동포를 열화 같은 동족애의 발동과 눈물이 겨운 선물(膳物)의 종종상(種種相)」, 『조선일보』 1931년 12월 20일 자; 「궐기하라! 구하자! 백만 조난(遭難) 동포를」, 『조선일보』 1931년 12월 19 일 자; 「이역(異域) 청루(靑樓)서도 동정금품(同情金品)」, 『조선일보』 1931년 11월 13일 자.

하늘만을 바라보고 있었다. 이 같은 사연에 어찌 함께 아파하지 않을 수 있는가? 따라서 이 논설이 의도했던 것은 재만 동포의 상황에 대한 '정보'의 전달이 아니라, 그들의 처지에 대한 정서적 '공감'이었다. 역내 조선인에게 재만 동포의 수난을 함께 아파하며 그 수난의 아픔에 '젖어'들어 애도해야 하는 것![52] 감성적 우울로서 '멜랑콜리'가 당시 재만 동포 담론의 주요한 특징이었던 것이다.[53] 그것도 개인적인 수준의 멜랑콜리가 아니었다. 전 민족에게 호소하는 집단적 멜랑콜리의 담론이었다. 그렇게 "재만 동포 옹호"라는 키워드로 『조선일보』가 실천하고 있던 대중적인 멜랑콜리, 즉 이 우울의 대중적 전이를 실천한 끝에 바로 하나 된 '우리'가 있었다.

> 동포의 참액慘厄을 보고 관심을 갖지 않는 것도 죄악이요, 동포의 참액을 옆에 두고 장황설을 하는 것도 정치적 냉혹이다. 무관심과 냉혹 모두 옳지 않으니 그들이 당면한 곤란과 재난을 풀기 위해 전력을 집중하는 것이 가장 최우선의 대책이 된다. 조선인은 궐기하라![54]

1927년 12월 중국 정부의 재만 조선인에 대한 "축출령"에 대응해 『조선일보』와 신간회가 주축이 되어 만든 "재만동포옹호동맹"이 조선인의 "궐기"를 외치는 기사다. 우울의 집단적 전파의 끝에 어떻게 하나 된 "우리"가 소환되고 있었는지를 잘 보여주는 대목이다. 그러자 곧바로 대중이 이에 호응했다. 애끓는 사연을 담은 구호 기금 모집 행렬이 그것이었다. 개인이나 단체(교육, 사회, 경제, 노동, 종교)의 이름으로, 조선 역내뿐만 아니라 일본에서까지도 재만 동포를 돕겠다는 성금 모금이 일어났다. 민간인뿐만 아니라, 심지어 관청의 관료까지도 기부에 나섰다. 그야말로 재만 동포 구호의 "'센세숀'"이 일어나며 애도의 멜랑콜리가 하나 된 대중을 만들었다.[55]

〔표 9〕의 기부자들 중 함경남도 신흥군 동상면에 사는 김웅배의 사연을 보자. 그는 제재소에서 일하며, "그날그날 생활을 해가는" 품팔이 인생이었다. 그런 처지에도 불구하고 그는 "삼일 동안 품팔이도 그만두고" 재만 조난 동포를 돕기 위해 시내 인사들에게 만주 동포의 참상을 선전하는 한편, 스스로 돈 30원 20전을 모아『조선일보』동상면 분국에 가져왔다.

"떨고 있는 재만 동포에게 속히 보내주시오!"[56]

통영의 "진명여학원" 기숙사생 일동도 이 기부 대열에 동참했다. 이들은 모두가 독신으로 학원 수예 시간에 만든 수예품을 팔아 생계를 해오던 처지였다. 그럼에도 이 여학생들은 현금 3원과 의류 666건을『조선일보』통영 지국에 보냈다.

"한 술의 밥과 한 푼의 돈일지라도 힘대로 모아서 그들 가련한 동포를 죽음에서 구해보겠다."[57]

하루 벌어 하루 사는 노동자가 3일 품팔이를 쉬고, 수예품을 팔아 겨우 생계를 유지하는 여학생들이 아침밥을 굶어서 모은 돈으로 수난받는 동포를 위한 구호에 동참하겠다는 내용이었다. 이들이 눈물 어린 구호금을 전달할 때, 그 멜랑콜리한 사연으로 묘사된 재만 동포는 시종일관 다음과 같은 언어를 사용하고 있었다.

"바람 차고 눈 날리는 만주 벌판에서 기한에 떨며 사선에 방황하는 조난 동포."

"생각할수록 몸서리치는 만주 벌판에서 이중 삼중의 조난으로 먹을 것과 입을 것을 잃고 오직 남은 육신과 생명조차 장사지내게 될 지경에 있는 백만 동포."

"주림에 부대끼어 생명의 위태함을 피하지 못하는 만주에 있는 동포."

"고향을 바라보고 통곡하는 소리가 백두 암록을 거쳐 넘어 조선 본토 사람의 간장을 에이고 베었다."

바람 차고 눈 날리는 만주 벌판에서 굶주린 채 추위에 떨면서 고향을 바라보고 통곡하는 재만 조선인의 처지는 "눈물" 없이는 들을 수 없었다. 그래서 "경성방직회사 영등포공장" 종업원들이 낸 50원가량의 성금도 "눈물겨운 동정"이었으며, 노량진 "부흥촌" 노동자 모임에서 십시일반 거둔 성금은 이보다 더한 "동족애의 눈물"을 보여주는 것이었다. 노량진 부흥촌 노동자들이 을축년 홍수를 입었을 때 만주 동포들로부터 받은 동정을 되갚으며 그들이 받은 동포애를 "목메어" 전하고 있기도 했다. "민족"이라는 이름의 대중이 부당하게 수난당하는 희생자를 중심에 두고 서로의 눈물샘을 자극하는 극적인 **'멜랑콜리'의 공명** 속에서 만들어지던 것이 바로 모금이었다.[58]

그런데 이 같은 멜랑콜리한 수난의 서사 속에서 우리가 주목해야 할 또 다른 지점은 그 서사에 수난'당하는' 자만 있지 않았다는 점이다. 수난을 받는 이가 있다는 건 수난케 하는 가해자가 있다는 의미이기도 했다. 수난받는 이의 처지와 하나가 되어 이를 슬퍼하는 것, 그것은 따라서 그 수난의 가해자를 찾아 증오하고 적대하는 것을 상대 논리로 동시에 가져갈 수밖에 없었다. 애도의 한 축이 '구호'라면 다른 한 축은 '적대'가 되어 하나의 애도가 두 개의 서로 충돌하는 논리를 함축하며 동시에 실천되는 상황이 1920년대 후반부터 조선 사회를 휩쓸었다. 따라서 우리는 이제부터 이 다른 한 축을 봐야 한다.

가해자를 증오하고 그를 응징하는 것! 그것이 멜랑콜리 대중이 애도를 완성하는 또 다른 실천이었다면 이는 어떻게 전개되고 있었을까? 누가 우리 "동포"를 바람 차고 눈 날리는 만주 벌판에 헐벗고 굶주린 채 세워두고 있었던가? 사실의 유무, 당시 복잡한 중·일 관계 속 사태의 진실을 다투는 것은 대중에게 큰 의미가 없었다. 멜랑콜리한 애도열에 동참하던 대중 그리고 그들에게 이야기하던 언론은 누구를 동포의 가해자 즉 '적'으로 겨누고 있었을까?

폭력

1926년 5월 2일 오후 3시경, 경상남도 창원군 창원면 사회리 부근 철도 공사장 인근에서 일하던 한 중국인이 사화리 촌락을 지나가고 있을 때였다. 그 촌락에 사는 박필룡의 처 윤두리는 갑자기 그 중국인을 보더니 황급히 도망쳤다. 그런데 동리 구장(지금의 동반장) 박대헌이 마침 윤두리가 중국인을 보고 도망가는 것을 보았고, 박대헌의 머릿속에서는 퍼뜩 어떤 생각이 떠올랐다.

"저 중국인이 젊은 부녀를 모욕한 것이 틀림없다!"

박대헌은 즉시 인근 동리 농민 100여 명에게 이 말을 했다. 그러자 그날 밤 8시경 곧바로 100여 명이 모였다. 그들은 곧 철도 공사장 인

근에 있던 중국인의 숙소를 습격해 파괴하고 불태웠다.[59]

철도 공사장의 중국인을 보고 황급히 도망치던 젊은 부인! 도망치던 부인과 지나가던 중국인 노동자만을 본 동리 구장은 중국인이 젊은 조선 여자를 성적으로 모욕했다고 생각한 것이다. 그런데 더 중요한 것은 이것이 박대헌만의 생각에 그치지 않았다는 점이다. 박대헌의 개인적 추정 아니 상상에 인근 주민 100여 명이 결집했기 때문이다. 그렇게 결집한 대중이 바로 그날 밤, 그 중국인 노동자에게 쳐들어가 숙소를 부수고 불태워 그를 철저히 응징했다는 것, 이 모두가 일사천리로 진행되었다는 점이 중요하다. 그런데 이 같은 상황 즉, 조선인 몇이 모여 특정 중국인을 폭력으로 '응징'하는 일들은 1920년대 중반 무렵 한반도에서 예외적인 사건이 아니었다. 다른 사건을 더 살펴보자.

1926년 8월 5일 밤이었다. 그날 밤 11시경, 대구 경정에 있는 활동사진관 만경관에서는 중국인 연극이 공연되고 있었다. 그런데 이 연극을 보던 중 조선인 최덕엄이 큰소리로 외쳤다.

"중국인 연극은 너무 시끄럽게 뚜드린다. 그만 치어버리라!"

공연 도중에 나온 이 같은 소란에 한 중국인이 바로 응대했다.

"시끄럽거든 나가라!"

이렇게 쏘아붙인 이는 대구 대봉정 306번지에 살던 중국인 장조청이었다. 장조청의 말대꾸에 곧 최덕엄과 장조청은 말싸움을 벌이고 경관이 들어와서야 이 둘의 싸움은 일단락이 났다. 그런데 바로 그날 밤, 최덕엄은 만경관을 나오자마자 자기 동료들과 함께 집으로 돌아가던 장조청 외 여러 명의 중국인에게 달려들어 이들을 구타했다. 더구나 최덕엄 외 다른 조선인들은 요리점 군방각 외 두 곳을 돌아다니며 요리점 안의 가구를 깨부수고 사람까지 때렸다. 이 사건으로 중국인 장조청 외 두 명의 중국인이 다쳤는데, 그중 둘은 생명이 위독했다.[60]

중국인에 대한 혐오! 1920년대 중반 한반도의 조선인이 '중국인'을 어떻게 생각하고 있었는지 엿보게 하는 이 사건들을 보면서 우리는 시간을 거슬러 아주 일찍이 가뭄으로 기근에 시달리던 재만 동포구호에 『조선일보』의 민족주의가 어떤 담론을 사용하고 있었는지 돌이켜볼 필요가 있다.[61]

… 처음부터 농사짓는 동안에는 먹을 양식과 농사짓는 밑천을 나누어주기로 한지라. 사람들도 졸지에 뜻이 변하고 마음이 바뀌어 지금까지 대주던 양식을 대주지 아니하고, 오직 냉정한 태도로 오히려 재산을 뺏을 생각만 하고 있을 뿐이라. 그에 대해 그 동포는 그들에게 여러 말로 애걸을 하여도 그들 중국 사람들은 눈도 깜짝하지 않고 시침을 뚝 떼일 뿐이라.[62]

… 그 소유자는 모두 중국 사람이라. 그 소유자 등의 소작인에 대한 태도는 극히 냉정하여 생활비 혹은 농사 기구 자금에 매우 높은 이자로 빌려주는 터인데 만주 지방에는 3, 4년 동안이면 반드시 1년은 흉년을 피하지 못함으로 만일 흉년을 당하면 농업 자금으로 빌려 쓴 것을 갚을 도리가 없어 상당한 곤란을 당하며 … .[63]

이 기사가 밝혔듯이, 재만 동포에게 중국인은 지주였다. 초기 경작에 필요한 자금을 빌려주고 소작료와 경작 자금까지 모두 돌려받는 조선인 소작인의 갑 중의 갑이었다. 그런데 1920년 계속된 가뭄으로 수확을 하지 못해 빚더미에 앉아 굶주리던 조선인에게 이들 중국인 지주는 한 치의 배려도 없이 높은 이자와 소작료를 그대로 징수해 이들을 사지로 내몬다고 기사는 보도하고 있었다. 수탈하는 중국인 지주와 당하는 조선인 소작농, 이 둘의 관계에서 일본 정부는 어떤 식으로든 만주에서 재만 동포를 실질적으로 보호할 책임 있는 "정부"로 등장했다.

> … 관동청關東廳 장관과 조선 총독은 깊이 생각하는 바가 있어야 하며 그들의 동포를 위하여 그들의 생명을 구제하여야 할 것이라. 일반 조선의 민중은 … 조선 총독의 한 가지 큰 영단을 바라고 바라는 바이라.[64]

만주로 쫓겨난 동포의 근원 배경을 『조선일보』가 무엇이라고 알고 있든, 제국 권력은 현실의 국제관계에서 재만 동포에게 고초를 안기는 중국 정부와 중국인을 상대할 공식적인 힘이었다. 『조선일보』는 논설을 통해 이 같은 인식을 정확히 보여준다. 조선총독부와 일본 정부가 재만 조선인 문제의 책임을 진 정부로 접근되는 다른 한편에서, 중국인과 그 정부는 1920년대 초부터 동포 수난의 가해자로 보도되고 있었던 것이다.

그런데 역내 조선인 역시 자신들의 처지가 만주 동포가 처한 그것과 유사하다고 생각했다. 만주와 방식이 다를 뿐, 역내 조선인도 재조 화교 상인과 중국인 이주 노동자에게 경제적으로 똑같이 수난받고 있다고 느꼈기 때문이다. 화교는 요식업, 청과물 소매업, 포목업 등에서 조선 상권을 거의 독점하고 있었다. 특히 일용직 노동 시장에서 중국인 노동자의 규모와 영향력이 커져 조선인 하층민의 생계를 위협한다는 인식이 조선인 사회의 저변에까지 퍼져 있었다.

"조선 사람은 비 오는 날 나오지 아니하며 또 공일은 도무지 일해 주지 않는다."

1923년 3월 20일경, 대전 본정 2정목에 있던 환길운수의 일본인 사장이 조선 노동자 40여 명을 갑자기 해고하고, 신의주 등지에서 온 중국인 노동자 20여 명으로 인력을 대체하며 했던 이야기다.[65] 『동아 일보』에 따르면 1923년 3월 한 달간 인천항을 통해 들어온 중국인은 1만 명에 이르렀다. 조선인보다 싼 값에 더 많은 일을 하는 중국인 노동자(이른바 쿨리)가 건설업(석공, 토공, 목수), 농업, 요식업, 잡업 등 전 분야를 장악하자 조선인 실업 문제에 중국인 노동자가 주요한 요인으로 인식되었다.[66] 이 와중에 작업장 내에서 중국인 노동자와 조선인 노동자 간에 패싸움이 일어나는 상황도 빈번해졌다.[67]

이 같은 기사 내용은 역내 조선인에게 만주의 조선인만 중국인에게 경제적 압박을 당하는 수난을 겪고 있는 게 아니라는 생각을 하기에 충분했다. 조선에 들어온 중국인 노동자는 조선인의 일자리와 먹거리의 침탈자였던 것이다. 더구나 그들은 아편, 인신매매, 강력 폭력 사건과 연관된 '야만인'이기도 했다. 1920년대 초 신문 지상에 등장하고 있던 중국인과 관련한 기사들에는 그들이 부녀를 성적으로 모욕하거나, 물건을 도둑질하고, 걸핏하면 폭력으로 대들어 사회 치안을 어지럽히고 있다는 내용으로 가득 채워졌다.[68]

그중에서도 중국인이 조선인 빈민 가정의 어린 여자아이를 사서 중국에 판다든가, 죽은 어린아이를 땅에 묻지 않고 관습상 그대로 공터에 버린다는 보도들은 중국인에 대한 혐오와 공포의 이미지를 확산시켰다.[69] 이 시기 조선인에게 중국인은 한편에서 재만 동포 수난의 가해자였으며, 다른 한편에서 조선 사회질서의 교란자였다. 따라서 조선인은 중국인이 혐오스러웠다. 그래서 때로는 어떤 의심 때문에, 때로는 일부러 모욕을 주기 위해, 혹은 조선인이 주는 모욕에 그들이 대항했다는 이유 등으로 중국인에 대한 "폭력"이 대중적인 차원에서 등장했다.

1925년 8월 1일, 용산에서는 그곳 제분소에서 일하던 중국인 노동자가 길을 가다 그의 외모를 비하하는 조선인 청년의 조롱에 분노해 대응하다 조선인과 중국인 청년들 간의 패싸움으로 번졌다. 양측에 100여 명이 합세한 이 싸움은 몽둥이를 들고 싸웠는데 용산경찰서에서 경찰 네댓 명이 달려와 간신히 이들을 해산했다.[70] 그런가 하면 1927년 5월 30일, 전라북도 정읍군 태인읍에서는 백정과 중국인 노동자 간에 패싸움이 일어나기도 했다. 자기 집에서 쓰던 솥을 잃어버린 백정 조동봉이 근처 운수회사에서 일하던 중국인이 범인이라는 제보를 듣고서는 그를 뒤쫓다 그의 짐수레에 실린 물건이 도둑질당한 솥이라고 여기고 다짜고짜 이를 내놓으라고 시위했는데, 지나가던 중국인과 백정이 이에 가세해 결국 80여 명이 패싸움을 벌이게 된 것이다.[71]

이 와중에 앞서 이야기했던 1927년 12월부터 시작된 중국 정부의 재만 조선인에 대한 축출 —중국 국적으로 바꾸지 않은 조선인은 15일 이내에 모두 쫓아내며, 조선복 착용을 엄금하고, 중국인 지주를 압박해 조선인 소작인을 내쫓게 하는— 정책이 본격화되자 재조 중국인 화교를 향한 조선인의 폭력은 기존의 산발적인 방식을 넘어서고 있었다. 그리고 이 과정에 "재만동포옹호동맹"의 결성이 결정적 역할을 했다. 『조선일보』는 우리 동포들이 가진 것을 다 빼앗긴 채 사막에서 방랑하다 "맹수"의 먹이가 되고 있다고 알리는 한편, 이에 대해 거족적 차원의 실천이 조직화되어야 한다고 했다.[72] 그리고 곧 대중적인 차원에서 "재만 동포" 구호를 목적으로 한 정치 조직이 만들어졌다. "재만동포옹호동맹"의 결성이 그것이었다. 윤효정이 박사 학위 논문에서 언급하고 있듯이, 신간회가 주축이 되었던 재만동포옹호동맹에는 조선 내 사회, 종교, 언론, 교육 단체들이 총망라되는 한편, 1928년 2월까지 21개 지역에서 기성 단체뿐만 아니라, 재만동포옹호동맹 가입을 위해 새로 단체를 조직하고 있기까지 했다.[73]

이제 대중의 멜랑콜리는 인도적 차원에서 수난자의 고통을 같이 슬퍼(구호)하는 것을 넘어 정책적 목표를 내건 '운동'으로 '조직화'되고 있었다. 만주성장滿洲城長이나 중국 정부를 향해 성명서를 발표하고, 현지에 조사원을 파견하는 것이 그것이었다. 그런데 이처럼 재만동포옹호동맹이 결성되어 "조선인의 궐기"가 외쳐진 직후, 마치 기다리기라도 했다는 듯 전라북도 전 지역 내에서 중국인을 향한 조선인의 집단적 린치lynch가 며칠에 걸쳐 연쇄적으로 일어났다. 1927년 12월 7일, 이리에서는 화교 상점의 상품을 구매하지 않겠다는 "비매동맹"이 조직되었고[74], 저녁에는 수십 명의 소년이 화교 주택과 상점에 투석했던 것이다.[75] 또한 익산군 함열면에서는 화교 주택 및 상점을 겨냥한 투석 및 폭행이 연달아 일어나 경상자 수 명과 중상자

네 명이 발생했다. 이 같은 집단 폭행은 12월 9일에는 군산, 전주, 김제, 옥구 등 전라북도 내 다른 지역으로까지 퍼졌다.[76]

"재만동포옹호동맹" 결성 직후에 일어난 이 같은 대중적 수준의 배화 폭동 때문에 "재만동포옹호동맹"은 동포 옹호를 위한 '정치'를 조직하는 다른 한편에서 이 같은 실천이 조선 화교들의 '배척'을 의미하는 것은 결코 아니라고 선전하지 않으면 안 되었다.

성명서

재만동포옹호동맹 제1회 중앙집행위원회에서 이 동맹의 목적과 태도를 시급히 일반 민중에게 설명하는 것이 필요하다 인정하고 다음과 같이 결의함.

1. 이 동맹은 현재 급박한 상황에 빠진 재만 동포의 이익을 적극적으로 옹호할 것을 목적함.

2. 이를 관철하기 위해 전 조선 각 층의 각 단체 및 각 유지 인사는 이 동맹에 가맹 협력하기를 촉구함.

3. 이 동맹의 목적을 실현함에 조선 민족과 중국 국민 간의 우의를 존중하고 평화적 수단을 취하는 것이 필요하므로 우리 일반 민중의 민족적 적개심을 충동하여 일시적 흥분으로 조선 내 거주 중국인의 생명과 재산에 위험을 미치게 하는 것은 불가함을 인정함.

4. 계속하여 다음과 같은 사항을 처리했다더라.

하나. 적당한 인원을 시급히 파송해 만주에서 구축驅逐되는 동포의 상황을 조사 및 필요한 대책을 실행하기로 함. 대표위원 신석우, 이관용, 유영준 세 명은 경성에 있는 영사관 국민당 지부, 화상華商 총회 등을 방문하고 이 문제에 관한 태도를 통고함.

하나. 전주에 특파원 파견.

전라북도 전주에서 일어난 중국인 거류민과의 불상사에 관해 특히 이 지방 인사의 주의를 재촉하고 중국인을 위문하기 위해 이 동맹 대표로 민태원, 박형병 두 명을 시급히 파견하기로 해 11일 밤 열차로 출발하기로 한다.[77]

위원장 안재홍 이름으로 나온 이 성명서는 "재만동포옹호동맹"은 결코 수난의 가해자를 찾아 압박하거나 구축하는 것이 아님을 명시하고 있다. 수난에 대한 애도는 우리 민족에 대한 구호일 뿐, 다른 민족에 대한 적대가 아니기에 이를 구분해야 한다고 대중을 향해 '계도'한다. 그렇다면 "재만동포옹호동맹"의 민족주의 지식인들이 대중의 혼돈이라고 주장하고 있던 이 폭력적 상황은 과연 일시적 감정에 휘말려 '올바른 판단력'을 잃어버린 대중의 순간적 일탈이었다고 쉽게 말할 수 있는 것이었을까?

당시 상황은 하나의 애도 안에 상호 충돌하는 두 감성이 동시적으로 실천되고 있음을 보여주고 있었다. '연민'과 '증오'라는 상이한 감정이 '구호'와 '적대'라는 실천으로 동시에 표현되고 있었던 것이다. 대중의 애도 안에 서로 다른 두 개의 감정이 서로의 경계를 넘나들며 모순적이게도 공존하고 있었다. 실제로 애도 대중 안에서 이 두 감정은 서로 긴밀히 연결되고 있었다. 대중의 눈물 어린 구호는 수난의 가해자에 대한 증오를 전제할 수밖에 없었고, 그를 응징하는 행위는 단순한 폭력이 아니라 바로 동포를 구하는 실천의 한 방편으로 인식되고 있었기 때문이다.

1929년 강원도 양양군 권양면 상양리에서 중국인을 상대로 일어 났던 다이너마이트 폭파 미수 사건 역시 이 같은 논리를 잘 보여주었 다. 전라남도 순천군 도초면 출신으로 강원도 통천군의 철로 공사장 에서 인부 관리자(십장)로 일하던 안담환(30)은 공사장에서 사용하던 다이너마이트와 뇌관 100여 개를 훔쳐 상양리에 있는 여인숙에서 잠 자던 중국인 우배탁, 강의연의 방에 다이너마이트를 설치해 그들을 죽이려다 발각되어 미수에 그쳤다. 그는 범행 실패 후 그 동기를 다 음과 같이 말했다.

"작년 5월경 만주 벌판에 헤매는 불쌍한 동포들이 그곳 중국 사람들에 게 모진 학대를 받고 또 가끔 ××(살해—인용자)를 당한다는 말을 듣고 분함을 참지 못해 조선에 나와 있는 중국 사람을 ××(죽여—인용자)버려 서 원수를 갚으려는 생각을 굳게 먹게 되었다."[78]

수난을 당하는 동포를 "불쌍하게" 여기는 연민, 그를 구호하고자 하는 사랑은 동시에 원수를 죽이는 것이었다. 대중에게 연민과 적 대, 구호와 폭력은 동포의 수난을 애도하는 사실상 동일한 실천의 방 식이자 서로(연민과 적대 혹은 구호와 폭력)가 서로를 강화시키는 거울 쌍과 같은 것이었다. 무엇보다 이 같은 적대적 행위들을 당시 조선 인 대중은 저항이지 폭력이 아니라고 생각했다는 점이 중요하다. 저 항의 방식이 물리적이었을 뿐, 세를 결집해 그 힘을 과시하고 이로써 만주와 조선 역내에서 자신들을 위협하던 상대에게 대항한 것은 '폭력'이었지만 동시에 분명한 대의명분을 가진 '저항'이었다. 정당한 폭력으로서 '저항'!

따라서 당시 "재만동포옹호동맹"이 전라북도에서 일어나던 대중 폭력을 보며 실체 없이 떠도는 이야기("무실無實한 풍설風說")에 휘둘려 이지理智와 현명을 상실한 대중의 "민족적 적개심"이 야기한 결과라고 보았던 주장에는 분명한 한계가 있었다. 이 논리에 따르면 대중 폭력은 이성의 결여에 따른 감성의 결과였다. 반면, "재만동포옹호동맹"이 목적하고 또한 실천하려던 바는 폭력이 아닌 정치로 구별되고 있었다. 이 같은 구분 즉, '폭력＝감성'이고 '정치＝이성'이라는 구분 위에서 전자의 대중과 후자의 운동가(혹은 지식인 사회)를 엄밀히 차별화하려 하고 있었던 것이다. 그렇다면 "재만동포옹호동맹"이 이 같은 논리를 통해 대중 폭력을 설명하고 또 그 위에서 대중을 '계도'하려 했던 시도는 얼마나 유효했을까?

우리는 앞서 1920년부터 『조선일보』의 민족주의가 재만 조선인을 어떤 언어적 감수성으로 묘사하고 있었는지 보았다. 조선 민족의 동포 "애愛"를 촉구하고 "총궐기"를 호소하는 과정에서 탄생했던 "재만동포옹호동맹"은 대중의 감성적 기반 없이는 만들어질 수 없는 것이었다. 정치가 감성과 무관할 수도, 이것 없이 가능할 수도 없다는 것을 『조선일보』의 재만 동포를 향한 멜랑콜리한 언설들이 그리고 "재만동포옹호동맹"이란 조직 자체가 이미 실천적으로 잘 보여주고 있었기 때문이다.

'정치'와 '폭력', 혹은 '폭력'과 '저항'이 그 경계를 침범하며 중첩되는 가운데 대중의 애도는 사랑이자 동시에 적대라는 이중의 실천으로 나타나고 있었던 것이다. 너무나 슬퍼서 참을 수 없는 것! 부당한 수난을 당한 이의 고통에 동참하는 멜랑콜리는 언제든지 그를 가해한 이들을 응징하는 실천 즉 폭력이 될 수도 있었다. '우리'와 '적'이라는 이항적 구분을 전제로 우리의 힘으로 적을 압박하는 것! 정치와 폭력이 이 하나의 논리 위에서 서로 긴밀하게 교통하고 있었던 것이다. 그 교통 위에서 상호 충돌하는 전혀 다른 감성이 본질적으로 하나가 되는 상황이 '대중의 애도' 곧 '대중의 정치' 안에서 일어난다. 다음 장에서 우리가 볼 1931년 7월 "조선인 배화 폭동"은 이를 보다 구체적으로 보여주고 있었다.

제8장

폭력

> … 법질서가 유의미할 수 있기 위해서는 질서가 구축되어야만 한다.
> 하나의 정상적 상황이 창출되어야만 하며 주권자
> 바로 이 정상적 상태가 현실을 실제로 지배하고 있느냐 아니냐를
> 최종적으로 결정하는 자다. 따라서 모든 법은 '상황에 따른 법'이다.
> — 카를 슈미트, 『정치신학』, 2010.

1931년 7월 3일 오전 11시 40분경, 경성 남대문소학교 뒷길을 지나가던 10여 명의 조선인은 중국인 왕아무개를 보았다. 이들은 곧 그 중국인에게 달려들어 그를 두들겨 팼는데 경관이 나타나자 도주했다. 비슷한 시각, 경성 봉래정(지금의 회현동) 2정목의 김성방 떡집에는 수십여 명의 조선인이 들이닥쳤다. 이들은 유리창 20여 장을 깨트리고 떡집 주인을 구타한 뒤, 서대문 2정목 요리점 동화춘에도 쳐들어가 중국인들을 구타했다.[1] 오후 5시경에는 아현리 인근 채석장으로 몰려간 50여 명의 조선인 무리가 거기서 일하던 중국인 석공들을 습격하려다 용산경찰서원들이 제지해 겨우 해산했다.[2]

그날 저녁도 상황은 다르지 않았다. 조선인들은 이리저리 중국인을 찾아다니다 눈에 띄는 대로 달려들어 구타했다. 저녁 8시경에는

아현 전차 정류소 부근에서 조선인 약 20여 명이 중국인 야채 상인 조립기를 부수었고, 8시 20분경 서소문정 여자기예학교 앞에서는 조선인 여럿이 약 20여 명의 중국인과 충돌해 일시 대소동을 일으켜 쌍방 간에 부상자가 나왔다.[3] 그리고 밤이 되었다. 10시 40분경 다수의 조선인 무리가 봉래정 4정목에 있는 중국인 '호떡집'을 습격해 집을 파괴하는 한편, 호떡 파는 중국인을 구타하고 사직동 87번지 떡집 주인 허계평에게도 달려들어 그를 구타했다.[4] 7월 4일 그리고 5일까지도 경성의 상황은 전날과 같았다. 아니, 오히려 전날보다 이 같은 게릴라성 테러는 더 심해지고 있었다. 30여 명의 무리가 경성 시내 곳곳의 중국인 영업장에 몰려가 유리창에 돌을 던지고 기물 잡기를 부수는 한편, 눈에 보이는 족족 중국인을 구타하다 경찰이 들이닥치면 흩어져 다른 곳으로 향했다.

경성보다 하루 전에 폭동이 시작되었던 인천의 율목리, 외리, 중정, 용강정 등지에서는 중국인 떡집과 이발소가 습격받았다. 인천 시내 외리의 요릿집들을 파괴하고, 내리의 중국인 가옥 수십 채를 습격해 유리창을 깨트리고 다시 중국인 거류지로 몰려가 요리점 중화루에 돌을 던지다 중국 거류지를 경계하던 기마 순사 및 정사복 경관에게 제지를 당해, 그제서야 잠깐 해산했다.[5]

평양에서 이 같은 게릴라성 테러는 7월 4일부터 일어났지만 그 강도는 인천이나 경성의 그것과 비교할 바가 아니었다. 오후 5시경부터 9시 사이에는 신양리에 있는 벽홍덕의 상점을 습격해 그 주인을 난타하고, 죽전리에 있는 영후창 상점을 습격해서는 주인과 점원 등 세 명을 구타했다. 신창리에 있는 영성루, 이문리에 있는 화성루와 동승

배화 폭동 당시 인천의 중국인 거리. 1931년 7월 2일 인천에서 시작된 배화 폭동은 7월 3일에는 경성, 7월 4일에는 평양으로 확산되었다. 사망자나 재산 피해 역시 기존에 산발적으로 일어나던 폭력 시위들과 비교할 수 없는 것이었다. 『매일신보』 1931년 7월 6일 자.

루 같은 요리점들의 주인 이하 점원들이 모두 평양 시민들에게 둘러싸여 구타당하고 유리창과 테이블 등 집기가 모조리 깨부숴졌다.[6] 그렇게 해서 7월 4일부터 7일경까지 3일 동안 평양의 조선인에게 죽은 중국인이 109명, 부상자 163명, 실종자 63명에 달했다.[7]

이같이 중국인 경영의 상점, 요리점, 개인 주택 등 한 곳도 빼놓지 않고 습격했을 때, 군중은 걸어 맨 상점 간판門투를 깨트리고 돌을 던지고 함성을 지르며 중국인을 난타하는 한편, 포목 상점에 들어가서는 포목 주단

파괴된 평양 시가지. 평양 배화 폭동의 규모와 폭력성은 다른 지역들을 훨씬 능가했다. 1931년 7월 8일 기준으로, 평양에서 조선인들에게 피살된 중국인 사망자 수는 109명이었다. 이는 당시 폭동으로 보도된 중국인 공식 사망자 수가 142명이었음을 고려하면 엄청난 것이었다. 『조선일보』 1931년 7월 7일 자.

을 전부 시가에 집어 던지고 발로 밟았으며 전차 선로에 펴놓아 길을 덮고 산을 쌓아 전차는 교통이 정지되었고 자동차 바퀴에는 포목이 걸려 자동차가 가지 못하는 등, 현장의 광경은 처참 혼란의 극도에 달했으며 신창리 화성루 고용인 아무개와 아무개 두 명은 집에서 (조선인 군중과―인용자) 응전하다가 군중에게 붙들려 현장에서 행방불명되고 수옥리 제일관 앞에서도 중국인 아무개를 또 곤봉으로 난타했고 이곳저곳에서 참극은 계속되었다.[8]

인천에서 경성으로 그리고 다시 평양으로 이어진 중국인에 대한 조선인 대중의 이 같은 게릴라성 테러는 곧 전국으로 확산되었다. 7월 2일에서 4일 사이에는 개성, 사리원, 진남포, 원산, 공주, 해주, 춘천, 양주에서 그리고 7월 5일 이후에는 북으로는 운산, 안주, 선천이, 남으로는 청주, 군산, 전주, 이리, 울산, 나주, 순천 등지에서 테러가 일어났다.[9] 사실상 조선 전역에서 중국인에 대한 조선인 대중의 집단 린치가 일어났다. 이때 공식적으로 보도된 조선인의 구타로 인한 중국인 사망자 수는 142명이었다. 부상은 393명, 재산 피해는 250만 엔에 이르렀다.[10]

이 사건은 일반인에게 "만보산萬寶山 사건", 당시 공식 용어로는 "조선인 배화 폭동"으로 알려진 것으로 7월 2일에서 7월 7일까지의 일이었다. 『조선일보』 7월 2일 자 호외 보도가 이 사건의 촉발제였다. 보도에 따르면 중국 장춘長春 만보산에서 수로水路 문제로 중국 관민 800여 명과 조선인 200여 명이 충돌해 장춘으로 일본 주둔군이 출동했고, 이로 인해 중·일 간에 전운이 일었다. 그러나 만보산 인근 조선인이 중국인과 충돌해 부상을 당했다는 것도, 그래서 전운이 돌고 있다는 것도 모두 오보誤報였다. 1920년대 중엽부터 조선인 소작인과 중국인 사이에 일어났던 많은 사건들처럼 일시의 충돌로 그쳤던 사건이 부풀려져 호외로까지 뿌려진 것이었다. 그렇다면 당시 사건은 한 신문사의 오보가 원인이 된 해프닝에 불과했을까?

가뭄에 의한 기근, 중국인 지주와 정부에 의한 축출, 조선인 학교의 폐쇄, 마적에 의한 납치, 부녀자 강간 … 이 모든 것이 1920년부터 10년간에 걸쳐 조선인 사회가 '재만 동포'에 대해 알고 있던 동포의 수난이었다. 무엇보다 앞서 언급했듯이, 토목 건설 현장의 하층 노동부터 요식업이나 이발업 같은 상업 분야에 이르기까지 조선 내 중국인은 역내 조선인의 생계를 침탈하는 이들이었다. 각종 폭력 사건과 아편, 인신매매 같은 흉악 범죄를 저지르며 조선 사회의 질서를 위험하게 만들면서 말이다. 그렇기에 1931년 7월에 만보산에서 전운이

중국 장춘 만보산에서 수로(水路) 문제로 중국 관민 800여 명과 조선인 200여 명이 충돌해 조선인 부상자가 속출했고, 이로 인해 장춘으로 일본 주둔군이 출동해 중·일 간에 전운이 일고 있다는 보도다. 그러나 이는 오보였다. 『조선일보』 1931년 7월 2일 자 호외.

감돈다는 호외가 뿌려졌을 때, 그 보도 내용이 사실이었는지 아니었는지는 크게 중요한 것이 아니었다. 조선인에게 중국인은 만주에서뿐만 아니라 조선에서도 자신들을 '수난'에 빠트리는 주범이었다.

그 같은 상황에서 보도된 『조선일보』의 '오보'였다. 그래서 오보 여부가 중요한 것은 아니었다. 구조적 원인이라는 관점에서 볼 경우 7월의 배화 폭동은 어떤 의미에서는 이미 경제 사회적으로 언제든지 일어날 수 있는 조건을 구비하고 있었다고 볼 수 있기 때문이다. 그렇지만 이 책에서 구조적 조건과 사건의 관계를 논하면서 반복했던 주장처럼 중국인 화교를 향한 조선인 사회의 적대적 구조라는 조건 (혹은 배경) 자체가 당시 배화 폭동의 내적 논리를 모두 다 말해주고 있지는 않다. 그 같은 배경은 대중 행위 밖에 존재하는 말 그대로 '배경'에 불과하기 때문이다. 그렇다면 대중이 자생적으로 어떤 폭력을 실천할 때, 그 폭력을 가능하게 하던 논리는 무엇이었을까? 또한 이 과정에서 그들 내부에서 공유되던 가치가 있었다면 그것은 무엇이었을까?

공명

정백만 "3일 오후 11시경 30~40명이 가서 중국인을 때리고 있었는데, 많은 경찰관이 경계하고 있었다. 이쪽도 다 몽둥이를 들고 있었고, 중국인 쪽도 모두 몽둥이를 들고 있었으므로 목적을 이루지 못하고 돌아왔었다. 그날 밤은 그대로 어디에도 가지 않았다."

경찰관 "그때의 지휘자는 누구인가?"

정백만 "모두 가자, 가자 하고 있었는데 이름은 모른다."

경찰관 "4일에는 어떻게 했는가?"

정백만 "오후 4시경부터 홍운룡, 송용배, 김기옥, 지산봉, 김태준, 안순창 외 22명이 가자, 가자 하면서 다실면 장의리의 이와모토岩本목장 쪽의 농사를 짓는 중국인 집을 습격했으나, 중국인이 한 명만 있었고, 일본인 이웃집으로 숨어 있는 것을 끌어내어 김기옥, 홍운룡, 송용배, 박모와 다섯 명쯤이 그 중국인을 때리고 도망쳐 돌아왔다. 또 그날 밤 10시경에 도산정을 나와서 시내 신정 반면에 모두 모였는데, 따로 지휘자도 없었으나 모였었다. … "[11]

이 대화는 7월 3일부터 5일 사이 인천의 중국인 거주지 곳곳에서 일어났던 조선인들의 폭동 당시, 경찰서에 붙잡혀온 이들의 신문 조서 중 하나다. 진술자인 22세 남성이자 토목국 인부였던 정백만은 7월 3일부터 5일까지 최소 네 개 이상의 폭동 사건에 가담해 체포되었다. 이 조서에서 우리가 주목해볼 내용 중 하나는 담당 경찰관이 신문 과정에서 일관되게 찾고 있던 것은 "선동자" 혹은 "주모자"였다는 점이다. 다음의 김영진에 대해서도 마찬가지다.

경찰관 "그대는 중국인을 어떻게 할 생각으로 출발했는가?"

김영진 "조선인이 중국인에게 피살되었으므로 나는 중국인을 죽일 생각으로 갔었다."

경찰관 "그대는 지휘를 했는가, 지휘를 받았는가?"

김영진 "별로 지휘를 받지도 않았으며 다른 사람을 지휘하지도 않았다. 다만 내 생각대로 했을 뿐이다."

경찰관 "그대는 곧장 사람들을 선동했다는데 어떤가?"

김영진 "나는 '하라, 하라'고 했고, 때로는 '투석하라'고 해서 모두를 교사한 것은 사실이다."[12]

7월 4일 오후 8시경부터 인천 중정 중국인 거리에서 중국인 집을 부수거나 방화하려다 파출소까지 공격한 김영진도 똑같은 질문을 받았다. 김영진이 주동자인지였다. 주동자를 찾는 것은 이 폭동의 무리가 무엇을, 왜 했는지 알아내는 것만큼 중요했다. 이는 통치 권력이 하나의 몸처럼 행동하며 물결처럼 쏠려 다니던 대중의 집단행동을 어떻게 보고 있었는지 추측케 한다. 선동자 그리고 지휘자란 명확한 목적과 전략을 가지고 움직이는 존재다. 그런데 이 취조에서처럼 경찰이 자꾸 지휘자의 존재 유무를 확인하려 한다는 것은 권력이 다수자의 소란을 결국은 목적의식을 가진 개별자와 그렇지 않은 나머지 무리로 나누어 접근하고 있었음을 보여주고 있다. 이 소수의 목적의식이 나머지 다수를 "선동"해 이 같은 거대한 폭력 집단이 구성된다고 보고 있었던 것이다.

그런데 우리는 경찰의 이 같은 질문에도 불구하고 취조를 받던 많은 이들이 이 질문에 제대로 답하지 못하고 있었음에 주목할 필요가 있다. 정백만은 7월 3일부터 5일까지 언제 어디에서 어떻게 중국인들을 습격했는지 매우 상세하게 진술했지만, 그럼에도 누가 지휘했었는지는 명확하게 답하지 않는다(혹은 못한다). 자신이 아는 여섯 명의 지인 외 22명의 서로 안면이 없던 이들이 어느 순간 다 같이 "가자, 가자" 하면서 인천 외곽에서 농사를 짓던 중국인 집으로 향했다고만 진술하고 있다. 19세의 무직이던 김영진도 마찬가지였다. 그는 심지어 자신이 사람들에게 경찰서에 "투석하라"고 "교사"했던 것도 인정했지만 이 같은 행동을 누구에게 지휘받아 한 것도, 또 누구를 지휘하기 위해서 한 것도 아니라고 주장했다. 폭행의 전력이나 혐의를 모두 인정하거나 스스로 밝힌 이후의 답변이었다는 점에서 이 답변이 선처를 고려한 거짓말이라고 보기는 힘들 듯하다.

7월 5일 밤, 인천 수도정의 중국인 집에 방화하러 갔던 김태준 역시 비슷했다. 그는 그날 밤 100여 명의 사람과 방화하러 몰려갔는데, 이때 이들 중 자신이 원래 알던 이는 세 명에 불과했다. 그는 방화를 처음 교사한 자가 누구냐는 경찰의 질문에 "다들 그 중국인 집을 불태워버리자고 하면서 갔는데, 누가 먼저 말했는지 모른다"라고 답했다. 따라서 이 같은 진술에 의존했을 때, 우리는 그날의 폭동이 특정 소수자의 교사에 다수가 수동적으로 선동되어 일어난 것이라 보기 어렵다고 추론할 수 있다. 이를 〔표 10〕을 보며 조금 더 구체적으로 살펴보자.

이 진술서에 나온 24명 중 여덟 명을 제외한 16명은 모두 폭행 가담의 동기를 "만주에서 동포들이 중국인에게 학살되었다는 이야기를 듣고 그것에 복수하기 위해서 갔다"고 밝히고 있었다. 이는 당시 폭동이 특정인의 선동에 따른 다수의 생각 없는 동참이었다고 보기 어렵게 한다. 정백만이나 김영진, 김태준의 주장이 진실일 수 있다는 것이다. 당시 대중의 폭력에는 분명한 '**자발성**'과 '**의식성**'이 존재했다. 그렇다면 우리는 대중의 이 자발성을 개개인의 **개별적** 선택이 종합된 결과였다고 이야기해야 할까? 아니면 개별적 총합을 넘어선 또 다른 소통의 논리가 그 현장에 존재하고 있었다고 봐야 할까? 만약 후자라면 그 같은 대중의 소통 방식을 우리는 뭐라고 이야기해야 할까?

앞서 우리는 정백만의 조서에서 지휘자가 누군지를 묻는 경찰의 질문에 "모두 가자, 가자 하고 있었는데 이름은 모른다"라고 답했던 것을 떠올릴 필요가 있다. 김태준 역시 비슷한 답을 하고 있었다. "다들 그 중국인 집을 불태워버리자고 하면서 갔"다라고 하며, 그 외침 속에서 누가 먼저 했는지 지적하기 어려워했다. 소몰이꾼 윤승의의 이야기를 여기에 추가해보자.

〔표 10〕 인천 조선인 배화 폭동 피신문자 명단(1931년 7월 3~5일)

성명	전과	나이	직업	교육 정도	폭동 참여 및 그 동기
정백만	없음	22	토목국 인부	서당 3년 (신문 구독 가능)	"만주에서 조선인이 중국인에게 많이 피살되었다고 하므로, 여기서도 그냥 묵묵히 있을 수 없어 동포의 원수를 갚기 위해 했었다."
김태준	없음	32	소달구지 몰이	무학문맹 (無學文盲)	"나는 별로 이유를 모르나, 사람들의 말로는 만주에서 조선인이 중국인에게 피살되었다는 것으로, 우리의 동포가 피살되었으므로 복수하기 위해 한 것이다."
박대흥	없음	21	미상	미상	폭행 부정.
윤승의	없음	23	소몰이꾼	보통학교 2년	"중국인을 해롭게 해줄 생각이었다. 다른 사람들이 대단한 기세였으므로 나도 또한 그런 기분이 되어 갔더니 … 중국인이 일본인의 창고 안에 숨어 있으므로 그들을 끌어내어 모두가 때리고 있는 것을 나는 곁에서 보고만 있었다."
홍운룡	없음	21	노동	서당 2년	"이번 만주에 있는 동포가 중국인에게 많이 피살되었다고 해서 인천이나 그 부근에 있는 중국인을 다 죽인다고 하는 말을 듣고 찬성하여 그곳으로 갔었다."
지산봉	없음	26	토목국 인부	무학 언문	"만주에서 우리 동포가 중국인에게 피살되었으므로 그 복수로 중국인을 모두 죽여야 하니 너도 가자고 해서 사건이 일어난 것을 처음 알았다. 그 말을 듣고 매우 유감으로 생각했고, 방화한다는 것을 알면서 망을 보았다. 그 전날 밤에도 각처에서 큰 소동이 있었는데 복수를 하기 위한 것이었다."
염규성	없음	21	장의리 토공	보통학교 졸업	"우리 동포가 북만주에서 중국인 때문에 피살되었기 때문에 우리가 그 복수를 위하여 소동을 일으킨 것이다. 나도 동포의 한 사람으로서 중국인에 대하여 복수한 것이다."
이만길	없음	22	토목국 인부	언문 조금	"나는 아무런 느낌도 없었다. … 20~30명이 불 지르는 말을 하고 있었으므로 나도 따라갔었다. … 중국인에 대한 복수심도 별로 없었고 그냥 구경하러 갔을 뿐이다."

성명	전과	나이	직업	교육 정도	폭동 참여 및 그 동기
안순창	없음	23	노동	문맹	"답: 구각 방면에서 도산정으로 40, 50명의 단체가 와서 내가 있는 길옆에서 쉬면서 수도정 앞에 중국인의 집이 4, 5호 있는데 오늘 밤 그 집에 불을 지르러 가자고 권유해서 함께 갔었다." "문: 왜 그런 일을 모두가 했는가." "답: 왜 그랬는지 모른다."
김만손	없음	22	노동	서당 2년	"오후 9시 반경 이천일 집 대문을 열어놓고, 놀고 있는데 우각리 방면에서 30, 40명 되는 단체가 이천일의 집 앞을 지나며 우리들에게 화정 쪽의 중국인이 야채 농사를 하고 있는데 그 집을 불 지르러 가니 너희들도 가자고 하면서 가지 않으면 너희들도 죽여버릴 것이라고 하면서 나오라고 해서 갔었다."
최칠봉	없음	23	축항 공사에서 흙 나름	무학	범행 부정.
김홍기	미상	25	토공	미상	지명 수배 중. 7월 5일 4시경 인천부 송림리 이와모토목장 뒤 중국인 마을 습격, 중국인 아무개를 때려죽인 혐의.
김성열	미상	23	무직	미상	위와 동일.
이삼복	없음	21	활판소 직공	무학문맹	"문: 그대는 북만주 만보산에서 있었던 조선인과 중국인의 충돌 사건을 알고 있는가?" "답: 다른 직공에게 들었다. 듣는 동시에 타향에 있는 동포가 폭행 학대를 받은 데 대하여 분개하고, 인천에 있는 중국인에 대하여 적개심이 일어나서 볼 때마다 증오심이 일어났다."
최진하	없음	25	신문기자	사범학교 졸업	선동 부인.
천선동	없음	28	음식점 고용인	무학	"지난 3일 밤에 주인집에 있으니 본정, 중정 쪽에서 대단히 많은 사람들이 소요하고 있었으므로 내가 무엇이냐고 물었더니, 중국에서 많은 조선인이 중국인에게 압박을 받아서 피살된 일이 있었다고 했다. 나도 조선인의 원수를 이곳에 있는 중국인에게 갚으려고 생각했다."

성명	전과	나이	직업	교육 정도	폭동 참여 및 그 동기
서복남	없음	20	대목 견습생	무학	"사람들의 말에 의하면 만주에 있는 많은 조선인들이 중국인에게 피살되었으므로 조선에 있는 중국인에 대해 복수하는 것이 목적이었다."
김영진	없음	19	무직	정보 없음	"조선인이 중국에서 많이 살해되었다고 듣고 화가 났다. 그 무렵 조선에 있는 중국인에 대하여 복수한다는 소문이 나서 나 자신도 하겠다고 생각했다."
강상기	없음	23	음식점 고용인	무학문맹	"문: 그대는 북만주 만보산에서 있었던 조선인·중국인 충돌 사건을 알고 있는가?" "답: 그렇다. 알고 있다. 그것은 금년 7월 4일 오후 1시경에 인천부 해안정 2정목의 어느 조선인 담배집에 담배를 사러 가는 도중에 어느 통행인에게서 들었는데 이번 북만주 만보산 부근에서 중국인과 조선인이 무슨 일로 충돌하여 조선인 200명이 학살되었다고 했다. 당시 나도 마음속으로 같은 조선인에 대해 동정했다."
김광언	절도 죄. 훈계 처분	18	무직	보통학교 2년	"7월 4일 8시경 이번 중국에서 다수의 조선인이 중국인에게 피살되었다고 하므로 나도 그 말을 듣고 흥분했다. 그런데 마침 인천 부송견리 교복창의 아우 심아무개 외 두 명이 중국인 마을을 습격한다고 하면서 지나갔으므로 나도 그 말을 듣는 순간 중국인 마을을 습격할 생각이 나서 그 세 명의 뒤를 따라갔다. 그리고 여러 곳에서 투석했다."
김인학	없음	27	아이스크림 장수	무학	"이달 3일부터 인천 부내가 소요하게 되었는데 그날은 다수 군중이 각처에서 소요하는 것을 보고 있었을 뿐이었다. 그다음 날인 7월 4일에는 오후 11시경에 사정 스피드 자동차부 부근의 중국인 포목상점을 파괴하고, 다수의 사람들이 점포 안에 진열된 천을 가지고 나와서 도로 양쪽 전주에 잡아매고 있었으므로 나도 그 편의를 돕기 위해 천을 찢은 일은 있지만 그 밖에는 사방에서 군중의 행동을 보았을 뿐 아무런 나쁜 짓을 하지 않았다."

성명	전과	나이	직업	교육 정도	폭동 참여 및 그 동기
김방연	없음	30	노동	보통학교 3년	"이달 3일 … 성명 미상의 노동자가 『조선일보』 호외를 가지고 있는 것을 보고 약 200명의 조선인 농민이 만보산에서 피살되고, 또 포학 당하고 있는 것을 알았다. … 우리 노동자 중에는 우리도 복수해야 한다고 하는 사람들도 있었으나 나는 우리가 복수할 경우에는 만주에 있는 조선인은 인천에 있는 중국인에 비하여 몇 배가 되므로 도리어 만주의 동포가 압박을 당하게 되므로 복수는 그만두어야 한다고 했다."
전명준	없음	22	무직	무학문맹	"답: 그렇다. 안다. 이달 7월 3일 오후 2시 경에 내가 인천 신화수리 담배소 매점 전 아무개의 집 앞에서 통행인에게 들었다. 타국 땅에서 동포가 폭행 학대를 받았다는 데 분개하여 인천에 있는 중국 사람을 보면 적개심을 느끼고 미워졌다." (폭동은 부인)
정용락	없음	32	정미소 인부 십장	서당 1년	폭동 부인.

* 국사편찬위원회, 「중국인 습격 사건 재판 기록」, 『한민족독립운동사자료집』 56, 2004.

일본인이 경영하던 이와모토목장의 중국인을 구타하러 갔다 경찰에 붙잡힌 윤승의는 이미 『조선일보』 호외 내용을 알고, "인천에 있는 중국인을 괴롭혀주겠다"는 마음을 전부터 가지고 있었다. 그런데 그가 그 생각을 실행에 옮기게 된 것은 우연한 만남에 의해서였다. 7월 4일 오후 4시, 윤승의가 소한테 먹일 풀을 산에서 베어 등에 지고 가는 길에 그는 거기서 30, 40명 정도 되는 무리와 마주쳤다. 그들중 윤승의와 안면이 있던 사람은 박대홍과 홍운룡 정도였다. 그런데 이들 중 누군가가 이와모토목장 근처 중국인 집을 습격하러 가자고 "권유한다." 그러자 윤승의는 이에 곧 호응했다.

윤승의 "나는 7월 4일 오후 4시에 들에 가서 소를 먹일 풀을 베어 지고 돌아오는 길에서 30, 40명과 만나 너도 가자고 권유하므로 나도 또한 앞에서 말한 바와 같이 동포가 많이 피살되었으므로 그 복수를 할 생각으로 30, 40명과 함께 다실면 이와모토목장과 약간 떨어져 있는 일본인의 집과 중국인의 두 집을 습격했다."

경찰관 "어떤 목적으로 갔는가?"

윤승의 "중국인을 해롭게 해줄 생각이었다. 다른 사람들이 대단한 **기세**(강조—인용자)였으므로 나도 또한 그런 기분이 되어 갔더니, 거기에는 일본인과 중국인의 집이 두 채 있었다. 중국인이 일본인의 창고 안에 숨어 있으므로 그들을 끌어내어 모두가 때리고 있는 것을 나는 곁에서 보고만 있었다."

다수의 권유에 호응해 중국인을 해롭게 하겠다고 출발한 윤승의는 "다른 사람들이 대단한 기세였으므로 나도 또한 그런 기분이 되어 갔다"라고 말한다. 윤승의가 평소에 가지고 있었던 중국인에 대한 증오심은 이들 다수의 사람들이 보여준 대단한 "기세"와 만나 현실의 폭력이 되고 있었던 것이다.[13] 이 같은 진술은 중국인 거주지를 습격하며 들었거나 본인들이 내뱉었다던 "가자 가자" 혹은 "하자 하자"던 외침들이 개개인의 의지의 종합을 뛰어넘는 소통에 의해 만들어지고 있었다고 추론할 수 있게 한다. 개인의 독자적인 판단과 의지의 표현이거나 혹은 그것들의 개별적 종합이라고 해석하기 어렵다는 점이다. 그렇다면 이 같은 집합적 결단에 결정적 역할을 하고 있던 것은 무엇이었을까?

우선, 윤승의의 사례는 폭동 과정에서 드러났던 조선인의 복수심의 표출이 매우 우연적인 촉발에 의한 것이었음을 확인시킨다. 중국인에 대한 적개심은 당연히 일상 속 개인들의 의식 안에 잠재해 있었다 할지라도 그것의 집합적 표출 자체는 우발적이고 사건적인 영향을 크게 받고 있었다는 점이다. 일면식도 없던 이들과의 지극히 우연한 만남 끝에 평소의 적개심이 현실의 폭력이 되고 있었다. 그럼 이 우연한 만남 이후, 대중 결집에 활용된 논리는 무엇이었을까? 확실한 것은 그 안에 추론적이거나 관념적인 성격의 소통은 부재해 있었다는 점이다. 호외를 보고 중·일 간 충돌이 불러올 국제적 여파나 조선인의 직접 대응의 영향을 고려하는 등, 현상 이면에 숨은 맥락을 드러내 해석해내는 추론적 소통이 이 대중 폭력의 과정에서 보이지 않기 때문이다.

윤승의의 표현에 따르면 그의 개인적인 판단(복수에의 의지)이 대중적 실천이 되도록 만든 결정적 계기는 그가 우연히 마주친 무리가 윤승의에게 드러내던 대단한 "기세"였다. 그래서 자신도 그 같이 으쌰으쌰한 기분이 되어 갔다고 말하고 있었다. 그 기세의 촉발이 개인의 의지를 무리의 실천으로 만들고 있었던 것이다. 관념이기보다는 감성, 그러나 "기세"라는 말이 의미하고 있듯이 이 감성은 단순히 손에 잡히지 않는 모호한 개인의 심리가 아니라, 물리적인 효과를 발휘하는 신체적 힘으로써 감성이었다. 그런 신체적 힘을 가진 감성이 윤승의와 그가 마주친 무리 간의 '소통'을 만들고 있었던 것이다. 중요한 것은 이 같은 감성의 소통이 언어적인 매개와 그에 따른 해석 같은 인식 수준의 '이해' 과정 없이 즉각적으로 이루어지고 있었다는 점이다. 그 과정에서 윤승의나 정백만, 혹은 김태준 같은 개인들이 대중이라는 하나의 신체가 '되고' 있었다. 따라서 이런 종류의 비언어적 소통을 우리는 감성의 울림, 즉 **'공명'**이라고 부를 수 있을 것이다. 물질성을 갖는 감성(혹은 정동effect)이 철저하게 수평적이고 무매개적으로 서로를 촉발하는 '울림'이 되어 만들어지는 그런 종류의 소통이었기 때문이다.[14] 그리고 그 결과는 참혹했다.

   … 피의자들은 그 집의 문짝을 파괴하고, 실내로 침입하여 세 명(의 중국인—인용자)을 발견하자 주린 늑대처럼 끌어내어 군중 중에서 농기구, 몽둥이, 주먹, 발 등으로 팔방에서 구타 폭행하여 세 명 모두 별지 약도에서 보인 지점에서 의식을 잃은 것으로 보임. 암흑색으로 피에 젖은 옷은 점점이 산재해 있으나, 다른 일부의 사람은 농기구, 몽둥이 등으로 창을 파괴하고, 실내의 물품을 산란하게 흩어서 거기에 있던 물독 한 개 및 주전자 한 개, 광의 문짝, 창문 등을 파괴하고 돌아가면서 수 명의 피의자는 의식을 잃은 연귀산(중국인 피해자—인용자)의 수족을 끊어서 그 집에 있는 변기통에 던져서 죽음에 이르게 했음.[15]

토막 살인으로 끝을 맺은 이 이와모토목장 중국인 살해 사건 이외에도 다양한 사례에서 윤승의의 진술과 유사한 증오라는 종류의 감성의 공명을 본다.

"그때 마침 각지에서 중국인을 구타하고 있다는 것을 듣고 있었으므로 나와 이복남이 지금부터 중국인을 때려주러 가자고 말을 꺼내니 다른 사람들도 한 입으로 중국에서는 조선인을 죽였다고 하는 것이므로 우리들도 중국인을 때려주자고 하여 찬성했으므로 안감천安甘川 쪽으로 돌아서 제방이 있는 곳을 청계천 쪽으로 향해 경마장 동남 구석에 문이 있는 곳으로부터 들어가서 중국인의 집이 있는 곳으로 갔었다."(이동천)[16]

"중국인의 집 앞에 들어가니 신설리 사람으로 이름이나 얼굴은 모르겠으나 그중 하나가 우리들은 3일 전부터 중국인 집을 불태울 생각이었는데, 당신들도 함께하지 않겠느냐고 말하므로 우리들도 이에 응해 가세했던 것이다. 신설리 사람들이 말을 꺼냈으므로 우리들도 중국인에게 반감을 가지고 있던 때였기 때문에 곧 5일 행동으로 나갔던 것이다."(안원복)[17]

이동천도 안원복도 폭행을 하러 중국인 집으로 향하던 이들과 합류하는 데에는 많은 시간이 필요하지 않았다. 그들 자신이 이미 적극적인 동기를 가지고 있었기 때문에 합류를 권유한 이들의 단순 선동에 타의적으로 제압되었다고 할 수 없었다. 또한 그들이 동기가 있었다는 이유만으로 선동자였다고 말할 수도 없었다. 거의 완벽하게 수평적인 관계에서 대부분 일면식도 없었던 이질적인 개별자들 사이에서 하나의 '실천', 하나의 '폭력'을 가능하게 하는 즉각적이고도 동시적인 감성의 '소통', 증오의 '공명'이 일어나고 있었다.

도덕

〔표 10〕의 인천 배화 폭동 가담자 리스트에서 우리 눈에 띄는 한 가지는 이들이 대부분 도시의 젊은 남성 하층 노동자였다는 점이다. 그중 절반가량은 무학문맹이었다. 이 점은 당시 폭동을 계급과 섹슈얼리티의 관점에서 접근할 수 있게 한다.[18] 중국인 노동자들이 하층 노동계급의 일자리를 잠식하는 것에 대한 경제적 불안감과 불평이 가부장적 식민지 사회 문화 분위기와 맞물려서 중국인에 대한 하층 남성 계급의 증오 범죄를 부채질했다고 볼 여지는 사실 충분했다. 이같은 정치경제학적 배경 이외에 당시 배화 폭동을 설명하던 또 다른 대표적인 논리 중 하나에는 실제로 폭동 당시 언론에서 가장 많이 언급하던 "군중심리"가 있었다.

어제까지도 —아니 아까 낮까지도 이 중국인들을 향해 서로 농담을 주고받았을 아무 악의도 없는 군중들이 몇 사람의 선동자의 선동에 흥분이 되어, 예기치 못한 이러한 난폭한 일을 하는 **군중심리**(강조—인용자)의 놀라운 힘에 나는 새삼스럽게 몸서리를 쳤다.[19]

비상 시기의 군중을 선동하는 유언流言과 비어蜚語는 실로 위대한 힘을 가졌다. 냉정에 돌아가면 상식으로 판단될 허무맹랑한 소리가 마침내 전율할 살인극을 연출하고야 말았다. 집을 부수고 물건을 찢고 깨트린 것으로 그만인 줄 알고 일시 피했다가 제각기 잔해만 남은 가구 등을 수습하려던 중국인은 이때부터 그야말로 혼비백산하여 다리가 뛰는 대로 달아

날 수밖에 없었다.[20]

　"선동된" 군중, "냉정"을 잃은 군중으로 사태를 설명하는 방식은 만보산에서 조선인이 중국인에게 죽임을 당했다고 오보를 냈던 『조선일보』도 마찬가지였다. 『조선일보』는 미묘한 국제관계의 "정곡"을 대중에게 전달하는 것이 쉽지 않은 상황에서 "합리"가 아닌 "충동"의 지배를 받은 "군중심리"가 "민중의 여론"을 대신해 배화 폭동을 일으켰다고 설명했다.[21] 그런데 이처럼 대중 폭력을 이성의 '결여'나, 경제적 '박탈감'의 결과라고 보는 방식은 모두 대중 폭력을 어떤 것의 '결핍'에 따른 사회 부작용의 결과로 본다는 유사성을 갖는다. 이성이나 경제적 안정감의 '부족'이 대중 폭력의 원인이라고 보는 것이다.

　그런데 이성과 경제적 안정감의 결여로'만' 대중 폭동을 보는 것은 충분치 않다. 〔표 10〕이 보여주는 폭동 참가자들의 또 다른 공통점 중에는 이들의 무전과無前科 기록도 있었기 때문이다. 이 기록은 배화 폭동 참가 이전까지 이들이 모두 어떤 범죄 경력도 없던 평범한 노동자였음을 증명한다. 교육 수준이나 직업상의 차이에도 불구하고 이 무전과 기록은 이들의 두드러지는 대표적 공통점 중 하나였다. 즉, 어떤 것의 결핍에 의한 감정의 왜곡이 사회적 불만을 폭발시켰다고 하기에 이 사건 이전까지 이들은 나름의 건실한 노동자였다는 것이다. 분명히 계급적으로 하층민이었지만 공사장에서 흙을 나르거나, 인쇄소에서 일을 배우고, 아이스크림을 팔거나, 정미소 인부로 혹은 음식점 고용인으로 일하면서 하루하루를 살아가던 평범한 젊은 청년

이기도 했다. 따라서 이 같은 폭력의 '평범성'은 우리에게 정치경제학적 관점이나 병리학적 대중론과는 조금 다른 차원에서 이 폭력을 설명하는 별개의 논리가 필요할 수 있다고 생각하게 한다. 이런 의미에서 이 폭동 참가자들이 스스로 참여 동기라고 밝히던 진술의 내용을 다시 한 번 들여다보자.

"만주에서 조선인이 중국인에게 많이 피살되었다고 하므로 여기서도 그냥 묵묵히 있을 수 없어 동포의 원수를 갚기 위하여 했었다."

"이번 만주에 있는 동포가 중국인에게 많이 피살되었다고 해서 인천이나 그 부근에 있는 중국인을 다 죽인다고 하는 말을 듣고 찬성하여 그곳으로 갔었다."

"만주에서 우리 동포가 중국인에게 피살되었으므로 그 복수로 중국인을 모두 죽여야 하니 너도 가자고 해서 사건이 일어난 것을 처음 알았다. 그 말을 듣고 매우 유감으로 생각했고, 방화한다는 것을 알면서 망을 보았다. 그 전날 밤에도 각처에서 큰 소동이 있었는데 복수를 하기 위한 것이었다."

이 주장에서 우리가 느끼게 되는 것은 폭동범으로 경찰에 붙잡혀 와서 그 동기를 설명할 때 이들이 보여주는 일종의 기세당당함이다. 이 논리에 따르면 그들의 폭동은 한편에서 분명히 정당했다. 왜냐하면 이들은 모두 자기 자신의 사사로운 이익이나 사적인 복수심으로 중국인을 때려잡고 있지 않았기 때문이다. 거기에는 심지어 이해 손실을 따지는 계산적 합리성도 없었다. 그것이 있었다면 —이후 상세히 보겠지만— 붙잡으러 오는 경찰 즉 공권력과 맞서서 —충분히 예측 가능한 자신들에게 올 불이익을 염두에 둔 채— 그들과 싸우면서까지 폭동에 참여하기는 어려웠을 것이다. 그렇다면 무엇이었을까?

동포의 원수를 갚는다는 이들의 논리에는 '**대의**'가 있었다. "동포" 즉, '내'가 아닌 '**우리**'를 위해서 싸운다는 대의가 집단 폭력에 전제되어 있었던 것이다. 무엇보다 "원수를 갚는다"는 주장은 이 폭력을 '가해'자에 대한 '저항'으로 접근하고 있었음을 확인시킨다. 자신들의 폭력이 약자에 대한 일방적 가해라고 보고 있지 않았다는 것이다. 오기영의 기억이 말해주듯, 조선의 이들 중국인은 무시무시한 폭력과 공포를 불러일으키는 가해자였다. "그들이 만주 동포들을 죽인 것에 그치지 않고 영후탕이라는 중국인 목욕탕에서 목욕하던 조선인 네 명을 살해했다더라", "그들이 대치령리에서 조선인 30명을 몰살시킨 후에 더 많은 조선인들을 살해하기 위해 무장한 채 성내로 들어오는 중이라더라"는 등의 유언비어는 배화 폭동 당시 조선인이 중국인에게 덧씌운 공포를 보여준다.[22]

따라서 배화 폭동 당시 대중 폭력은 사적인 것이 아니라 공적인 것이었다. 또한 이익 추구적인 것이 아니라 어떤 면에서는 이를 배제하거나 넘어선 가치 추구적인 행위였다. 대중 폭력의 논리 안에 지독한 '**도덕주의**'가 내재하고 있었던 것이다. 도덕이 대중 폭력의 내용이자 동력 그리고 논리로 기능하고 있었다고 추론할 수 있는 대목이다. 배화 폭동 당시 대중에게는 이성 없는 충동이나 경제적 박탈감 같은 '결핍'만 있었던 것이 아니라, 그 행위의 존재성을 뒷받침할 '**도덕**'이 있었다.

이처럼 적으로부터 우리를 지킨다는 이 도덕의 준거는 '**우리**'였다. '우리'를 해하기 때문에 중국인은 '적'이었다. '우리'의 문제이기 때문에 개인으로서 나는 당연히 동참해서 '우리'와 하나가 되어야 했다. 개인이 존재하는 것도, 이쪽이나 저쪽 혹은 그쪽이라는 다양한 세력이 존재하는 것도 아니었다. 우리 즉, '동지'와 우리가 아닌 존재 즉 '적'이라는 단순하고도 명쾌한 이항의 구분만이 있었다. 도덕이 선과 악 그리고 도덕적인 것과 반도덕적인 것을 결정하는 이항의 구분 위에서 작동하듯이 그 도덕의 형식논리가 대중 폭력의 논리가 되고 있었다고 볼 수 있다. 서로 싸우는 두 세력 모두에게 보편적으로 허용되는 도덕이 아닌, 맞은 것과 틀린 것을 가르고 틀린 것을 응징하는 정치적 전선으로서 도덕이 대중의 실천을 가능하게 하고 있었던 것이다. 이 같은 이항의 논리는 '법' 문제에 있어서도 동일하게 적용된다.

초법적 결단

다음에서 우리가 보게 될 사례는 인천에서 미곡상을 하던 부의원 (지금의 시의원) 손양한이 1931년 7월 3일 오후 8시경 인천 부청 앞에 몰려와서 중국인들을 죽이자고 흥분하던 조선인 대중에게 그 해산을 권유하면서 인천 대중과 나눈 대화다. 이때 정용락이라는 노동자가 대중의 입장에서 손양한과 논쟁한다.

"나는 군중이 불온한 행동을 할 것을 우려했고, 다수 경찰관의 저지도 물리쳐 수습하기 어려운 사태가 야기될 것을 우려해 군중이 해산하도록 연설을 시작했다."

손양한의 회고였다. 그의 말에 따르면 그날 밤 손양한은 부청 앞 광장에 운집했던 조선인들의 "불온한 행동", 즉 범법 행위를 우려했다. 그 같은 범법 행위가 경찰과 마찰을 빚어 결국 조선인들에게 해로운 결과가 야기될 것을 우려해 그들에게 자제를 외치고 있었던 것이다. 그런데 손양한이 대중에게 이 같은 취지의 연설을 하고 있을 때, 마침 정미소의 인부 감독관仕長이던 정용락이 손양한에게 다음과 같이 질문한다.

"만주에 있는 조선인 다수가 중국인에게서 학대를 받았으므로 조선에 있는 중국인에게 우리로서는 이런 행동을 하는 것이 당연하다!"

정용락이 이렇게 대중 폭력의 정당성을 역설할 때 즈음, 경찰들이 광장에 모여 있던 조선인들 일부를 체포하려고 나섰다. 그런데 손양한은 이를 그저 지켜만 보고 있을 뿐, 경찰들을 만류하거나 다른 조선인들과 함께 경찰에 저항하지 않았다. 그러자 손양한에게 정용락이 다시 질문했다.

"조선인을 보호한다는 의미라면 왜 체포되는 동포를 (그러지 말라고 경찰을—인용자) 만류하지 않는가?"

조선인들이 경찰에게 해를 입을까 우려해 폭동 자제를 외친 자가 정작 그 동포가 경찰에 체포되는 것은 왜 지켜만 보고 있느냐는 정용락의 질문이었다. 손양한은 이에 뭐라고 답했을까?

"경찰관의 직무 집행에 대해서는 어쩔 수 없는 것이 아닌가?"

손양한은 처음부터 법질서를 따르는 것과 따르지 않는 것의 구분

위에서 연설하고 있었다. 법질서를 어길 경우, 조선인들이 경찰에 끌려가게 될 것이 자명하기에 이를 만류한 것이었다. 따라서 이를 지키지 않은 이들을 경찰이 체포해가는 것은 "어쩔 수 없는" 것이었다. 그의 관점에서 "동포" 즉, "우리"를 지키는 광장에 모인 대중들의 위급한 사안은 법질서 준수라는 대의大義의 하위 주제였다. 그런데 조선인 대중과 그들의 입장을 대변하던 정용락은 생각이 달랐다. 그들이 생각한 행위의 올바른 원칙, 즉 준칙은 법 이전에 '우리'였다. '우리'가 적으로부터 공격받아 그 실존의 위기를 겪는 위급한 상황이었다. 이 같은 상황에서 가장 우선한 행위 준칙은 우리를 지키기 위해 같이 싸우느냐 그렇지 않느냐에 있는 것이며 이는 법질서의 준수보다 훨씬 우위에 선 대의임에 틀림없었다. 그런 이유로 조선인 동포 사회를 위해 폭동을 만류한다는 손양한이 정작 경찰 권력에는 저항하지 않고 순순히 동포를 내주는 것은 절대 이해할 수도, 또한 용납할 수도 없는 행위였다. 광장에 모여 있던 다른 조선인 대중, 정확히 폭동의 무리도 정용락과 생각이 같았다. 곧바로 손양한을 향해 돌덩이가 날아왔다.

"그런 말은 집어치우라! 집어치우라!"

손양한의 말이 끝나자마자 분노한 대중 속에서 이 같은 외침과 함께 돌덩이가 날아오자 곧 신변에 위협을 느낀 손양한은 연설을 중지하고 집으로 도망갔다.[23] 부의원 손양한과 조선인 대중 사이에 생겼던 이 같은 전혀 다른 행위 준칙의 차이를 우리는 어떻게 해석해야 할까?

대중은 나름의 정치적인 판단과 선택을 했다. 동포를 위해 싸우는 공적이고도 도덕적인 투쟁이라는 정치였다. 우리가 현재도 종종 마주하는 문제들, 예를 들어 일본과 어떤 정치 외교적 현안이나 과거사 문제를 두고 충돌할 때, 일본을 향해 죽창을 들길 요구하는 정치, 그 정치의 논리는 우리와 적이 명확히 구분되고, 우리를 지키는 실존의 싸움을 하는 정치다. 이 같은 정치를 실천함에 있어서, 그 정치가 국가의 법질서를 어겨 경찰에 끌려가는 상황이 생긴다면 그 경찰과도 싸워야 하는 것이 대중의 정치다. 정확히, 대중이 '**올바른**' 정치에 대해 가진 자기 판단의 논리는 그런 것이라 할 수 있다.

그런 면에서 부의원 손양한은 대중 정치의 논리와 정확히 배치되는 종류의 정치, 즉 법질서의 유지와 그 시스템하에 존재하는 —혹은 그것에 종속하는— 종류의 정치를 말하고 있었다. 대중 정치의 대의가 개인의 이익이 아니라 '우리'를 향하고 있다 하더라도, 그 정치는 법이 허용하고 경찰 권력이 허용하는 선 안에서 이루어져야 하는 것이었다.

손양한의 이 같은 논리를 두고 우리는 그가 인천부 의회 의원이라는 친일 권력자의 발언이기에 의미 없다고 쉽게 부정할 수도 있다. 그가 지켜야 한다는 법이 식민 국가의 법이고 그를 집행하는 권력이 식민 경찰이기에 그의 논리를 법과 정치의 관계를 논하는 사례로서 접근하는 것은 무의미하다는 것이다. 물론 그렇게 접근할 수도 있다. 그런데 이처럼 문제를 친일 대 반일의 구도로 접근하게 될 경우한 가지 문제가 생긴다. 손양한의 주장을 친일파의 의미 없는 주장이라고 볼 경우, 그것은 결과적으로 동포를 위해 중국인을 때려잡고 이를 저지하려던 경찰과는 더더욱 격렬하게 싸워야 한다는 대중의 정치, 그 정치의 폭력을 정당하다고 지지해야 하는 논리가 만들어지기 때문이다. 그런 의미에서 이 문제를 친일 대 반일의 구도로 접근하는 것은 우리의 논점을 오히려 많은 부분에서 흐리게 하거나 왜곡시킬 수 있다.

따라서 손양한의 사회적 지위가 가진 성격을 제외하고 이 논쟁(손양한과 인천 대중 혹은 그를 대표해 이야기하고 있던 정용락)을 다시 그 자체로 분석해볼 필요가 있다. 그랬을 때 우리가 보게 되는 쟁점은 명확하다. 즉, 대중의 정치가 적으로부터 우리를 지키는 실존의 싸움으로 존재할 때, 그 같은 종류의 정치를 법률에 선행하는 것이라고 볼 수 있느냐의 문제인 것이다. 실존의 투쟁으로서 정치가 법적 규정력을 넘어 고유한 자기만의 준칙을 가진다고 봐야 하는가 아닌가의 문제인 것이다.

그런데 법적 규정력을 넘어선 자기 준칙의 원리란 이 폭동 상황에서 매우 간단했다. 그날 정용락과 인천 대중에게 '우리'의 실존을 위태롭게 하는 무리는 '적'이고, 적은 싸워서 물리쳐야 하는 존재라는 준칙이 있었다. 이 명쾌한 이항적 준칙에서 정치와 폭력의 경계는 모호해지고 있었다. 예외 역시 있을 수 없었다. 동지와 적을 넘어선 3자적 타협이나 적과 아군에 공통으로 적용될 보편적 규정이나 윤리는 존재하지 않았던 것이다. 따라서 실존을 두고 싸우는 대중에게 그 힘의 논리를 넘어서서 법적 규정력을 발휘하려는 질서(혹은 그것의 유지에 힘을 쓰는 공권력)의 논리를 들이미는 것은 무의미했다. 최소한 배화 폭동 당시 대중에게 '법'이란 우리의 실존적 투쟁 끝에 만들어진 산물인 것이지 이 투쟁의 옳고 그름을 사전에 규정하거나 판단할 수

있는 적합한 —법리적 논리를 넘어선— 근거를 갖고 있지 못했다.[24]

적과의 싸움으로서 정치가 법에 우선하고 있었던 것이다. 이 같은 대중의 행위 준칙은 그래서 실제로 중국인들에 대한 폭행만큼이나 잦은 경찰력과의 충돌을 불러일으키고 있었다. 특히 인천에서 그러했다. 이를 보여주는 대표적인 사건 몇 개를 보자.

인천 용강정 144번지에 살면서 음식점 고용원으로 일하던 천선동은 28세 남성이었다. 그는 1931년 7월 3일 밤 자신이 일하는 음식점 앞에서 본정, 중정 쪽에 굉장히 많은 사람들이 모여서 소요를 피우고 있는 것을 보고서, 이게 무슨 일이냐고 묻는다.

"중국에서 많은 조선인이 중국인에게 압박을 받아서 피살된 일이 있었다!"

그 말은 들은 천선동은 곧바로 자신도 "조선인의 원수"를 이곳에 있는 중국인에게 갚아야겠다고 생각했다. 그가 그 같은 생각을 가지고 7월 4일 밤 저녁 식사 후에 상인천에서 외리로 가는 언덕길을 걸어가다가 그는 "중국인 호떡집"을 파괴하는 군중을 만났다. 그러고는 다 같이 중정의 중국인 마을을 파괴하려고 갔다. 그런데 이들 무리를 경찰이 막아섰다. 그러자 천선동 일행은 우선은 경찰을 피해 중국인 거리를 파괴하고 다녔다. 중정에 있는 목뢰의원 근처 중국인 이발소에 돌을 던지고 나무로 내리쳐 이발소를 부수고 있었는데 이를 보고서 다시 경찰이 잡으러 몰려왔다. 이번에 이들은 도망치지 않고 경찰에 맞섰다.

"우리들은 경찰관에게 투석했다."

천선동의 진술이었다. 경찰들이 날아드는 돌무더기 때문에 잠시 추적을 주춤할 즈음, 천선동 일행은 이번에는 야채 시장 위쪽 즉 내리의 금융조합 앞에 있는 중국인 가옥에 돌을 던져 그 집을 부수었다. 이에 경찰이 다시 함성을 지르며 이들을 쫓아오자 천선동 일행은 다시 경찰에게 돌을 던지며 도망쳤다. 그런데도 경찰이 외리 파출소까지 몰려오자 천선동 일행은 고함을 질렀다.

"(경찰에게—인용자) 돌을 던져라, 돌을 던져라."

경찰을 향해 돌을 던지는 천선동 일행을 향해 이번에는 기마 순사가 나섰다. 기마 순사와 자동차가 추격해오자 천선동 무리 중 누군가가 장애물을 노상에 내어놓자고 말했다. 그 말과 함께 너 나 할 것 없이 중국인 포목상에 들어가 포목을 끌어내 이를 전신주나 가로수에 엮어 매어 도로 통행을 막았으며, 중국인 시가에 거미줄처럼 늘어진 이 찢어진 포목들은 경찰을 저지하는 일종의 바리케이드가 되었다.

> 문 "포목을 끌어내어 어떻게 할 심산이었는가?"
> 답 "교통이 통하지 않게 하기 위해서였다."
> 문 "누가 그렇게 하라고 했는가?"
> 답 "다른 사람도 모두 그렇게 하고 있었으므로 나도 도와서 했었다."
> 문 "몇 사람쯤이 했는가?"
> 답 "수백 명이 있었다고 생각했다."

이 비단 포목으로 만들어진 바리케이드를 사이에 두고 경찰을 향한 투석이 계속되자 기마 순사나 경찰 자동차가 포목에 걸려 다가오지 못했다. 그사이 천선동과 다른 이들은 석유를 가지고 나와서 그

1931년 7월 배화 폭동 당시 평양에 있는 중국인 상점의 포목들이 전신주에 길게 매달려 있는 모습. 이 포목들은 중국인 거리를 습격한 조선인 대중이 경찰의 저지를 막기 위해 친 바리케이드이기도 했다. 「조선일보」 1931년 7월 7일 자.

포목에 뿌리고 중국인 집을 파괴하는 한편, 상품이나 가재도구 등은 밖으로 들고 나와서 때려 부수었다. 이 와중에도 경찰이 계속 쫓아오자, 천선동과 다른 이들은 이제는 파출소 유리창과 정면 출입문에 돌을 던졌다. 싸움의 대상이 중국인에게 경찰로 바뀌었던 것이다. 이 때문에 퇴각한 경찰이 무장을 하고 추적해오자 반 시간 이상 돌을 던

지던 이들은 결국 지쳐서 스스로 해산했다.[25]

또 다른 사건을 보자. 이 사건에서 김영진은 보다 노골적으로 경찰과 대치하고 있었다. 19세의 무직이었던 김영진은 어느 날 "조선인이 중국에서 많이 살해되었다"는 말을 듣고 무척 "화가" 났다.

"그 무렵 조선에 있는 중국인에 대하여 복수한다는 소문이 나서 나 자신도 하겠다고 생각했다."

김영진이 이 같은 마음을 먹고 1931년 7월 4일 오후 8시경 인천 외리에 있는 최재봉의 집에 갔을 때, 거기에는 16~17세쯤 되는 서복남과 김영충이 있었다. 이들과 함께 중국인을 해치우러 평양관 앞으로 가자, 거기에는 이미 임창남 등 많은 조선인들이 몰려와 있었다. 그런데 이들이 중국인 마을에 도착했을 즈음에는 경찰이 이를 제지하고 있어 갈 수 없었고, 이들은 이후부터 경찰과 투석전을 하며 도망가고 쫓기기를 반복했다. 금융조합 앞의 중국 상점에 투석하고 경찰에 쫓기고, 다시 외리 파출소 앞까지 도망갔다가 순사가 쫓아와 평양관 쪽으로 갔다. 이같이 경찰에 쫓기면서 해치울 중국인을 찾는 이들에게 그 순간 김영진이 다음과 같이 외쳤다.

"순사도 해치우자, 죽여버리자."

그리고 곧 파출소에 돌을 던졌다. 그때 기마 순사가 달려오자 이들 무리는 길가에 있는 짐차를 도로에 밀어내 바리케이드를 치는 한편, 중국인 잡화상 앞문을 때려 부숴 그 집 안에 있던 가재도구 등을 밖으로 끌어냈다. 점포에 있던 포목은 전신주와 가로수에 잡아매 도보 경관도 자유로이 움직이지 못하게 했다. 마침내 외리 파출소 경관이 이들을 체포하지 못하고 물러가자, 김영진은 이번에는 아예 파출소까지 쫓아가 들고 있던 몽둥이로 파출소 유리창을 모조리 때려 부수며 외쳤다.

"파출소를 때려 부수어라, 순사를 죽여버려라."

경찰이 김영진 무리를 향해 무장을 한 채 몰려오자 김영진은 평양관 앞에서 상인천 쪽으로 순사에게 투석하며 도망치려다 결국 평양관 앞에서 경찰에게 체포되었다.[26]

동포를 향한 정의의 실천! 그 정치화된 도덕의 준칙 위에서 적과 싸우며 이미 전사가 된 대중에게는 무서울 것이 없었다. 설사 그것이 식민지의 경찰이라도 말이다. "동지"와 "적"의 이항이 대중을 하나로 결집시켜 투쟁하는 전사로 만들고 있었던 것이다. 그리고 이 '적'과의 투쟁 앞에 3자적 권위를 내세워 개입하는 경찰 권력과 식민지의 법질서는 의미가 없었다. 대중의 정치는 법의 외부에 있었다.

직접행동

1931년 7월의 배화 폭동에서 잠깐 눈을 돌려 1923년 3월 17일 충주군에서 있었던 사건을 보자. 그날 아이 하나가 대낮에 동네 공터에서 총에 맞아 죽는 사건이 일어났다. 무슨 일이 있었던 것일까?

이 사건의 범인은 충주군 충주면 달천리에서 저수지 공사 인부 감독으로 일하던 일본인 가미야마 토우上山遠였다. 3월 17일 오후 2시, 그날은 토요일이었다. 이날 가미야마는 조선인 인부 한 명과 사냥을 하려고 빌린 총을 든 채, 술집에서 술을 진탕 먹은 후 달천리에 이르렸다. 취해서 걷던 이들은 달천리 34번지 배중옥의 집 앞을 지나다가 집 앞에서 놀고 있던 아이 셋을 봤다. 그런데 이 애들을 본 가미야마가 장난으로 아이들에게 총을 쏜 것이다. 총알은 이용우(달천리 12번지)의 둘째 아들 이재수의 이마를 관통하고, 아이는 즉사했다.

현장은 선혈이 가득해 눈으로 차마 볼 수 없는 비참한 광경을 이루었으며 … .

술에 취한 일본인이 장난으로 조선인 아이들을 겨냥한 총질에 한 아이가 그 자리에서 죽은 것이다. 총소리가 얼마나 컸던지 그 소리를 들은 촌민들이 곧바로 달려왔다. 피해자 가족까지 모두 모여 이 상황을 본 달천리 주민 수십 명은 곧 도망가던 일본인 둘을 붙잡아 무수히 두들겨 팼다. 얼마나 맞았던 것일까? 두들겨 맞은 일본인 가미야마는 다음 날 오전 4시에 사망했다. 그리고 함께 있던 조선인 역시 같이 맞아 중태에 빠졌다. 이 사건으로 달천리 주민 60여 명이 검거되었다.[27]

1931년 배화 폭동을 논하다 갑자기 충주에 살던 어린아이의 처참한 죽음을 이야기하는 것에는 두 사건 사이에 묘한 공통점이 있었기 때문이다. 개인이 아닌 다수자가 '가해자'로 판단한 이를 집단으로 구타해 죽인 것, 그것이 이 사건과 배화 폭동 사이의 공통점이다. 상황도 배경도 대상의 성격도 너무나 달라 보이는 이 두 사건은 그럼에도 사건의 형식논리에서는 동일했다. 피해자와 가해자에 대한 명확한 판단 위에서 하나가 된 대중이 가해자를 폭력으로 응징하던 것이 두 사건의 공통 논리였기 때문이다. 가해자는 "적"이고, 피해자는 "동지" 즉 '우리'였다. 적을 멸하고 동지를 지키는 과정에서 하나 된 대중, 하나 된 '우리'가 있었다.

무엇보다 대중이 가해자와 피해자라는 쌍방의 싸움에 제3의 힘을 개입시키지 않고 그 자리에서 스스로 문제를 처리했다는 점에서 두 사안은 동일했다. 이 사건 모두에서 대중은 상황 판단과 처리 능력에서 자신보다 우위에 있다고 승인된 누군가에게 문제 판단의 권리를 양도하고 있지 않았던 것이다. "재만동포옹호동맹"에 호소하지도, "조선총독부"나 "관동청"에 호소하지도 않고, 그들이 스스로 판단해 문제를 '직접' 해결했다. 따라서 우리는 1931년 배화 폭동이나 충주군 어린이 사망 사건 모두에서 사건 속 폭력 안에 일종의 반대의적反代議的 직접행동이 있었음을 확인하게 된다. 대의를 거부하고 피해 현장에서 즉각적이고도 신속하게 자기 힘을 관철시키는 실천으로서 대중 폭력이 등장하고 있었다는 점이다. 그리고 이 같은 반대의적 직접행동으로서 대중 폭력은 식민 공간의 이곳저곳에서 이미 숱하게 발견되던 중요한 대중 행위 방식 중 하나였다.

1927년 6월 23일 오전 8시 반경, 경상북도 제일호 자동차가 영천에서 대구로 가던 도중 경산군 하양면에서 길가에 놀고 있던 최아무개의 딸을 치어 아이가 즉사했다. 그런데 아이를 죽인 운전수는 동리 사람들이 모두 보는 앞에서 "한참 동안 시체가 자동차 바퀴에 붙어 가는 데도 불구하고 이를 모르고 그냥 운전해"간다. 이를 보고 크게 분개한 남녀 수십여 명은 이 자동차로 달려들어 차를 정지시키고 운전수를 끄집어내 집단으로 그를 난타했다. 급보를 듣고 자동차 회사에서 대구로 여러 명의 간부가 내려오고 경찰에 취조를 받은 운전수는 병원으로 실려갔는데 그는 군중의 집단 구타로 "인사불성의 중태"에 빠져 "회생키 어려운" 상태가 되었다.[28]

충주군 사냥총 사건처럼 이 역시 동일한 논리로 설명 가능하다. 대중은 경찰이나 지역 유지 등 상위의 힘에 매개되지 않고 그 자리에서 자신들이 생각한 정의와 도덕으로 직접 가해자 즉 적을 '심판'하고 있었다.[29] 다음의 사건도 그러했다.

1931년 4월 1일, 평안북도 신의주군 고진면 삽교천 나루에서는 술에 취한 운전수 최봉섬이 술김에 과속 운전을 하다 고진면 창포동 11번지 이차봉의 부인 장치성과 그의 열 살 먹은 아이를 차로 쳤다. 이 사고로 부인은 즉사하고 아이만 겨우 살아났다. 이 과정에서 과속으로 달리던 차가 개울에 빠지자 이를 본 마을 사람들이 달려들어 운전수를 끌어냈는데, 운전수가 도망치자 마을 사람들이 쫓아가서는 다시 집단으로 구타했다.[30]

배화 폭동에서 대중의 중국인에 대한 응징은 특수한 국제정치적 맥락을 가진 사건이었음이 분명하다. 그러나 앞서 보았듯이 그 폭력 안에 내재되어 있는 반대의적反代議的 직접행동은 한편에서 식민지 대중이 일상 공간에서 이미 행하던 행위 양식을 대규모 스케일로 확장시켜 보여준 것에 불과한 것이기도 했다.

이를 우리는 한편에서는 이 현실이 1920년대~1930년대 식민 공간의 역사적인 특수성에 따른 결과라고도 생각할 수 있다. 개인으로서의 삶과 공동체로서의 삶이 명확히 분리된 채, 공동체 문제는 특정(사법·입법·행정) 전문가들에게 위임되고, 개인은 그로부터 무관심할 수 있는 자유(와 권리)를 그 사생활 안에서 향유하는 것, 이것이 우리가 일반적으로 아는 자유민주주의, 즉 대의민주주의의 중요한 특징 중 하나다. 그런 측면에서 봤을 때, 1920년대~1930년대 도시와 농촌에서 일어나고 있던 대중들의 이 잦은 '폭거', 즉 그들 스스로 정의를 실천하고 있다는 분명한 인지 위에서 나오던 폭력적인 소동들은 대의민주주의 시스템의 미발달에 따른 결과라고도 볼 수 있었다. 사적 개인과 공적 전체가 명확히 구분되지 않은 채, 나라는 개인과 공동체로서의 전체가 여전히 한 몸처럼 움직이는 삶 속에서 일어난 전근대적 사회 현상에 다름 아니라고 이야기할 수 있는 것이다. 이 같은 접근은 충분히 설득력 있다. 그런데 이렇게 보게 될 경우 식민지 대중이 일상에서 행하던 반대의적 직접행동 그리고 배화 폭동은 그냥 '과거'가 된다. 전근대 식민 치하의 시스템 아래에서 제대로 교육받지 못한 대중의 폭력성이 드러난 결과에 불과하다고 해석할 수 있는 것이다. 그런데 과연 그러할까?

우리는 지금의 한국 사회에서 사법부의 엘리트가 내리는 판단과 상관없이 일상의 공간에서 사법적인 규정력을 넘어서 그보다 훨씬 더 영구적이고 확장된 방식으로 힘을 발휘하는 법적 결단의 존재를 종종 목격한다. 그리고 그 결단이 사법 엘리트의 —어떤 의미에서는— 한정적 판단(한정된 시간과 공간 안에서 일정한 형량을 부여하는 처벌)을 초월해서 살아 있으되 죽은 삶, 혹은 그 반대로 갇혀 있으되 오히려 사회적으로 살아 있는 삶을 살도록 하는 경우들을 자주 목격한다. 이른바 대중 여론이라고 불리는 '다수자'의 판단이 이 같은 역할을 한다. 열광이나 혹은 증오로 사법적으로 범법자가 된 이를 사면시키기도, 혹은 사법적으로 사면된 이를 오히려 영구히 범죄자로 낙인 찍기도 하는 경우를 우리는 너무나 많은 사례들을 통해 알고 있다. 이 같은 다수자의 열광 혹은 증오는 개인이 사적인 자기 삶 속에 매인 채, 다수의 문제에 철저히 무관심한 삶의 방식이 지배적이거나 팽배한 사회에서는 쉽게 일어나기 힘들다. 정치 그리고 사회라는 공동체 전체에 대한 개인들의 지대한 관심과 열정, 활발한 참여가 일상이 된 사회에서만 대중의 열광과 증오가 엘리트에게 대의된 판단을 뒤집는 직접행동으로 자주 발휘될 수 있는 것이다.

이같이 우리가 익숙하게 알고 있는 한국 사회의 대중주의적(반反개인주의) 현상은 식민 공간에서 폭력적 소란으로 정의 실현에 열광하던 대중의 모습과 어떤 면에서 매우 흡사하다. 땀과 피만 제거되었을 뿐, 어떤 면에서는 오히려 더 빠르고 더 잔인하게 혹은 더 화려하고 더 강력하게 다수자의 결단으로 소수 엘리트의 명증明證을 초극하는 상황들 속에 있는 우리를 종종 대면하기 때문이다. 따라서 우리가 본 식민지의 과거를 그저 '과거'일 뿐이라고, 혹은 '전근대'적 현상의 일부를 목도한 것에 불과하다고 쉽게 단정 지을 수 없다. 이 과거, 전근대라고 불리는 시대 속 사례들이 오히려 우리의 현재적 삶에 시간을 관통해 공통의 형식논리로 기능하며 존재하고 있기 때문이다. 따라서 우리는 이러한 식민 공간 속 사례들을 단순한 과거의 일이 아닌, 대중의 반대의적 자기 지배의 의지(혹은 욕망)와 그것의 논리를 고찰할 수 있게 하는 (역사)인류학적 사례라고 접근할 수도 있을 것이다.

그런 의미에서 이제 우리는 대중의 직접행동, 즉 대중 민주주의적 행위가 표출하던 '폭력'을 과연 어떻게 평가해야 할 것인지 이야기해봐야 한다. 앞선 여러 역사적 사례는 우리에게 대중 폭력과 대중 민주주의가 별개일 수 없음을 말해준다. 대중이 일본인에게 혹은 백정에게 또는 중국인에게 자기 정의를 실현한다고 뭉쳐서 그 힘을 표현하는 그 모든 과정은 필연적으로 적대라는 전선을 대동하고 있었다. 그 전선 속 적이 사회적 강자였는지, 아니면 약자였는지의 구분 자체는 중요치 않았다. 누가 적이냐는 문제는 보편적이거나 거시 맥락적 준거로 항구적으로 결정되는 것이 아니라 상황적이고도 주관적인 '우리'의 실존적 선택인 경우가 더 지배적이었기 때문이다.

이 같은 적대의 전선, 즉 이쪽과 저쪽으로 나뉘어 싸우는 이항의 구도는 그 자체로 이미 매우 폭력적이었다. 어떠한 타협의 여지도, 어떠한 화해나 절충의 여지도 '우리'의 입장에서는 배신자이거나 적의 변호인으로 규정되는 것이 이 같은 전선의 지형이었기 때문이다. 이 지형이 유지되는 한 어떠한 타협도 불가능하다. 따라서 우리는 대중의 직접행동과 그 민주주의는 그것이 물리적인 방식이든 아니든, 이항의 구분을 이루어내는 순간, 필연적으로 폭력을 내재하고 또 실천한다고 말할 수 있다. 그렇다면 우리는 이 대중민주주의에 필연적으로 내재된 이 같은 폭력, 즉 대중 폭력을 어떻게 평가해야 할까?

대중 폭력과 역설

대중 폭력은 신비한 힘을 지니고 있다. 그것은 때론 저항이다. 위계화된 권력 관계에서 지배하는 힘에 '대항'하는 저항의 힘이다. 이 저항이 공고한 권력 관계를 일시에 뒤집어 법과 제도를 완전히 새로 쓰는 경우를 우리는 한국의 근현대사 속에서 종종 보아왔다. 그 역사 속에서 저항하기 위해 물리적 힘을 사용하는 대중 폭력은 저항하는 자의 영웅적 행위로 우리에게 존재한다. 식민 공간에서 이 영웅의 저항으로서 폭력은 조선인을 폭행하고, 부당하게 일본인을 옹호하는 순사들에서 돌을 던지고 싸우던 대중의 모습으로 나타났다. 이때 우리는 그 같은 상황에서 조선인 대중의 폭력은 권력(지배하는 힘)이 아니며, 그것에 맞서 싸우는 **저항**(피지배자의 대응)이라고 본다.

이런 관점을 견지할 때, 우리에게 권력과 저항은 아주 쉽게 구분될 수 있는 것으로 보인다. 타자의 힘을 통제하려는 힘으로서 권력 그리고 그 힘의 통제에서 벗어나려는 힘으로서 저항은 명확히 달라 보인다. 여기서 우리가 폭력을 우리를 지키기 위해 적에게 행사되는 물리적이거나 비물리적인 실천이라고 정의할 때, 권력의 폭력(나쁜 것)과 저항의 폭력(좋은 것)은 별개라고 구분할 수도 있다.[31] 그런데 앞서 우리가 보아왔던 대중 폭력의 현장은 이 둘이 서로 완전히 다른 것이라고 구분하기 쉽지 않음을 보여주고 있었다. 길거리에서 순사에게 당해 피를 흘리던 조선인을 지키겠다고 돌을 들던 폭력은 저항이고, 중국인을 때려잡던 조선인들의 몽둥이는 권력이었다고 쉽게 구분할 수 있을까? 전자는 정의롭고 선하며, 후자는 부당하고 악한 것이라고 말이다. 이 같은 질적 구분은 쉽지 않다.

왜냐하면 현재의 우리에게 너무 자명하게 구분되어 보이는 이 두 행위가 당시 대중의 관점에서는 모두 똑같이 '저항'이라고 인식되고 있었기 때문이다. 이 같은 혼란은 형평사를 둘러싼 백정 사회와 지역민 간의 폭력에 대해서도 마찬가지로 적용될 수 있다. '백정'이라는 멸칭을 썼다고 한 사람의 농민을 집단 구타하던 형평사원의 폭력은 저항이고, 이런 형평사원들의 행위에 분노해 수육비매동맹을 만들던 농민들의 폭력은 권력이었다고 쉽게 구분 지을 수 있을까? 양측 간의 싸움의 과정에서 그것이 피지배자의 '저항'이란 이름으로 시작되었다 하더라도 상대를 제압해 그 행위를 통제하는 방식으로 힘이 행사될 때, 그 힘의 행사는 권력이 자기 힘을 발현하는 방식과 —형식적으로— 크게 다르지 않거나 유사해지는 경우가 많기 때문이다. 이처럼 행위자들이 인지하는 주관적인 자기 판단의 문제에 있어서 그리고 양측 간의 싸움 위에서 저항과 권력이 형식적으로 유사한 논리로 수렴되곤 하는 문제 때문에 이 둘 간의 질적 차이를 논하는 것은 어려워진다.

그렇다면 폭력 자체는 어떤 것이든 나쁘다는 접근은 어떠한가? 그러나 이 같은 규정은 선한 폭력과 악한 폭력을 구분하는 방식만큼이나 의미 없을 수 있다. 어디까지가 폭력인지 여부 자체가 우선 불분명하기 때문이다. 교사가 학생의 무질서한 행동을 제지하면서 나온 말 한마디, 또는 교사에 대한 저항심에서 나온 학생의 눈빛 혹은 태도 하나도 '아동 폭력'이나 '교권 침해'라는 의미의 '폭력'이 될 수 있다. 상대와 나, '우리'와 '우리가 아닌 자' 사이의 적대적 구분이 전제될 경우, 그 지형 위에서 일어나는 모든 종류의 물질 혹은 비물질적인 힘의 행사는 '주체'의 주관적 판단의 몫이 되기 때문이다. 이처럼 주관의 판단이 주효할 수밖에 없는 적대의 현장에서 상대의 힘의 행사는 언제든 나의 관점에서 당연히 '폭력'이 될 수 있다. 폭력은 나쁘다는 접근은 대중 폭력의 논점을 오히려 겉돌게 할 우려가 있다.

물론 대중 폭력의 상황들을 목도하며 결국은 적과 동지라는 이항의 구도 자체가 대중 정치의 한계라고 이야기할 수도 있을 것이다. 적대라는 지형 자체가 문제이기 때문에 그것이 사라져야 한다고 말이다. 이 같은 관점은 사회적으로 그리고 정치적으로 우리 사회 안에 대중(민주)주의를 비판하거나 그 대안을 내세우면서 나오는 가장 일반적인 논리 중 하나다. 그리고 이 같은 종류의 정치론 위에서 적대로서의 정치가 아니라 갈등으로서의 정치가 되어야 한다고 말할 수도 있다. 즉, 최종적으로 조화 가능한 충돌과 이 충돌의 조정자이자 매개자로서 정치가 필요하며, 이것이야말로 정치의 진정한 기능이라고 보는 것이다. 그러나 이 같은 정치론은 정치를 전쟁이라기보다는 행정으로 접근하고, 투쟁보다는 공공 서비스의 제공이라고 보는 윤리관의 한 표현일 수 있다. 행정으로서 정치를 주장하는 입장에서 대립은 '나쁜 것'이며, '비정상적'이고 '일탈적인 것'이기에 그 같은 정치관 아래에서 적과 동지의 구도 아래에서 벌어지는 정치는 정치가 아니며, 그 관계 아래에서 만들어지는 대중 역시 올바른 대중이 아니라는 관점인 것이다.

그러나 이 같은 접근은 통합은 좋은 것이고 적대는 나쁘다는 전제를 일종의 순환논법으로 되풀이하는 것일 수 있다. 조화와 통합이라는 목적을 하나의 대전제로 둔 채, 이 대립하는 두 항 간의 적대는 통합이 이루어지기 위한 일탈적 과도 현상에 불과하다고 접근하는 것에 가깝기 때문이다. 그러나 적대 자체를 적대이기 때문에 나쁜 것이라고 보는 정치론의 보다 큰 문제는 그 안에 내재된 동어반복의 논리적 한계보다는 이 같은 접근법이 대립 자체를 정면에서 직시하지 못한 채, 단순히 이를 '부정'하는 것으로 이 문제를 '해결'했다고 착각한다는 점에 있다. 그렇다면 어떤 직시가 필요할까?

집을 가진 자와 못 가진 자, 아파트에 사는 자와 빌라에 사는 자, 입지 좋은 아파트에 사는 자와 지방의 변두리 아파트에 사는 자, 아파트에 전세로 사는 자와 월세로 사는 자, 아파트 로열층에 사는 자와 아파트 저층에 사는 자 … 더 다양한 영역에서 더 많이 이야기할 수 있다. 서울의 대학과 지방의 대학, 서울 상위권과 하위권 대학, 상위권의 의치한대와 비의치한대, 서울대 의치대와 비서울대 의치대 … . 주거하는 곳이나 입시를 둘러싼 이항 구도를 보는 것, 그 구도에 편재되어 서로에 대한 일정한 혐오와 경멸을 전제한 채, 반대쪽이 되지 않거나 혹은 되기 위해 투쟁하는 행위들은 그렇기 때문에 의외로 우리 삶에 공기처럼 존재한다.

그런데 이 같은 이항의 틀에서 서로 투쟁하는 대중의 대립은 그것이 만연해서가 아니라, 그것이 '생산'하는 것 때문에 쉽게 이를 **부정**만 할 수 없다. 한국 사회의 후진성 혹은 저출산 시대의 원흉이 이 같은 적대 때문이라고 **경멸**만 할 수 없다. 그 같은 부정과 경멸에도 불구하고 이 같은 적대의 투쟁 위에서 사회에 새로운 분화가 만들어지고, 기존에 없던 가치의 장이 창출되며, 시장이 개척되기도 함을 부정할 수 없기 때문이다. 적대가 없이는 새로운 생산도 이루어지지 않는다. 이처럼 생산으로 적대를 보는 접근은 특정한 적대 구도가 절대 한 가지 방식(과 성격)으로 고착된 채 영구적으로 지속되지 않는다는 관점을 전제로 한다. 앞서도 언급한 바 있듯이, 적대는 운동이자 실천이다. 이 실천 속에서 적과 동지라는 적대의 싸움 자체는 영원할 수 있지만 그 내부의 논리는 결코 동일한 논리의 반복으로 영구히 지속되지 않고 변이한다.

예를 들어보자. 우리는 기존에 익숙한 적대의 공식이 그 전선의 어느 한쪽에 붙고 싶어 하는 구경꾼들을 끌어모으는 데 한계가 있는 상황에 직면할 때 사라지는 것을 종종 목격한다. 즉 어떤 전선이 대중에게 더 이상 그 싸움의 재미를 주지 못해 몰려드는 인파의 규모를 키우지 못할 때 허물어지는 상황들 말이다. 양민 대 백정이라는 전선이 1930년대 후반 이후 더 이상 형평사에게도 그리고 양민에게도 의미 없어지고 있었던 것 역시 이와 유사하다고 할 수 있다. 오히려 그 자리를 대체하던 것은 성공한 자산가로서 형평사원과 그들이 고용하는 노동자로서 형평사원 간의 대립이었다. 계급의 전선이 양민 대 천민의 전선을 대체하고 있었던 것이다. 해방 이후 친일 대 반일의 구도가 분단과 미군정을 거치는 동안 우파 대 좌파라는 구도로 어느 순간 대체되고 있었던 것 역시 마찬가지다. 전선은 사라지지 않는다. 새롭게 만들어진 대결의 논법이 만들어지는 것이다. 이 안에서 결국은 동일한 증오 혹은 동일한 혐오가 차이 없는 반복으로 계속되는 것 아니냐고 이야기할 수도 있을 것이다. 또한 궁극적으로 추구해야 하는 선진적인 적대의 어떤 상을 전제로 두고, 기존의 전선이 이 목적을 향해 발전·진화해가는 것 아니냐고 ―마치 유물변증법의 목적론처럼― 이야기해볼 수도 있다. 그 경우 매우 익숙해 보이는 과거의 전선이 다시 나타나는 상황은 마치 사회가 과거로 퇴행하는 것처럼 보이게도 한다. 적대를 차이 없는 반복으로 보는 것 혹은 진화(목적)

론의 관점으로 관찰하는 것, 이 양자의 관점은 모두 적절할까?

한 가지 예를 들어보자. 우리가 최근 북한의 행태에 반발하거나 적대감을 가진 청년 세대가 화해와 평화통일의 논리를 외치는 주장과 대립각을 세우는 상황을 목격했을 때, 과연 이 둘 간의 적대를 냉전적 이념 대결의 재현이자 그런 의미에서 역사적 퇴행이라고 할 수 있는지 생각해볼 필요가 있다. 이를 퇴행(혹은 반복)으로 보는 것은 이 전선 안에 내재된 현 청년 세대만의 이해 욕구와 그를 만든 특수한 사회질서의 현재적 논리를 완전히 배제시키는 것이 된다. 과거 세대의 이념 대결과 현세대가 차용하는 이념적 지향이 기존 구도의 동일한 반복이라고 볼 수 없다는 점이다.

따라서 우리가 적대를 이처럼 동일한 것의 반복이나 진화론적 발전 단계의 과정이란 관점으로 볼 수 없다고 했을 때 생각할 수 있는 합리적 핵심 중 하나가 그것의 '생산성'이라는 요소다. 적대가 가진 분명한 폭력성에도 불구하고 동시에 그것은 사회 안에 새로운 의미 혹은 논리의 장을 생산하는 메트릭스로 기능하기 때문이다. 한국 사회의 빠른 변화 속도나 초저출산 시대에도 여전한 높은 정치적 관심도의 유지 같은 현상은 적대의 정치가 만든 역동성의 한 효과일 수도 있다.

이와 함께 앞서 이야기했듯이, 대중의 적대와 폭력이 가진 의미의 이중성을 논하지 않을 수 없다. 이는 이 책에서 대중 소요에 의미를 부여하는 방식과 관련해 계속 강조했던 바이기도 하다. 적대의 논리는 사실 너무나 단순하다. 그러나 그 적대 위에서 행해지는 대중 행위는 그럼에도 불구하고 일관된 하나의 논리로 획일화시킬 수 없는 내적 역동성을 내포한다. 단순한 해프닝이 민족적 저항 의식의 분출과 함께하고, 동포에 대한 사랑이 적에 대한 증오와 동시적으로 전개되는 상황들이 그것이었다. 적대의 구도 위에서 표현되는 대중 행위의 역설, 그 역설의 다이내믹이 기존의 싸움 구도에서 새로운 싸움의 장이 분기分岐되어 나오도록 만드는 동력의 역할을 한다고 볼 수 있는 것이다.

물론 이 같은 추론이 적대와 그것의 폭력, 혹은 대중민주주의와 대중의 정치를 미화하거나 우월한 어떤 입론으로 가치 평가하기 위함은 결코 아니다. 최소한 이 책에서 보았던 역사적 사례들이 우리가 원하든 원치 않든 시사하는 바를 강조하기 위함인 것이다. 적대의 전선에서 표현되던 대중 정치의 이중성, 그 의미의 역설(선이자 악이며, 혁명이자 동시에 반동으로서의 의미)이 우리가 본 역사 속 당대의 사회 지형을 변화시키는 동력이자 지반으로 기능하고 있었다는 것 말이다.

나오며

사건들!

결국 이 책을 한마디로 정리하라면 대중이 시민 공간에서 만들어 낸 수많은 소란이라는 이름의 '사건들'을 다룬 것이라고 할 수 있다. 그것도 그냥 대규모 공연장에 엄청난 인파가 모이는 종류의 사건이 아닌, 그 인파 속 사람들이 어느 순간 마치 하나의 신체처럼 움직이며 동일한 '적'을 향해 돌을 집어 던지다 일상의 개인이 다수의 무리로 전환되는 체험을 하던 사건들이 이 책의 가장 중요한 소재이자 토대다.

이같이 사건들 속 대중을 이야기의 전면에 내세우면서 이 책이 제일 중요하게 생각했던 문제는 '사건'이라는 종류의 현상의 '내적 논리'였다. 현재적인 가치 평가의 관점이나 거대 구조의 부수물로 접근되고 끝내기에 충분치 않은 '사건' 그 자체의 논리 위에서 그날의 그 '사건'이 표현되어야 한다는 것이었다. 사건 속 대중을 의미화하는 것 역시, 따라서 이 사건의 장에 철저히 내재해 있어야 한다는 것이었다. 그렇다면 도대체 사건이란 무엇일까?

그것은 어느 날 갑자기 내 앞에 떨어진 어떤 '일'이다. 아침에 일어나 밤에 잠들기까지 내 일상을 지배하는 어떤 패턴 사이에 갑자기 끼어들어 나를 그 궤도에서 이탈시키는 것, 그것이 사건이다. 이처럼 우리는 일상을 살아가다 부지불식중에 예기치 못한 상황에 부딪혀 그 경험이 자기 삶을 크든 작든 흔들어놓는 모종의 경험이 될 때, 보통 '내게 사건이 생겼다'라고 말한다. 이같이 사건은 대부분 당사자에게는 언제나 너무나도 갑작스럽고 예기치 못한 경우가 많다. 설사 내게도 이런 일이 일어날 수 있다고 평소에 '알고' 있었다 하더라도, 우리의 앎과는 전혀 상관없이 그것은 언제나 나의 몸에 순간적으로 덮쳐오는 예외적 비상사태다.

게다가 사건은 항상 주체에게 어떤 '선택'을 하도록 만든다. 그런데 이 '선택'은 나중에 돌이켜보면 언제나 후회스러운 경우가 대부분이다. 내가 그때 왜 그런 선택을 했을까? 그렇게밖에 대응할 수 없었을까? 더 적극적으로 싸우거나 아니면 차라리 피했어야 할 그 사건에서 나는 왜 그렇게밖에 행동하지 못했나? 그 같은 자체적인 사후 평가를 하게 하는 그날, 그 '선택'이 언제나 만족스럽지 못한 근본적 이유는 아무도 그날의 상황을 예비해 나의 말, 나의 행동에 일관성이 생기도록 도와줄 수 없기 때문이다. 돌이켜 생각하면 눈에 들어오는 큰 숲, 나와 나를 촉발한 관계를 둘러싼 주변의 정황, 내가 타인에게서 받은 촉발로 인해 느낀 감정이나 생각을 넘어선 그와 나 사이에 흐르던 커다란 맥락(계급적이거나 젠더적인, 지역적이거나 세대적인 사회적 메트릭스로서의 맥락)의 의미, 이 모든 것이 돌이켜보면 큰 숲과 그림으로 눈에 들어온다. 그러나 그것은 오직 회고적 즉, 사후적 평가에서만 가능한 논리다.

그 일이 생겼을 때, 우리는 허공에서 떨어진 그 일이 주는 낯설음과 갑작스러움 때문에 대부분 반사적이고도 즉흥적인 방식으로 대응하게 된다. 나를 둘러싼 그날의 관계 전체를 조망하는 제3자적 관점, 그 초월적 시선은 그날 그 시간 그 장소 속 나의 현장에서는 절대 만들어지지 않는다. 심지어 과거를 회고하며 다음에 이런 일이 또 생기면 절대 이렇게 대응하지 말아야지라는 굳은 결심에도 불구하고 그 종합적 사고력과 결심이 큰 효과를 발휘하지 못하는 것은 바로 사건의 '차이' 때문이다. 과거 어떤 것의 모사품처럼 보이는 어떤 사건이 실은 완전히 다른 것임을 우리는 주체의 대응으로 확인한다. 동일한 주제 속에 개입된 환경의 지극히 미묘한 변화, 그것은 햇볕의 강도나 습도, 바람의 세기 같은 의미 없어 보이는 변화일 수도 있다. 그럼에도 그 같은 변수 앞에서 과거와 이미 '다른' 주체는 스스로 동일하다고 생각하는 사건에 대해 전혀 다른 선택을 한다. 완벽하게 복제된 과거와 '동일한' 사건, 그래서 예습과 복습이 가능한 '사건'은 존재하지 않는 것이다. 그것이 사건의 차이다.

이처럼 이성과 추론을 통해 알 수 있지만 절대 통제할 수는 없는 사건의 영역을 인식의 영역과 구별된 존재의 영역이라고 말해보자. 그런데 우리가 이 사건을 '연구'를 한다는 것의 의미는 무엇인가? 근대 세계가 만들어진 이후 모든 '연구'에서 가장 중요한 것은 분과의 차이를 불문하고 '사건'의 이 같은 불규칙성과 돌발성 이면의 법칙을 찾아내는 것이다. A라는 사건과 B라는 사건이 어떤 공통성을 가지며, 이 사건들의 공통점을 모두 연결했을 때 당대의 사회가 어떻게 설명될 수 있는지를 보는 것, 혹은 역으로 시대의 특수한 구조에 대한 이미 승인받은 일정한 해석 틀을 전제로 그 사건을 설명해 들어가는 것이 사건을 대하는 연구자의 태도다. 마치 커다란 그림을 그려 놓고 그것이 퍼즐로 나뉘어 제각각 흩어져 있는 상황들을 수습해 맞추는 것과 같다. 물론 이 같은 접근은 그 자체로 중요한 의미를 지닌다. 그 같은 종합적 사고가 사건의 예외성을 완벽하게 설명해주지도 이후의 과정을 충분히 예측해주지도 못 하지만 사건에 대한 인식의 접근은 우리에게 하나의 사건을 뛰어넘어 존재하는 커다란 사회적 흐름을 추상화해내도록 하고, 그 시야를 통하지 않으면 보이지 않는 것을 확보하도록 돕기 때문이다. 우리가 모든 일이 끝난 뒤에서야 보게 되는 그날 그 사건을 둘러싼 정황은 보통 이 같은 연구자의 인식 틀로 우리가 자신의 과거를 반성적으로 회고하기 때문에 새롭게 드러나는 풍경이다.

그러나 이 같은 회고적이고도 반성적인 (인식) 논리의 문제가 있다면 결국 무엇일까? 회고적 관점에서 과거의 나를 온전히 당당했다고 포장할 수 있는 사람이 몇이나 될까? 이 같은 인식의 세계 속 논리로 바라본 그날에 존재한 '나'는 대부분 언제나 너무 보잘것없다. 과거의 그 사건 속 내 모습이 향후에 더 나아지기 위한 발전의 한 모습이라고 작게나마 위로한다고 해도, 이 과정에서 그날 그 펄쩍펄쩍 살아 움직이는 실존하는 것과의 싸움 속에서 내가 했던 선택이 그 자체로 평가받게 할 길은 없다. 삶은 부정되는 것이다. 또한 우리가 대중 행위의 역설에서 보았듯이, 맞을 수도 틀릴 수도 있지만 그 상황에서 어떤 식으로든 그렇게밖에 할 수 없었던 —모순 덩어리 자체인— 주체의 선택, 그 결단의 이중성이 승인받을 길은 영구히 사라진다.

따라서 이 같은 문제들은 우리에게 '사건'에 대한 연구자적 접근이 역설로 존재할 수밖에 없음을 보여준다. 한편에서 인식의 틀을 통하지 않을 수 없는 사건이 언제나 그 틀 너머로 자꾸 비껴나가 흘러가 '반란'을 일으키는 것을 그 자체로 수긍하지 않으면 안 된다는 것이다. 실제 우리 삶의 모습이자 동시에 삶을 만들고 변형시키기도 하는 것이 사건이며 그것의 힘이기 때문이다. 이는 사건이 연구자에게 주는 매력이자 동시에 딜레마다.

무엇보다 이 같은 사건론이 식민지의 길거리에서 —혹은 지금의 오프라인에서— 만들어지던 다수의 무리, 즉 '대중'의 행위 논리이기도 했다는 점을 이 책은 강조하고자 했다. 자기 목적과 이념을 가진 조직원들조차 길거리에서 마주친 촉발들에 일반 대중과 별반 다르지 않게 변화하고 있던 상황. 자기 복제되듯이 증식하던 대중이 10명일 때와 100명일 때 그리고 거기서 더 많아져 1천이 될 때 전혀 '다른' 대중으로 질적 변신을 하던 것은 사건의 논리와 닮아 있었다. 완벽하게 복제되는 사건은 없으며 오직 반복적이면서도 동시에 '차이' 나는 사건이 있을 뿐이듯, 대중 역시 그러했다. 그리고 대중의 이 같은 변이는 철저히 실존적이었다.

잠깐 이공학적 연구를 위해 만들어진 실험실을 생각해보자. 거기서 우리는 온갖 변인들이 통제된 채 실험이 진행되는 것을 잘 안다. 그때 그 실험실의 개체들이 '사건'을 만들 가능성은 인위적으로 억제된다. 이 사실은 —당연하지만— 힘의 무차별적인 부딪힘에 내던져진 개체는 오히려 사건을 마주할 가능성이 높아짐을 말해준다. 그 부딪힘의 촉발에 대응해 어떤 식으로든 살아남기 위한 개체의 선택 혹은 결단이 의외의 일, 즉 사건을 만든다. 사건은 실존적인 것이기도

한 것이다. 이는 대중의 구성과 변이 그리고 소멸의 논리와도 유사했다. 우리가 이 책에서 본 대중의 갑작스러운 생성과 돌발적인 확장 그리고 변덕스러운 뒤바뀜과 순간적인 소멸의 모든 과정은 이편과 저편의 싸움 속에서 자기 존재를 보존하고 그 힘을 확장하려던 노력의 결과였기 때문이다

따라서 사건을 연구할 때 우리가 겪는 것과 동일한 어려움이 대중 연구에도 필연적으로 뒤따를 수 있음을 생각하지 않을 수 없다. 대중을 정체된 하나의 실체로 고정해 의미 부여하려는 순간, 그 의미망에 '반란'을 일으키는 것이 대중의 행위이기 때문이다. 이 책은 그런 의미에서 이 같은 대중의 양가적 성격과 행위의 역설을 그 자체로 바라볼 수 있어야 한다는 관점으로 시도되었다. 무엇보다 식민지 대중의 소란에서 우리가 본 것은 대중 행위의 그 폭력적 단순성(이항 대립)에도 불구하고, 그 안에 그것에 대비되는 의미의 ─어디로 튈지 모르는─ 복합성이었다. 여기서 말하는 복합성이란 단순히 여러 의미가 혼재되어 존재한다는 것 이상을 말한다. 결과적으로 완벽하게 충돌하는 두 의미의 계열이 공존하면서도 동시에 분기하는 그 경계의 지점에서 사건이 일어나고 있었다는 것, 그것이 이 책이 대중의 여러 소란을 통해 확인했던 '역설'로서 대중의 의미였다.

이 같은 작업은 현재 한국 사회에서 나타나는 많은 대중 현상을 대하는 언론계나 학계의 관점을 조금 다른 각도에서 생각해볼 수 있게 한다. 혐오, 적대, 증오, 단순한 갈등을 넘어 이쪽과 저쪽으로 명확하게 양분된 전선이 한국 사회의 거의 전 분야를 관통하는 현실을 우리는 매일 마주한다. 이 같은 현실은 무엇보다 학계에 이 현실을 타개

할 '대안'을 고민하도록 한다. 사회가 지향해야 하는 보편적 준칙 위에서 그것이 실현되기 위한 이론적 대안을 찾는 것이다. 그것이 사회과학자 혹은 정치학자의 몫으로 이야기되기도 한다. 그런데 이 같은 학계의 건설적인 고민은 이 책의 관점에서 자칫 당위와 존재가 중첩되는 문제를 야기할 수 있는 것으로 보이기도 한다. 사회가 나아가야 할 바에 대한 지향과 실제 그 사회가 존재하는 방식은 분명히 다르다. 그런데 전자에 대한 강한 고민이 후자에 대한 면밀한 분석과 개념화를 대신하거나 아예 대체하는 경우들이 '대안'적 이론을 고민하는 접근에서 종종 발생한다. 이 책은 그런 의미에서 한국 사회의 대중주의적 현실에 대한 학계의 가치 지향적(어떤 지향성에 맞춰 사회를 설명하는 방식) 경향에 의문을 제기하는 것이기도 하다.

물론 이 같은 문제의식에도 불구하고 이를 논하는 이 책의 성숙도는 여러 면에서 부족하기 그지없다. 이론적 고민은 아직 거칠고 세련되지 않으며, 하고자 하는 이야기의 규모에 비해 사료의 크기 역시 빈약해 자칫 사료에 대한 과잉 해석이라는 비판이 나올 수도 있을 것이라고 충분히 인지하고 있다. 이 같은 문제에도 불구하고 이 책의 고민이 비단 저자만의 것임이 아니라는 것을 안다. 그런 지점에서 부족한 연구가 많은 이들과의 소통을 통해 향후에 더 나은 연구로 이어지는 바탕이 되어보길 기대한다.

미 주

들어가며

1. 민중사관의 한계와 관련한 역사학계의 논의에 대해서는 다음을 참조(허영란, 「민중운동사 이후의 민중사: 민중사 연구의 현재와 새로운 모색」, 『역사문제연구』 15, 2005; 허수, 「새로운 식민지 연구의 현주소: '식민지 근대'와 '민중사'를 중심으로」, 『역사문제연구』 16, 2006; 이용기, 「민중사학을 넘어선 민중사를 생각한다」, 『내일을 여는 역사』 30, 2007).

2. 이 책은 개인의 대중으로의 전환을 '변신' 혹은 '변이'라고 표현한다. 굳이 이 용어를 사용하는 이유는 대중이 개인들의 단순한 수적 집합을 넘어선 존재임을 강조하기 위해서다. 수많은 개인들이 서로 간에 나눈 촉발이 만든 전혀 다른 구성체임을 강조하기 위해서다. 여기서 변신이란 용어의 의미와 관련해서는 카네티의 논의를 주로 참조하고 있다. 이와 관련한 자세한 논의는 제3장 미주 33번을 확인하기 바란다.

3. 국내에서 정치를 양 세력 간의 투쟁으로 보는 대표적 기존 연구로는 김학노의 연구가 있다(김학노, 『정치: 아와 비아의 헤게모니 투쟁』, 박영사, 2023).

제1장 대중과 공포

＊ 이 글은 『도시연구』 19호(2018)에 실린 「식민지 군중의 "길거리 정치"와 식민자의 공포 (1920−1929)」를 수정, 보완한 것이다.

1. 全鮮內地人實業家有志懇話會 編, 『全鮮內地人實業家有志懇話會速記錄』(京城: 京城商業會議所懇話會事務所, 1920), 1쪽.

2. 같은 책, 4~7쪽.

3. 같은 책, 8~9쪽.

4. 朝鮮憲兵隊司令部, 『(大正八年)朝鮮騷擾事件狀況』(東京: 極東硏究所出版會, 1969); 곽형덕, 「피포위공포와 살육의 기억: 일본 문학이 기록한 3·1운동과 조선인」, 『일본비평』 11-2, 2019.

5. 全鮮內地人實業家有志懇話會 編, 『全鮮內地人實業家有志懇話會速記錄』, 13쪽.

6. 京城商業會議所, 『朝鮮人口統計表 1923』(京城: 京城商業會議所, 1923), 1쪽.

7. 조선헌병대사령부, 「조선소요사건 상황: 대정 8년 6월 헌병대장의 경무부장 회의 석상 보고」, 『독립운동사자료집 6: 3·1운동사 자료집』, 독립유공자사업기금운용위원회, 1970-78.

8. 全鮮內地人實業家有志懇話會 編, 『全鮮內地人實業家有志懇話會速記錄』, 18쪽.

9. 같은 책, 34쪽.

10. 같은 책, 9~10쪽.

11. 같은 책, 38쪽. 재조 일본인 사회의 철도 부설 관련 운동은 상업회의소 주도로 1920년대 중반 본격화된다. 이와 관련한 기존 연구로는 다음을 참조(기유정, 「식민지 조선의 일본인과 지역 의식의 정치효과」, 『한국정치학회보』 45-4, 2011).

12. 全鮮內地人實業家有志懇話會 編, 『全鮮內地人實業家有志懇話會速記錄』, 55쪽.

13. 같은 책, 61쪽.

14. 같은 책, 62쪽.

15. 같은 책, 62~63쪽.

16. 같은 책, 62~63쪽.

제2장 다수자를 보는 눈

1. 「민중 교화의 요구」, 『동아일보』 1923년 6월 17일 자.

2. 「대중의 총명」, 『동아일보』 1924년 4월 24일 자.

3. 「조선 민중의 민족적 불평」, 『동아일보』 1920년 6월 8일 자.

4. 「국가의 정치와 민중의 여론」, 『조선일보』 1923년 8월 3일 자; 「행정과 민중의 의사」, 『조선일보』 1923년 12월 7일 자.

5. 1920년대 조선 지식인 사회의 민주주의론이 가진 식민 권력에 대한 비판적 기능과 관련해서는 다음을 참조(이태훈, 「1920년대 초 신지식인층의 민주주의론과 그 성격」, 『역사와 현실』 67, 2008; 이태훈, 「1910−20년대 초 신지식층의 민주주의 인식과 현실 활용: 일본 유학생과 동아일보의 논의를 중심으로」, 『한국사상사학』 56, 2017; 신주백, 「3·1운동과 1920년대 초 주체의 사회변동」, 『인문과학연구』 28, 2019).

6. 「조선 민중의 민족적 불평 !!」, 『조선일보』 1920년 6월 10일 자.

7. 「불로(不勞)계급에 재(在)한 민중에게」, 『조선일보』 1924년 9월 3일 자.

8. 「무산민중의 교육을 위하여」, 『조선일보』 1924년 5월 2일 자.

9. 「4천 명 대중이 성대히 거행한 동경의 노동기념일」, 『동아일보』 1924년 5월 2일 자; 「무리한 압박에 반항하자」, 「동아일보」 1925년 4월 22일 자; 「신생한 무산 대중당(無産大衆黨), 결단식은 22일」, 『동아일보』 1928년 7월 19일 자.

10. 「3천백만 대중 세계적 조류와 그들의 살길」, 『동아일보』 1924년 9월 6일 자.

11. 식민지 대중 담론과 관련한 대표적 기존 연구로는 다음을 참조(허수, 「1920– 30년대 식민지 지식인의 '대중' 인식」, 『역사와 현실』 77, 2010).

12. 「과도기에 임하여」, 『동아일보』 1925년 9월 14일 자.

13. 「화재와 무산대중 노동총연맹의 대책을 듣고」, 『동아일보』 1924년 9월 4일 자.

14. 「3천백만 대중 세계적 조류와 그들의 살길」, 『동아일보』 1924년 9월 6일 자.

15. 「조선 민족성의 장단」, 『조선일보』 1928년 11월 21일 자.

16. 이광수와 민족 담론에 관한 기존 연구로는 다음을 참조(안지영, 「근면한 '민족'의 탄생」, 『한국현대문학연구』 50, 2016; 김항, 「"이광수"라는 과제: 개인, 국민, 난민 사이의 "민족": 이광수 「민족개조론」 다시 읽기」, 『민족문화연구』 58, 2013; 김병구, 「이광수의 '민족성 개조론' 다시 읽기: '문화주의'와 근대 금욕 윤리의 이념적 효과를 중심으로」, 『대중서사연구』 23-4, 2017; 이경미, 「'문명화'와 '동화' 사이에서 주체 되기: 근대 동아시아에서 르 봉 수용과 이광수의 민족개조론」, 『국제정치논총』 61-1, 2021; 최주한, 「이광수의 민족개조론 재고」, 『인문논총』 70, 2013).

17. 이춘원, 「민족개조론」, 『개벽』 23, 1922년 5월 1일.

18. 정비석, 「이 해에 써보고 싶은 작품 (1)사생활의 존엄성을」, 『동아일보』, 1958년 1월 1일 자.

19. "적어도 밀 이래 자유주의자들은 자유를 '불간섭의 영역'이라는 뜻으로 이해 해왔다. 그 영역 안에서는 개인을 완전히 제 생각대로 살도록 내버려두어야 한다. … '공공'의 간섭을 전혀 받지 않고 생각하고 행동하는 개인 고유의 생활 영역, 즉 현대적 의미의 프라이버시라는 관념이야말로 자유주의의 중심 사상을 구성하고 있다"(노명식, 『자유주의의 역사』, 책과함께, 2015, 54쪽).

20. '사생활의 보호'라는 주제하에 '사생활'이라는 용어를 논설 및 기사로 보도하는 방식은 주로 1960년대에 집중적으로 나타났다. 이와 관련해서는 다음을 참조(「사생활의 자유 침해 없도록」, 『동아일보』 1961년 7월 2일 자; 「사생활의 공중 감시 반대」, 『조선일보』 1961년 5월 14일 자; 「교수 사생활까지 간섭?」, 『조선일보』 1965년 5월 9일 자; 「컴퓨터 시대의 새로운 불안」, 『조선일보』 1968년

8월 13일 자; 「시민의 프라이버시 비호를」, 『조선일보』 1968년 3월 5일 자; 「사생활 보장 흥신소단속법 시행령 개정키로」, 『조선일보』 1969년 5월 18일 자).

21. 「공생활과 사생활」, 『동아일보』 1932년 5월 6일 자.

22. 「민족생존권」, 『동아일보』 1921년 12월 8일 자.

23. 「신사회철학의 기조」, 『동아일보』 1923년 12월 17일 자.

24. 현파(玄派), 「데모크라시의 약의(略義)」, 『개벽』 1, 1920년 6월 25일.

25. 문화주의적 개조론과 관련해서는 박찬승의 선구적 연구를 참조(박찬승, 『한국근대정치사상사연구』, 역사비평사, 1992).

26. 「개인 개인의 자가(自家)의 정신을」, 『조선일보』 1920년 5월 22일 자.

27. 장철, 「개인의 완성과 사회조직」, 『조선일보』 1922년 12월 22일 자.

28. 한치진, 「특수 개인주의와 조선인의 장래」, 『조선일보』 1926년 1월 31일 자.

29. 「비사회적 경향」, 『조선일보』 1921년 4월 28일 자.

30. 사회권과 관련해서는 다음을 참조(「사회권」, 『동아일보』 1922년 6월 7일 자). 공동체주의적 개인주의론의 관점은 조선의 사상 유입의 1차 통로였던 일본에서 이미 시작된 것이었다. 이와 관련해서는 다음을 참조(고접(孤蝶), 「개인주의의 약의(略義)」, 『개벽』 2, 1920년 7월 25일).

31. " … 그 사회조직이 가족제도 위에 있음에도 불구하고 그들(일본인들—인용자)은 가족 관념보다도 국가 관념이 비교적 왕성한 까닭에 쉽게 오늘날의 번성을 이루었다. 그들은 전쟁이 있을 때 부모처자의 애정을 끊어버리고 국가를 위해 신성한 희생됨을 슬퍼하지 않으니 그것이 즉 동일한 가족제도로 그 폐해를 비교적 받지 않은 결과가 아니겠는가. 지나인(중국인—인용자)과 같음은 극단의 가족주의가 오래전부터 내려온 결과 그들은 충(忠)보다도 효를 중하게 여기며 국가보다도 조상을 귀하게 여기나니 그럼으로 지나는 많은 인민을 가지고도 금일의 쇠약에 이르게 되었다"(창해거사(滄海居士), 「가족제도의 측면관(側面觀)」, 『개벽』 3, 1920년 8월 25일).

32. 「清算さるべき道德, 個人主義とその消長(上)」, 『京城日報』 1933년 3월 18일 자.

33. 이와 관련해서는 다음을 참조(「유명한 이들의 사생활(사)」, 『동아일보』 1930년 2월 11일 자; 「유명한 이들의 사생활(아)」, 『동아일보』 1930년 2월 12일 자; 「유명한 아들의 사생활(카)」, 『동아일보』 1930년 2월 15일 자; 「유명한 이들의 사생활(타)」, 『동아일보』 1930년 2월 16일 자).

34. 「유명한 이들의 사생활(나)」, 『동아일보』 1930년 2월 6일 자; 「유명한 이들의

사생활(다)」, 『동아일보』 1930년 2월 7일 자.

35. 물론 '사생활의 보호'라는 관념과 그 관련 논쟁이 식민 공간에 전혀 부재했던 것은 아니었다. 1934년 1월 일본 사법성의 "민형법개정초안(이후 개정안)" 발표와 맞물려 『동아일보』 지면에서 해당 법안의 사적 자율성 침해 문제를 제기하던 김정실의 논평이나, 1931년 11월 『동광』 지면에서 전개되던 간통 관련 논쟁, 즉 개인의 불륜을 사회 도덕적 논의 대상으로 할 수 있느냐에 대한 논쟁 등은 이를 증명한다(「개정 민형법초안검토」, 『동아일보』 1934년 1월 20일 자; 「가정비극 엄정 비판」, 『동광』 27, 1931년 11월 10일). 그러나 이 같은 논쟁의 존재가 사생활에 대한 대중 사회 전반의 주류적 관점을 대변한다고 보기는 어려웠다. 그보다 압도적으로 많은 기사가 사생활을 정치적 무관심이나 문란한 성애의 공간 혹은 개인의 배타적인 이해의 공간으로 묘사하고 있었기 때문이다(「경성부협의회개회」, 『동아일보』 1921년 3월 20일 자; 「당국의 선전운동」, 『동아일보』 1921년 4월 14일 자; 「장단의 대조: 제일 먼저 고칠 조선 사람의 결점」, 『별건곤』 37, 1931년 2월 1일). 이 과정에서 사생활은 공사 일치나, 개인의 도덕적 문란을 경계하기 위한 사회적 통제의 필요라는 관점에서 접근된다. 피식민 조선인 사회의 사생활에 대한 주류적 관점은 사회(도덕)주의적이었고 그런 의미에서 대중의 호기심 어린 시선에 그 은밀함이 공개되는 것을 공공연히 허락하고 있었던 것이다. 이와 관련해서는 다음의 기사들을 참조(「귀농운동. 농촌개조 편」, 『동아일보』 1929년 11월 28일 자; 「백악관의 비화, 역대 대통령의 정치생활 내막」, 『별건곤』 27, 1930; 「일본 문인 다니자키(谷崎)·사토(佐藤) 간의 애처 양도 사건 진상」, 『별건곤』 32, 1930).

36. 「대중의 총명」, 『동아일보』 1924년 4월 24일 자.

37. 최화숙, 「웅변학상으로 본 군중」, 『중외일보』 1927년 6월 12일 자.

38. 귀스타프 르 봉, 이상돈 옮김, 『군중심리』, 간디서원, 2005, 34쪽. 1880년대와 1890년대에 발전했던 유럽의 대중심리학은 귀스타프 르 봉을 비롯한 샤르코, 에스퀴, 비샤 등에 의해 발전했던 것으로, 광기라는 진단에 의거해 인간 집단에 관한 이론을 확립한 것이었다. 암시감응성, 최면, 전염은 르 봉 군중심리학의 핵심 키워드로서 이성적 개인이라는 정상인이 군중이라는 다수자 속에 들어갔을 때, "익명성, 무책임, 감염성, 최면 상태, 피암시성, 최면술 파죽지세로 어떤 행동에 돌진해 들어"가는 일종의 병리적 상태로 변화된다고 접근하고 있었다. 이와 관련해서는 다음을 참조(스테판 욘손, 양진비 옮김, 「대중의 발명.

프랑스 문화 속의 대중: 프랑스 혁명에서 코뮌까지」, 제프리 T. 슈나프·매슈 튜스 엮음,『대중들』, 그린비, 2015).

39. 다이쇼기 일본에 유럽 대중심리학을 소개한 대표적인 저서로는 다음을 참조 (樋口秀雄,『群衆論』(東京: 中央書院, 1913)).

40. 김현준, 「시위운동과 군중심리」,『신동아』1-1, 3~4쪽.

41. 朝鮮總督府官房文書課 編,『朝鮮の群衆』(京城: 朝鮮總督府, 1926), 1~2쪽.

제3장 마주침

* 이 글은『사회와 역사』132호(2021), 「1920-30년대 "조선인 군중 소요"와 식민지 군중의 정치동학」을 수정, 보완한 것이다.

1. 「일본인의 폭행!」,『동아일보』1920년 4월 19일 사.

2. 「훤소중(喧騷中)에 총성!」,『동아일보』1920년 8월 19일 자.

3. 「소요한 평양시중」,『동아일보』1920년 8월 22일 자.

4. 「관화일요(觀花日曜)의 황혼에 황금정의 대소요」,『동아일보』1921년 4월 26일 자.

5. 르페브르는 1789년 프랑스 대혁명 때 장터에서 시작된 무리가 혁명적 군중으로 변화되는 과정을 분석한다. 그리고 여기서 이 같은 드라마틱한 대중의 성격 변화가 의도에 의한 것이 아님을 상세하게 설명한다. "우리가 앞에서 든 모든 경우에서 사람들이 의도적으로 모인 것은 아니다. 사람들은 무리를 짓기 위해서가 아니라 자신의 일을 보기 위해 일터로 교회로 혹은 시장이나 빵집으로 갔던 것이다"(조르주 르페브르, 최갑수 옮김,『1789년의 대공포』, 까치, 2002, 283쪽).

6. "마주침의 유물론"을 말하는 알튀세르에 따르면, 스토아 학파나 에피쿠로스 학파의 논리에서 현실의 운동들은 그 자체로 실제적이다. 사물의 의미는 이 운동자체의 효과이지 그 너머의 어떤 것의 재현이 아니라는 것이다. 그 철학적 전통에 따라 알튀세르를 포함한 후기구조주의 철학자들은 사물의 의미가 사물들이 만들어내는 현실 과정 너머가 아닌 그 과정 안에 있음을 학문적으로 설명할 수 있어야 한다고 말한다. 현대 철학에서 사건과 관련한 논의에 대해서는 다음의 연구들을 참조(루이 알튀세르, 서관모·백승욱 옮김,『철학과 맑스주의: 우발성의 유물론을 위하여』, 새길, 1996; 질 들뢰즈·펠릭스 가타리, 김재인 옮김,『천개의 고원』, 새물결, 2001; 이정우, 「들뢰즈와 사건의 존재론」,『시대와 철학』

9-1, 1998; 진명석, 「사건과 생성의 유물론」, 『현대사상』 4, 2009; 김겸섭, 「사건의 유물론과 소수적 탈주의 미시정치학」, 『현대사상』 4, 2009; 김조은, 「프랑스 현대 철학의 사건 개념」, 『철학사상』 70, 2018; 김희헌, 「사건의 철학과 과정 범재신론: 실태, 범경험주의, 범재신론의 존재, 우주론적 연결점으로서의 사건 개념」, 『화이트헤드 연구』 22, 2011).

7. 「경관의 처치 불공(處置不公)이 도화로 폭행한 일본인을 포위 난타」, 『동아일보』 1925년 8월 24일 자.

8. 들뢰즈에 따르면 니체 철학의 핵심은 삶을 마주침의 반복과 차이에 의한 생성이라고 보는 것이다. 마주침을 통한 사건의 생성은 "주사위의 놀이"이며, 반복된 놀이는 "차이"의 생성이다(질 들뢰즈, 신범순·조영복 옮김, 『니체, 철학의 주사위』, 인간사랑, 1994). 타르드 역시 "반복"과 "모방"이 변이의 전제라고 밝힌다. 타르드와 관련해서는 다음을 참조(가브리엘 타르드, 이상률 옮김, 『모방의 법칙』, 문예출판사, 2012; 가브리엘 타르드, 이상률 옮김, 『사회법칙』, 아카넷, 2013).

9. 식민지 '정치' 논의에서 정치는 일반적으로 법 제도적 결과와 정책에 한정된다. 그 경우 식민지 대중의 소란은 정치로서 의미를 갖지 못한다. 그러나 알튀세르에 따르면, 법 제도 속 정치는 마주침이라는 일상의 우발적 '사건'들의 반복된 응고의 결과다. 법 제도와 사회구조는 마주침의 반복과 변이에 따른 결과이기에 그 장에 내재하는 것이다. 이와 관련해서는 다음을 참조(루이 알튀세르, 『철학과 맑스주의: 우발성의 유물론을 위하여』, 44쪽).

10. 「조선인 일본인 싸움이기 때문」, 『시대일보』 1926년 8월 24일 자.

11. 「원산에서 관민 대충돌」, 『동아일보』 1920년 8월 22일 자.

12. 카네티는 『군중과 권력』에서 "밀집", "강도", "리듬", "발산" 등의 개념으로 대중운동의 동학을 설명한다(엘리아스 카네티, 강두식·박병덕 옮김, 『군중과 권력』, 바다출판사, 2002, 19쪽).

13. 「문제의 노파 실상 아무렇지도 않다」, 『매일신보』 1918년 8월 31일 자.

14. 일본 쌀값 상승으로 인한 대중 폭동과 관련해서는 다음을 참조(나리타 류이치, 이규수 옮김, 『다이쇼 데모크라시』, 어문학사, 2012). 일본 쌀 폭동 때 조선에서 쌀값 상승으로 인한 조선인 사회의 생활고와 관련해서는 다음 기사를 참조(「비참한 세민의 생활」, 『매일신보』 1918년 8월 16일 자).

15. 「미가고등(米價高騰)과 최급(最急) 문제(2)」, 『매일신보』 1918년 8월 3일 자.

16. 「전차의 차장 운전수 임금을 올려달라고 회사에 요구」, 『매일신보』 1918년 8월 13일 자.

17. 「미가고등(米價高騰)과 경제생활: 이식주의(二食主義)를 실행하라」, 『매일신보』 1918년 3월 6일 자; 「미가고등(米價高騰)과 경제생활: 이익 있는 공동구입」. 『매일신보』 1918년 3월 8일 자.

18. 「경성 빈궁 구제」, 『매일신보』 1918년 8월 17일 자; 「구조 방법의 결정」, 『매일신보』 1918년 8월 16일 자.

19. 미곡 염매소가 열린 후 몰려든 사람들의 풍경을 묘사한 기사 하나를 보자. "사러 온다 사러 온다! 어른, 아이, 마누라, 할아범이 구름같이 염매소를 향하고 모여들어서 염매소의 문전은 사람으로 길이 막히고 출장한 경관은 혼잡을 제어하느라 정거장에서 표 사는 때와 같이 어깨를 맞춰 차례로 세워도 그 기다란 행렬은 끝이 다할 줄을 모르는 고로 간간이 정지를 시키고 먼저 들어온 사람이 많이 빠진 뒤에 다시 들이는 방침을 취했으나 그럴수록 밀리는 사람은 점점 많아 표 주는 학교 선생, 돈 받는 은행원은 땀을 비 흘리듯 하며 쌀 주는 곳에서는 한 사람씩 펄펄 뛰며 되질을 하여 쌀 달라는 자루 아가리가 사방에서 딱딱 벌리고 들어오는 통에 불과 몇 분 지나지 못해 빈 섬이 번쩍번쩍 드러나고 쌀 사간 표는 순식간에 책술(책의 두껍고 높은 정도—인용자)같이 높아지는 장관이라 … "(「성황! 성황을 하여」, 『매일신보』 1918년 8월 20일 자).

20. 「우미관 앞의 대활극」, 『동아일보』 1924년 5월 21일 자.

21. 이런 의미에서 '사건'을 과거에 일어난 어떤 일로 '역사적'으로 규정해버리는 것은 사건이 가진 운동과 생성의 의미를 충분히 표현해내지 못한다. 그것은 자칫 사건을 죽어버린 '과거'로 고착시켜버릴 가능성이 높기 때문이다. 들뢰즈는 이 문제를 『천 개의 고원』에서 사건이 가진 동시간성을 통해 설명한다. 일어났던 과거는 동시에 그래서 무언가가 앞으로 또 일어나게 될지를 묻게 하는 미래이며 그 과거와 미래는 모두 현재 안에서 동시에 분기해간다. 그런 의미에서 들뢰즈는 "사건"을 운동의 과정 중에 있는 되기(becoming)로 접근한다. "그 운동들 중에서 한 운동은 현재와 함께 움직이지만, 다른 운동은 그것이 현존하자마자 이미 현재를 과거로 던지며(단편소설), 또 다른 운동은 동시에 현재를 미래로 끌고 간다"(질 들뢰즈·펠릭스 가타리, 『천 개의 고원』, 368쪽).

22. 감성을 대중 행위의 핵심 개념으로 접근하는 기존 연구로는 다음을 참조(박형신, 「집합행위와 감정: 집합적 분노는 언제 왜 폭력적으로 표출되는가」, 『정신

문화연구』 41-2, 2018; 임준규, 「1931년 식민지 조선에서의 반중국인 폭동: 폭동의 진행 과정을 중심으로」, 『사회와 역사』 131, 2021; 제프 굿윈 외, 박형신·이진희 옮김, 『열정적 정치』, 한울, 2012).

23. 「수백의 군중 밀양경찰서를 습격」, 『매일신보』 1920년 9월 17일 자.

24. 「전 조선 각지로 운집한 주의자」, 『동아일보』 1925년 4월 19일 자; 「벽두의 집회 전조선 민중」, 『동아일보』 1925년 4월 19일 자; 「개회전 금지된 민중 운동자 대회」, 『개벽』 59, 1925년 5월 1일.

25. 「무리한 압박에 반항하자」, 『동아일보』 1925년 4월 22일 자.

26. 「공안 방해 민심을 선동」, 『동아일보』 1925년 4월 22일 자.

27. 「무리한 압박에 반항하자」, 『동아일보』 1925년 4월 22일 자.

28. 「민중운동자대회 금지에 대하여」, 『동아일보』 1925년 4월 21일 자.

29. 같은 기사.

30. 「언론계, 법조계, 긴급회의를 개최」, 『동아일보』 1925년 3월 22일 자.

31. 유인혁, 『식민지 시기 근대소설과 도시공간』, 동국대학교 박사학위논문, 2015, 222쪽.

32. 「군중이 경관 대포위」, 『동아일보』 1932년 5월 30일 자; 「머슴계(契) 집회 불허에 격분 70 농민 시위」, 『조선일보』 1932년 5월 30일 자; 「노조 대회를 금지시켜 군중과 경관대 충돌 26명 검속」, 『부산일보』 1932년 6월 1일 자; 「論山の勞動組合員警官隊と大亂鬪」, 『京城日報』 1932년 5월 30일 자.

33. 카네티는 신화와 민속학의 사례 등을 통해 고대부터 인류에게 이종(異種) 개체 간에 서로 다른 개체 되기의 "변신"이 매우 자연스러운 '능력'으로 받아들여져 왔음을 밝힌다. 부시먼족의 경우, 이들은 서로 무리 지어 함께 사는 가족들이나 자기가 사냥한 동물들과 접촉하는 과정에서 다른 개체를 자기 몸의 감각(상처나 고통)을 통해 자신의 것으로 느끼고, 그 과정에서 자기 신체가 확장되고 변신하는 경험을 한다고 설명한다. "동일한 부시먼족 사내의 몸이 자기 아버지의 몸, 자기 아내의 몸, 타조나 영양의 몸이 되기도 한다. 시간에 따라서 그가 그 모든 것이 될 수 있고 항상 다시 자기 자신이 될 수 있다는 것은 매우 의미심장하다. 그때그때마다의 외적 원인에 따라 변신이 잇따라 이루어진다"(엘리아스 카네티, 『군중과 권력』, 452쪽). 이런 이유로 모든 고대 원주민 사회의 신화 속 대상들은 언제나 "인간인 동시에 동물이었으며 때로는 인간이면서 식물"인 이들로 존재하게 되는데, 이는 단순한 비유를 넘어선 이들의 능력이다

(같은 책, 495쪽). 반면, 이 변신의 능력을 통제하는 것, 즉 인간이 "인간 자체일 수 있는 힘을 지녀야만 하며 변함없이 일정한 상태로 머물 수 있는 힘"을 가지도록 하려는 욕망, "항구성과 견고함에 대한 욕망"이 바로 권력의 욕망이라고 말한다(같은 책, 497). 따라서 이 같은 카네티의 고고인류학적 연구는 위에서 우리가 보게 될 대중의 상호 촉발과 그 과정에서의 다른 대중으로의 변신, 다른 대중 '되기'를 왜 식민 권력이 통제하려 했었고, 그것에 공포를 느꼈는지를 이해하게 한다. 식민지의 소란 속에서 서로 다른 정체성을 가진 대중들 간에 일어나는 교잡과 그를 통한 대중의 변이(혹은 변신)는 권력과의 관계에서 대중 정치가 보여주는 차별성을 드러낸다.

제4장 모방

＊ 이 글은 『사회와 역사』 132호(2021), 「1920—30년대 "조선인 군중 소요"와 식민지 군중의 정치동학」을 수정, 보완한 것이다.

1. 「군중심리」, 『매일신보』 1934년 1월 23일 자.

2. 같은 기사.

3. 朝鮮總督府官房文書課, 『朝鮮の群衆』(京城: 朝鮮總督府, 1926), 211쪽.

4 같은 책, 215~216쪽.

5. 「연초밀매(煙草密買)의 혐의로 전매국원이 고문」, 『동아일보』 1930년 12월 6일 자.

6. 카네티가 부시먼족에 대한 고고인류학적 접근을 통해 이야기했던 "변신"은 들뢰즈에게는 "되기(becoming)"다. 되기라는 방식의 변화는 진화 목적론적인 발전을 의미하는 것도, 접속하는 다른 개체를 위사(僞辭)하는 것도 아니다. 개체들 간의 접속을 통해 만들어진 새로운 것 "되기"는 "실질적" 변화, 즉 차이의 "생성"이다. 이 같은 생성이 개체 간 마주침에 의해 현실화되고 있다는 것이다. 카네티가 고고인류학적 사례를 통한 "변신"의 논의가 들뢰즈의 "되기" 혹은 차이의 생성과 결과적으로 같은 논의라고 볼 수 있는 지점이다(질 들뢰즈·펠릭스 가타리, 김재인 옮김, 『천 개의 고원』, 새물결, 2001, 452~453쪽).

7. 「수백 군중 파출소를 포위」, 『동아일보』 1928년 9월 3일 자.

8. 朝鮮總督府官房文書課, 『朝鮮の群衆』, 213쪽.

9. 같은 책.

10. 가브리엘 타르드, 이상률 옮김, 『모방의 법칙』, 문예출판사, 2012, 35쪽.

11. 「16일 밤 종로 4정목의 소요」, 『동아일보』 1920년 8월 18일 자; 「황토현 사거리의 수천 군중의 대소요」, 『매일신보』 1920년 8월 19일 자.

12. " … 일반 부민(府民)에 호열자 병의 증세는 조금도 보이지 아니하고 아주 건강한 사람과 같이 원기도 좋고 먹는 것도 조금도 틀림이 없으므로 보통 성한 사람과 조금도 틀리지 않지만 그 사람의 대변을 받아서 현미경으로 들여다보면 호열자 병에 걸려 있는 환자와 조금도 다를 것이 없이 그 대변에는 다수한 호열자 매균이 섞여 있는 것이나 보균자로서는 아무 걱정이 없이 지내오. 이 환자는 당장에 입으로 토하고 아래로 설사를 하며 당장에 죽어가기 때문에 보는 사람들도 … 그것을 그대로 내버려두면 그 사람이 누어 놓은 대변 중에서 호열자 매균이 사방으로 흩어져서 그것으로 인해 환자가 자꾸 발생하기에 전염되기는 이 환자와 조금도 다를 것이 없소. 따라서 아무리 환자만 치료한다 해도 보균자의 검사와 및 격리가 충분치 못하면 호열자 병의 유행을 막을 수가 없어서 방역상에 가장 힘이 드는 것은 이것이오"(「세인(世人)의 오해가 없도록. 보균자에 대하여(1)」, 『동아일보』 1920년 8월 22일 자).

13. 「16일 밤 종로 4정목의 소요」, 『동아일보』 1920년 8월 18일 자.

14. 백선례, 「1919·20년 식민지 조선의 콜레라 방역 활동: 방역 당국과 조선인의 대응을 중심으로」, 『사학연구』 101, 2011; 유선영, 「식민지 근대성과 일상 폭력」, 『대동문화연구』 96, 2016.

15. "경성의 순화원은 다시 말할 것도 없고 각 지방의 전염병 환자를 수용하는 장소들을 모두 일반 인민은 이 세상의 지옥으로 생각하여 '거기는 가기만 하면 사람이 죽는 곳이다' 하는 관념이 마음에 깊이 쌓여 있음으로 어느 의미로 말하면 종래의 전염병원은 감옥보다도 오히려 더 심하게 싫어하고 꺼리는 것은 누구든지 아는 바이라"(「민간에서 피병원(避病院)을 설(設)하라(2)」, 『동아일보』, 1920년 8월 18일 자).

16. 「황토현 사거리의 수천 군중의 대소요」, 『동아일보』 1920년 8월 17일 자.

17. 「군중 무려 삼천」, 『동아일보』 1920년 8월 19일 자.

18. 제프리 T. 슈나프·매슈 튜스 편, 양진비 옮김, 『대중들』, 그린비, 2015, 120쪽.

19. 「수라장의 제중원」, 『동아일보』 1920년 8월 19일 자.

20. 같은 기사.

21. 「이리 시민 수백. 일본인과 편전(便殿)」, 『동아일보』 1927년 4월 2일 자.

22. 「일본인의 폭언으로 이리 시민 분기(奮起)」, 『동아일보』 1927년 4월 7일 자.

23. 「군중에 쫓긴 순사」, 『동아일보』 1929년 9월 29일 자.

24. 모방으로 시작된 관념의 전파가 어떻게 변이로 이어져 "온건한 욕망"의 대중이 "증오"나 "광신"의 대중이 되는지와 관련해서는 타르드의 다음의 주장을 참조해보자. "그러나 그 관념과 결합되어 함께 퍼지는 감정은 퍼져 나가면서 변한다. 그 감정은 일종의 기하급수적인 방식으로 강화된다. 그러므로 그 전파의 장본인, 예를 들면 한 범주의 시민들에게 용기를 내 어떤 의심을 제시한 최초의 고무자에게는 온건한 욕망이나 망설이는 의견이었던 것이 그 씨앗이 떨어진 들끓고 있는 대중에게는 곧바로 열정과 확신, 증오나 광신이 된다. 따라서 그 대중을 움직여서 좋건 나쁘건 간에 그들을 극단으로까지 치닫게 하는 감정의 강렬함은 대부분 대중 자신의 산물, 즉 그 모인 사람들이 서로 반사해 서로를 뜨겁게 한 결과다"(가브리엘 타르드, 이상률 옮김, 『여론과 군중』, 지도리, 2012, 169쪽).

제5장 적대

＊ 이 글은 『사회와 역사』 135호(2022), 「반(反)형평사 소요와 식민지 대중 정치(1923~1930)」를 수정, 보완한 것이다.

1. 무한하게 확장하는 다수자이자 동시에 하나인 대중의 수적 이중성과 관련해서는 다음의 논의를 참조. "「테니스 코트의 서약」은 확장이자 수축이고, 무한한 숫자인 동시에 완전한 일치다. 다수 속의 통일성이라는 다비드의 시각화를 포착하려는 일은 난감해 보인다. 그러나 대중이 역사의 진보를 위해 소집될 때마다 환기되는 것이 숫자와 결합의 이 기이한 종합이 아니던가?"(제프리 T. 슈나프·매슈 튜스 편, 양진비 옮김, 『대중들』, 그린비, 2015, 113쪽).

2. 도청 및 학교 부지 선정 등 지역 개발 이해 갈등과 관련해서는 다음을 참조(지수걸, 「일제하 공주지역 유지 집단의 도청 이전 반대운동」, 『역사와 현실』 20, 1996; 김중섭, 「일제하 경상남도 도청 이전과 주민 저항운동」, 『경상남도문화연구』 18, 1996; 전성현, 「일제강점기 식민 권력의 지방지배 '전략'과 도청 이전을 둘러싼 '지역정치'」, 『사회와 역사』 126, 2020). 도시 기반 시설의 공영화와 관련한 이해 갈등과 관련해서는 다음을 참조(김제정, 「식민지기 '지역'과 '지역운동': 1930년대 초반 경성지역을 중심으로」, 『향토서울』 86, 2014; 박정민, 「1910-20년대 인천부 상수도 급수의 운영과 지역사회의 '부영화(府營化)' 운동」, 『역사교육』 157, 2021; 주동빈, 「1920년대 경성부 상수도 생활용수 계량제

시행과정과 식민지 '공공성'」, 『한국사연구』 173, 2016).

3. 물론 이들 싸움의 구체적인 '내용'은 술 취한 일본인, 돈 떼먹은 일본인, 이유 없이 사람을 때린 일본인이나 그 상황에 이런저런 이유로 엮여서 충돌했던 다양한 인물들이었음에 틀림없다. 그러나 그 같은 행위자들의 '속성'이 아닌 행위의 구도, 즉 양태에 있어서 이 사건들 속 대중은 결과적으로 두 진영으로 나뉘는 공통점을 가지고 있었다. 결과적으로 '조선인 대 일본인' 혹은 '피식민자 대 식민자' 간의 단순한 이항 구도 위에서 대중이 구성되고, 확장되며 또 동시에 소멸하고 있었다.

4. 슈미트는 적과 동지의 관계를 "결합 내지 분리, 연합 내지 분열의 가장 강도 높은 경우"의 관계라고 말한다. 또한 "정치적인 행동이나 동기의 원인으로 여겨지는 특정한 정치적 구별이란 적과 동지의 구별이다. 이 구별은 규준이라는 의미에서의 개념 규정을 제공하며, 빠짐없는 정의 내지 내용을 제시하는 개념 규정은 아니다"라고 말한다. 즉, "정치적인 것"의 정의가 되는 적과 동지의 구별이 누가 적이고 누가 동지인지에 대한 실체적 내용에 근거하지 않는다는 것이다. 적과 동지는 그들 간의 분열의 "강도"에 따라 결정된다. 즉, 안(동지)과 밖(적) 사이에 존재하는 강렬한 혐오나 이질감 혹은 충돌 같은 내외부의 균열의 '세기'를 뜻하는 것이 적과 동지에 대한 슈미트적 개념이다. 따라서 슈미트에게 정치적으로 적과 동지의 관계에 있다는 것은 관념적이기보다는 실천적인 의미를 갖는다. 이와 관련해서 다음을 참조(카를 슈미트, 김효전·정태호 옮김, 『정치적인 것의 개념』, 살림, 2016, 39쪽; 성정엽, 「칼 슈미트 정치적인 것의 개념」, 『민주법학』 72, 2020).

5. 식민 공간의 적대를 피식민자 대 식민자라는 구도에 국한시킬 경우, 자칫 우리는 피식민 대중에 대한 아주 쉬운 정의를 내리게 된다. '대중=권력의 대항 세력'이라는 등치다. 이는 우리가 민중사관이라 부르는 또 다른 전통적 역사관 아래서 노동자나 농민, 도시 빈민이나 사회적 소수자를 접근하는 방식과도 연관된다. 사회적 하층에 위치한 다수자를 저항적 존재로 등치시키고 이들에게 역사적 발전의 잠재력이 존재한다고 정치 도덕적인 우위를 부여하는 것이다. 이처럼 대중의 정치적 의의를 미리 규정해 그 행위를 설명하는 방식은 대중 행위 내부의 비일관성과 비논리적 요소를 배제시킨 채, 그 성격을 하나의 방식으로 본질화할 위험을 갖는다. 무엇보다 '피식민자=식민 권력의 희생자' 혹은 '피수탈자'라는 기계적 등식은 피식민자를 오히려 수동화시켜 내부의 역동성을 억압

하는 방식이 학문적 정당성을 쉽게 얻게 할 여지를 준다. 따라서 이 같은 문제를 역으로 비틀어 다시 보기 위해서라도 '적대'의 전선이 식민자에 대해서만이 아니라, 피식민자 내부에서도 실존하고 있었는지 여부를 보는 것이 중요하다.

6. 기존 연구들은 대체로 형평사 운동과 반형평사 소요를 대등한 관계로 접근하지 않았다. 조직과 이념이 상대적으로 분명하며 현재적 의의를 설명할 수 있는 형평사는 진보적 민중 운동사의 대상으로 주로 접근된다. 반면, 반형평사 소요는 그에 반동(反動)하여 일어난 부수적 결과라고 보는 경향이 지배적이었다. 이 같은 관점을 간접적으로 보여주는 기존 연구와 관련해서는 다음을 참조(고숙화, 「형평사에 대한 일연구: 창립 배경과 초창기(1923–25) 형평사를 중심으로」, 『사학연구』 38, 1984; 조미은, 「조선형평사 경제활동 연구」 12·13, 『상산사학』, 1995; 조휘각, 「형평사의 민권운동 연구」, 『윤리연구』 34-1, 1995; 김중섭, 『형평운동』, 지식산업사, 2001; 전홍우, 「일제강점기 강원지역 형평운동」, 『인문과학연구』 38, 2013; 김재영, 「일제강점기 호서지방의 형평운동」 18, 『충청문화연구』, 2017; 이정은, 「근대도시의 소외된 사람들」, 『도시연구』 10, 2013). 이 같은 기존 연구 경향 위에서 반형평사의 논리를 보다 심층으로 분석한 선구적 연구들은 크게 다음과 같다. 1) 먼저 반형평사 소요가 조선시대 이래의 누적된 전통 관념의 결과라고 접근한 연구다. 이와 관련해서는 다음을 참조(김중섭, 「한국의 백정과 일본의 피차별 부락민의 비교 연구」, 『현상과 인식』 38-1·2, 2014). 2) 다음으로는 반형평사 소요를 지역 내 친일적 사회단체의 선동에 따른 결과라고 보는 관점이 있다. 이와 관련해서는 다음을 참조(김일수, 「일제강점기 '예천형평사 사건'과 경상북도 예천지역 사회운동」, 『안동사학』 8, 2003). 3) 또 다른 연구는 백정 사회의 경제 침탈에 대항한 위기의식의 발동이 농민들의 형평사 반대 운동을 만들었다고 보는 것이다(최보민, 「1925년 예천사건에 나타난 반형평운동의 함의」, 『사림』 58, 2016). 4) 마지막으로 양민과 천민 사이에 지켜져야 할 도리 즉, '분의(分義)'를 깨버린 것에 대한 지역민들의 혐오가 반형평사 소요들로 나타났다고 보는 연구가 있다. 이와 관련해서는 다음을 각각 참조(張龍經, 「民衆の暴力と衡平の條件」, アジア民衆史研究會·歷史問題研究所 編, 『日韓民衆史研究の最前線: 新しい民衆史を求めて』(東京: 有志舍, 2015)).

7. 「형평사원 구타」, 『조선일보』 1926년 3월 24일 자.

8. 조미은, 『제59회 국사편찬위원회 한국사학술회의 자료집』, 국사편찬위원회, 2022, 60~61쪽.

9. 김중섭, 「한국의 백정과 일본의 피차별 부락민의 비교 연구」, 『현상과 인식』 38-1·2. 예를 들어 나이에 관계없이 모든 일반인에게 존댓말을 해야 한다거나, 백정 남성은 갓 대신 패랭이를 써야 하고, 여성은 비녀 대신 얹은머리를 올리며, 가죽신을 만들긴 하지만 이를 신어서는 안 되고, 가옥에 기와를 올리거나 치장을 해서도 안 되었다.

10. 같은 논문.

11. 조미은(2022)과 김중섭의 연구는 이 같은 입장을 대표한다. 김중섭은 백정들이 당시 느끼던 경제적 위기의식이 형평사 운동에서 "생활권"의 요구라는 차원에서 전개되었다고 주장한다. 이와 관련해서는 다음을 참조(김중섭, 「형평운동과 인권, 그리고 사회적 연대」, 『제59회 국사편찬위원회 한국사학술회의 자료집』, 국사편찬위원회, 2022, 22~23쪽).

12. 김중섭, 「근대 사회로 이끈 3·1운동과 형평운동: 진주지역을 중심으로」, 『사건으로 보는 경상남도 지역의 근현대사 학술 자료집』, 경상남도대사회과학연구원, 2022, 12쪽.

13. 「진주에 형평사 발기. 계급 타파를 절규하는 백정 사회」, 『조선일보』 1923년 4월 30일 자.

14. 같은 신문.

15. 「형평사원과 문제 되어 이리 시민 소동」, 『동아일보』 1926년 7월 11일 자.

16. 「동민이 합력하여 평형사원 난타」, 『동아일보』 1927년 8월 13일 자.

17. 「세 명만 구치 일곱 명은 석방, 공주형평사원 구타 사건」, 『동아일보』 1929년 5월 31일 자.

18. 「서산 해미읍리민 형평사원과 충돌」, 『동아일보』 1926년 5월 4일 자.

19. 「최대 원한이 차별」, 『동아일보』 1925년 4월 26일 자.

20. 고숙화, 「2장 반형평운동의 성격, 형평운동」, 한국독립운동사편찬위원회 편찬, 『한국독립운동의 역사 32』, 독립기념관 한국독립운동사연구소, 2008, 6~7쪽.

21. 「선부(船夫)가 폭행. 형평사원 난타」, 『동아일보』 1926년 7월 6일 자.

22. 「서산 해미읍리민 형평사원과 충돌」, 『동아일보』 1926년 5월 4일 자.

23. 「형평사원이 받는 설움」, 『조선일보』 1924년 7월 14일 자.

24. 「노동자와 형평사원 조치원 시장에서 대격투」, 『조선일보』 1924년 6월 6일 자.

25. 그럼에도 조치원의 형평사 대중은 노동회 대중을 상대로 그들이 스스로 박해받았다고 생각해왔다. 그날 사건 때문이 아니라 농촌의 머슴들로부터 백정들

이 오랫동안 받아온 인간 이하의 대접 때문이었다. 그 와중에 마침 노인 김성숙을 사이에 두고 백정 이재록과 머슴 이응보 사이에 벌어진 격투에 "노동회"가 공식적으로 이를 문제 삼고 나섰던 것이다. 경찰까지 미리 나서서 두 세력 간의 충돌을 경계해 노동자 총회에 출장을 했던 것은 이 두 세력 사이에 강한 긴장감과 적의가 사건 이전부터 있었다는 것을 알 수 있게 한다.

26. 「형평운동을 이해하라」, 『조선일보』 1925년 11월 8일 자.

27. 「약자에게 발로(發露)되는 용기」, 『조선일보』 1930년 7월 6일 자.

28. 「반형평사운동. 상호 협조의 해결을 망(望)함」, 『동아일보』 1923년 5월 31일 자.

29. 「형평사」, 『조선일보』 1924년 4월 24일 자.

30. 「김해 사건 후보(後報)」, 『조선일보』 1923년 8월 24일 자; 「노동자 수천 명이 성군 작당해서 형평운동의 관게자를 습격해」, 『동아일보』 1923년 8월 20일 자.

31. 「김해의 계급적 대충돌 원인은 형평사를 반대해 북성회 강연단을 환영함에 대해 형평사원과는 같이 가지 않겠다고」, 『조선일보』 1923년 8월 21일 자.

32. 같은 신문.

33. 「하동 형평분사 발회식장(發會式場)의 풍파」, 『조선일보』 1923년 8월 25일 자.

34. 「김해 소요 상보(詳報)」, 『동아일보』 1923년 8월 22일 자.

35. 「수천 농민이 대거(大擧)하여 또다시 형평분사를 습격」, 『동아일보』 1925년 8월 16일 자; 「형평사원 비호한다고 소년 회원 집을 습격」, 『조선일보』 1925년 9월 4일 자.

36. 「형평사원과 농민이 또 충돌, 경상북도 달성군 창동에서」, 『동아일보』 1929년 5월 31일 자.

37. 「형평사원 구타가 도화로 수백의 군중과 형평원 대치」, 『동아일보』 1926년 2월 8일 자.

38. 여기서 이야기하는 기(氣)를 철학적으로 표현한다면 정형화된 법 제도적 틀 안에서 보장된 힘(puvoir)이 아닌 그에 선행해 자연계 안의 존재자들이 자기를 보존하기 위해 행사하는 힘(puissance 혹은 conatus)으로 설명할 수 있을 것이다. 코나투스와 관련한 철학적 논의는 다음을 참조(질 들뢰즈, 박기순 옮김, 『스피노자의 철학』, 민음사, 1999, 187쪽).

39. 「양반 자랑하다가 형평사원과 투쟁」, 『동아일보』 1924년 5월 17일 자.

40. 월터 옹은 이 같은 신체언어의 성격을 "분석적이기보다는 집합적"이고, "인간의 생활 세계에 밀착"되며 "객관적 거리 유지보다는 감정 이입적 혹은 참여적"

이라고 설명한다. 이와 관련해 다음을 참조(월터 옹, 이기구·임명진 옮김, 『구술문화와 문자문화』, 문예출판사, 1995, 63~75쪽).

제6장 열광

1. 「석전 위험의 엄금(嚴禁)」, 『매일신보』 1913년 2월 28일 자.

2. 「마포 부근 석전」, 『조선일보』 1921년 1월 19일 자.

3. 「마포 방면에서 천여 명이 집합한 대석전」, 『조선일보』 1921년 1월 24일 자.

4. https://terms.naver.com/entry.naver?docId=574806&cid=46670&categoryId=46670

5. "단옷날에는 장정들이 모여 좌우로 편을 나누어 기를 들고 북을 치며 돌을 빗발같이 던져서 승부를 결정하는데 상하거나 죽어도 후회하지 않고 수령이 금하여도 듣지 않았다"(『동국여지승람(東國輿地勝覽)』). "이 석전이 심할 때는 함성이 천지를 울리는 것 같고, 이마가 깨지고 팔이 부러져도 후회하지 않았으며, 이 때문에 당국에서는 왕왕 금하였다"(『동국세시기(東國歲時記)』).

6. 「석전의 악습」, 『대한매일신보』 1905년 2월 13일 자.

7. 「석전의 위험」, 『매일신보』 1913년 3월 1일 자.

8. 「석전자는 엄중 처벌할 터. 경찰 당국의 대결심」, 『매일신보』 1922년 1월 8일 자.

9. 「누백 년 폐습인 석전 엄금」, 『매일신보』 1924년 2월 27일 자.

10. 「대동군 석전. 일명이 참사」, 『동아일보』 1928년 4월 14일 자.

11. 스포츠 경기에서 심판 권력의 탄생은 홉스가 『리바이어던』에서 국가권력의 탄생을 설명할 때 말하는 "계약"의 논리와 긴밀하게 연결되어 있다. 사회 내 주체들이 무차별적인 전쟁 속에서 느끼는 실존적 공포가 자신들의 힘을 압도적인 제3자의 다른 힘에 양도하도록 만들고, 이를 통해 탄생한 권력이 사회 주체들의 힘을 통제해 질서(즉 규칙)를 구축하는 것, 그것이 홉스적 국가권력의 탄생이다. 그 질서(통제)가 사회 주체들의 생존을 보장한다. 서로 싸우는 양 진영이 심판 권력에 복종함으로써 싸움의 질서와 생존의 안위를 보장받는 것과 같은 논리다. 그런 맥락에서 전통 놀이로서 '석전'에는 이 같은 "권력"의 형식이 부재해 있었다고 할 수 있다. 이 같은 부재는 우리가 홉스적 자연 상태를 전 국가적 야만 상태라고 부르듯이 당시 지식인 사회와 식민 당국은 석전을 근대적 문명이 결여된 야만의 상징이라고 보았던 것이다.

12. 식민 공간에서의 "줄다리기"를 다룬 기존 연구로는 대표적으로 다음을 참조

(김영미, 「식민지기 오락문제와 전통오락 통제에 관한 일고찰: 줄다리기 사례를 중심으로」, 『한국문화연구』 32, 2017; 공제욱, 「일제의 민속통제와 집단놀이의 쇠퇴」, 『사회와 역사』 95, 2012).

13. 「삭전(索戰)을 폐지하라」, 『조선일보』 1924년 7월 16일 자.

14. 같은 신문.

15. 이 시기 줄다리기 줄은 대개 지름 0.5~1.4미터, 길이 40~60미터가 된다. 이 줄을 잡기 위해 만들어진 새끼줄의 길이만 20센티미터에 이를 정도였다(『한국민족문화대백과사전』). 줄다리기 주최자들은 시합에 소요되는 경비 마련뿐만 아니라, 시합 허가를 받기 위해 관할 경찰과 교섭하는 일도 맡고 있었다(「대규모를 반대. 마산 삭전에 대한 여론」, 『동아일보』 1926년 2월 16일 자; 「경산삭전대회」, 『조선일보』 1924년 2월 20일 자).

16. 朝鮮總督府官房文書課 編, 『朝鮮の群衆』(京城: 朝鮮總督府, 1926), 1~2쪽.

17. 「대구 시민의 삭전대회」, 『동아일보』 1922년 3월 12일 자.

18. "전라북도 정읍에서는 원래 관습상 풍속으로 정월 보름이면 편을 갈라 줄다리기를 해서 지는 편이 20동의 술을 내오면 오랫동안 노력하던 용인(傭人. 머슴—인용자)들의 배를 불려주는데 올해도 연례와 같이 50간(길이 약 90미터—인용자)이나 되고 몸피가 직경 두 자(지름 0.6미터—인용자)나 되는 줄을 둘씩이나 들어서 장명리(長明里), 상리(上里), 중리(中里)가 한편이 되고 수성리(水城里), 시기리(市基里), 연지리(連池里)로 한편을 삼아 정읍 개천가에서 줄다리기를 했는데 부인도 다수 참가하는 장관이 있었으며 대개는 청년 학생임으로 신경과민한 경관들은 정복 혹은 사복으로 각 주재소 순사까지 소집을 하여 행여 무슨 일이 날까 엄중히 경계했는데 장명리 줄이 끊어졌으므로 심판관은 수성리 편이 이겼다고 판단하여 일시 쾌활한 구경거리가 되었더라"(「정읍 시민의 삭전(索戰) 엄중한 경계하에서 오륙천 명이 모여」, 『조선일보』 1923년 3월 9일 자).

19. "… 근래 당국에서는 옥외 집회 금지라는 조건 아래에 쉽게 허가하지 않음으로 울산에서는 이에 대해 매우 불만을 가지고 작년에도 소관 경찰서에 계속 간청하여 겨우 인가를 얻어 시작되어 양편의 군중은 승부를 겨루고자 있는 용기를 다해 매우 장쾌한 가운데 거행될 즈음에 현장에 출장했던 모 경부의 신경과민으로 중지 명령이라는 한마디의 말로 흥미 도도하던 대회는 그만 해산되고 말은 일이 있은 후 그 일에 대해 일반 민중들은 경관이 너무 민중을 무시함이

라 하여 이래에 여론이 비등(飛騰)했었는데 금번에도 또 그러한 광경이나 생기
지 아니할지 일반은 주목하는 중이라더라"(「삭전 대회까지 간섭」, 『조선일보』
1924년 2월 21일 자).

20. 「삭전 대회 금지」, 『동아일보』 1931년 3월 2일 자.

21. 「진영 삭전 대회」, 『동아일보』 1931년 3월 12일 자.

22. 朝鮮總督府 編, 『朝鮮の鄕士娛樂』(京城: 朝鮮總督府, 1941).

23. 엘리아스 카네티, 강두식·박병덕 옮김, 『군중과 권력』, 바다출판사, 2002, 17쪽.

24. 「심판원인 군수 피소」, 『동아일보』 1926년 3월 5일 자; 「동래 삭전 대회. 서군
이 대승」, 『동아일보』 1923년 3월 13일 자; 「부산 삭전 상담회」, 『동아일보』
1923년 2월 23일 자.

25. 강현구, 「줄다리기의 이해」, 『향토문화』 16, 1997, 146쪽.

26. 『한국민족문화대백과사전』, https://encykorea.aks.ac.kr/Article/E0053659.

27. 「삭전의 득실」, 『동아일보』 1931년 3월 11일 자.

28. 朝鮮總督府官房文書課, 『朝鮮の群衆』, 221~226쪽; 「부산시민 삭전 대회」, 『조
선일보』 1923년 3월 2일 자; 「당진(唐津)을 모시에 인삭 대회 개비(開備)」, 『조
선일보』 1928년 3월 27일 자.

29. 朝鮮總督府官房文書課, 『朝鮮の群衆』, 222쪽.

30. 엘리아스 카네티, 『군중과 권력』, 82~83쪽.

31. 朝鮮總督府官房文書課, 『朝鮮の群衆』, 223쪽.

32. 같은 책.

33. 같은 책, 226쪽.

34. 우리는 전쟁놀이의 쾌감을 일상에 전이시키는 이 같은 모습을 전근대적 놀이
문화의 폐해라고 이야기할 수 있다. 그러나 피에르 클라스트르가 원시사회에
서 전쟁의 일상성에 대해 설명하는 방식은 이 문제에 대해 다른 접근을 가능하
게 한다. 그에 따르면 원시사회에서 전쟁은 일상적이다. 그런데 이 같은 일상
성은 공동체 안에 존재하는 어떤 것의 결여, 예를 들어 특정 재화나 질서가 '결
여'되어 생긴 것이 아니다. 고고인류학적 조사를 토대로 한 그의 연구에서 클
라스트르는 원시사회의 전쟁은 오히려 공동체에 압도적인 권력이 출현하려는
것을 막으려는 과정에서 빈번해지고 지속된다. 이 같은 관점에서 봤을 때, 원
시사회의 전쟁을 질서(혹은 대화) 결여로 접근하는 기존 연구는 압도적 권력
(국가권력)의 사회 지배를 정상 상태로 두고, 원시사회에 그 원칙에 덧씌워 설

명하는 방식이 된다. 원시사회 속 전쟁의 일상성은 국가의 결여 때문이 아니라 국가 사회와는 다른 종류의 정치가 표현된 결과라고 클라스트르는 주장하기 때문이다. "원시사회는 부자와 가난한 자 사이의 차이, 착취자와 피착취자의 대립, 사회에 대한 우두머리의 지배를 알지 못한다. 원시사회 자체가 그러한 것들의 발생을 가로막기 때문이다. 공동체의 경제적 자급자족을 보장하는 가구적 생산양식은 사회적 합체를 구성하는 친족 집단들의 자율성을 보장하고 또 개인들의 독립성을 보장한다. 원시사회에서는 성적 분업을 제외하고는 어떠한 노동 분업도 존재하지 않는다"(삐에르 끌라스트르, 변지현·이종영 옮김, 『폭력의 고고학』, 울력, 2002, 273쪽). 클라스트르의 전쟁에 대한 이 같은 접근은 국가 간 전쟁이 아닌 사회 속 전쟁, 즉 대중의 전쟁 안에 전쟁에 대한 —국가권력의 전쟁과는 다른 욕망이 숨어 있을 수 있다는 추론을 가능하게 한다. 대중의 전쟁에는 위계화된 통제 권력과 그 질서의 규율에서 이탈해 힘 대 힘의 대결 위에서 자기 존재감을 확인받고자 하는 대중 의지 혹은 욕망이 표출되고 있다고 볼 수 있다는 점이다. 전쟁놀이(줄다리기나 사이버 게임상의 전쟁)에 대한 대중의 일상적 열광은 그런 의미에서 서열화된 질서의 안정된 전열을 흐트러트려 놓고 싶어 하는 대중 욕망이 표출된 결과라고 해석할 여지를 준다.

35. 「삭전 대회 경찰이 금지」, 『동아일보』, 1928년 2월 24일 자.

36. 「인삭 대회(引索大會)의 민폐상(民弊上) 통계를 보고」, 『조선일보』 1928년 3월 14일 자.

37. 「삭전 대회 경찰이 금지」, 『동아일보』 1928년 2월 24일 자.

38. 「부산 삭전 해산」, 『동아일보』 1930년 2월 19일 자.

39. 「김해의 삭전 경찰 금지도 결국은 무효」, 『조선일보』 1927년 3월 10일 자.

40. 「각희(脚戲) 삭전의 금지. 신경과민한 경찰」, 『동아일보』 1930년 2월 13일 자.

41. 「화천서 순사 양민을 난타」, 『조선일보』 1928년 2월 3일 자.

42. "이 행위 저 행동이 모두 감정에만 흘려서 결국은 영원한 적이 되어 전 시민 모든 계급이 분열된다. 사람은 감정적 동물이다. 승(勝)을 호(好)하고 패(敗)를 오(惡)함은 그의 본능이다. 그러나 그 승패 여하에 의해 각각 그 감정도 다를 것이 아닌가. 삭전으로서 그 민중적 우애를 결(缺)할 것이 무엇 있으랴. 또 둘째, 무산 농민이 유린되는 것이다. 이 세상에 짓밟히는 것은 무산 노동자뿐이다. 농민이 지주에게 노동자가 그 장주(匠主)에게, 무산자가 유산자에게 착취를 당하고 압박을 받는 것은 자본주의 제도에 있어서 물론 그러한 것이지만 이

삭전에서도 짓밟히는 사람은 노동자다. 삭(索)을 만들고 고초(藁草)를 운반하는 모든 것이 그들의 노력이다. 밥을 굶어가면서 목이 말라가면서 밤을 새워가면서 피땀을 흘려가면서 모든 것이 그들의 노력 아닌 것이 없다"(「삭전을 폐지하라」, 『조선일보』, 1924년 7월 16일 자).

43. 「줄다리기가 석전(石戰)질로 돌변」, 『조선일보』 1928년 2월 16일 자.

44. 「삭전이 석전화」, 『조선일보』 1929년 8월 26일 자.

45. 「삭전을 폐지하라」, 『조선일보』 1924년 7월 17일 자; 「사령탑」, 『조선일보』 1924년 7월 16일 자.

46. 朝鮮總督府官房文書課, 『朝鮮の群衆』, 224쪽.

47. 같은 책.

48. 같은 책, 225쪽.

49. 같은 책.

50. 같은 책.

51. 같은 책, 226쪽.

제7장 애도

1. 「돈화문 앞에 엎드려 우는 조선의 어머니와 딸들의 귀한 눈물」, 『동아일보』 1926년 5월 4일 자.

2. 「봉도 참내자」, 『동아일보』 1926년 4월 30일 자.

3. 「천기(天氣)조차 암담한 대상(大喪)의 익일(翌日)」, 『조선일보』 1926년 4월 28일 자.

4. 「구중(九重) 궁외(宮外)는 경위(警衛)로 십중(十重) 창일한 누해(淚海)에 적등이 휘황」, 『동아일보』 1926년 4월 30일 자.

5. 같은 신문.

6. "오전 7시부터 오후 7시까지 돈화문 앞의 봉도객은 단체 봉도객만 15단체 2,187명, 삼삼오오 짝을 지어온 사람만 수삼만 명에 달하고 있었다. ▲중동학교(中東學校) 700명, ▲고예(高豫) 80명, ▲왕십리 면민 140명, ▲제2고등보통학교 400명, ▲연희전문 150명, ▲삼흥보통교육 60명, ▲여자고등보통학교 100명, ▲미생 회사원 10명, ▲경전 직공 100명, ▲정동총대 80명, ▲광명학교 150명, ▲경성사범학교 150명, ▲철도 종업원 90명, ▲경성약학교 17명. 이외에 시골에서 올라온 봉조민 30일 정오까지 1만여 명(「30일부터는 지방 봉조민 운집」, 『조선

일보』1926년 5월 1일 자).

7. 「대행애사(大行哀辭)」, 『동아일보』1926년 4월 27일 자.

8. 「최종의 제왕」, 『조선일보』1926년 4월 28일 자.

9. "종래 회복하시었다가 돌연히 승하하시었으므로 더욱 황공 망극하외다. 전하
께서는 무료히 세월을 보내시는 것을 너무 적적하게 생각하시어 옥돌도 하시고
산책도 하시었지만 심중은 언제든지 외로우셔서 옛날 신하들과 종친을 자주 불
러 보시려고 하셨지만 그것도 뜻대로 못되시어 실로 황공하온 말씀이나 사람을
그리워하시었습니다. 그래서 나름 사무에 틈 있는 대로 입시했었지만 매일 보
는 사람이 무엇이 그리 반가웠을리가 있겠습니까. 승하하신 지금에 생각을 하
니 사람을 그리워하시던 그 심중이 얼마나 아프시겠습니까 하며 얼굴을 돌리더
라"(「고적하신 어(御) 여년(餘年) 항상 사람을 그리워하셨지요. 장시(掌侍) 사
장 한창수씨 근화」, 『동아일보』1926년 4월 27일 자).

10. 「구중 궁외는 경위(警衛)로 십중(十重). 창일한 누해(淚海)에 적등이 휘황」, 『동
아일보』1926년 4월 30일 자.

11. 「대중을 충격치 말라」, 『조선일보』1926년 4월 29일 자.

12. 「이 설움이 무슨 설움이냐!」, 『동아일보』1926년 4월 30일 자.

13. "이때를 당해 남자들보다 부인네들이 여학생들이 더 슬퍼하고 애통하는 것은
사실이다. 여학생들이 학교에서 늘 배우는 것이 오직 천황폐하의 높으신 덕과
일본의 고마운 일뿐이요, 일찍이 이왕 전하에 대한 일은 하나도 배운 일이 없
을 것이다. 이왕 전하와 우리의 관계를 일찍이 한 번도 배운 일이 없을 것이다.
그렇건만 그들은 이때에 눈이 붓도록 울며 그칠 줄을 모른다. … 왜 이렇게 우
나? 이 눈물의 뜻은 무엇인가? 특별히 부인네들, 조선 어머니들의 눈물의 뜻
은 무엇인가. 임금이 돌아가셨으니 나라가 없어질까봐 우나? 그 임금이 계셨으
면 없어졌던 나라가 다시 생길 것을 이제 돌아가셨으니 아주 희망이 없어져서
절망의 눈물인가? 그 임금이 좋은 임금이어서 살아 계실 때 선정을 많이 하셨
으므로 우는가? 아니다. 그것이 다가 아니다. 서럽고 분하고 원통한 것이 가슴
가운데 맺히고 맺혀 동포가 한데 모여 울고라도 싶으나 울 때조차 얻지 못하고
울 곳조차 얻지 못하다가 그 기회가 도래한 것이다. 이것 이곳 원통한 눈물이
요, 분한 눈물이요, 억울한 눈물이요, 기막힌 눈물이다"(「돈화문 앞에 엎드려
우는 조선의 어머니와 딸들의 귀한 눈물」, 『동아일보』1926년 5월 4일 자).

14. 「월색(月色)도 무광(無光)한 궁외(宮外)의 인산루해(人山淚海)」, 『동아일보』

1926년 4월 28일 자.

15. 「인산(因山)을 앞에 두고 애도 중에 기절」, 『동아일보』 1926년 5월 9일 자.

16. 「애통 중 기절 망곡하던 부인이 기절」, 『조선일보』 1926년 5월 2일 자.

17. 「철시 휴학 계속. 산 위에서 망곡」, 『동아일보』 1926년 4월 30일 자; 「작일(昨日)의 어성복(御成服)과 시민의 봉도」, 『동아일보』 1926년 5월 2일 자.

18. 「구중궁외(九重宮外)는 경위(警衛)로 십중(十重)」, 『동아일보』 1926년 4월 30일 자.

19. 「촉루락시민루락(燭淚落時民淚落)」, 『동아일보』 1926년 4월 30일 자.

20. 「돈화문 앞에 엎드려 우는 조선의 어머니와 딸들의 귀한 눈물」, 『동아일보』 1926년 5월 4일 자.

21. 「봉도자 십만 돌파」, 『조선일보』 1926년 5월 2일 자; 「국상에 수용되는 물품 시세는 어떠한가!」, 『조선일보』 1926년 5월 1일 자.

22. 「감격과 진지(眞摯)」, 『조선일보』 1926년 4월 30일 자.

23. 「현실을 응시하자」, 『개벽』 70, 1926년 6월 1일.

24. 「정사복 순사로 전시에 경계망」, 『동아일보』 1926년 4월 27일 자.

25. "1) 요배 또는 망곡 의례배는 각 지방에서 지정한 관청 혹은 학교 등 일정한 장소에 각각 단체별로 거행할 일. 2) 지방 사정에 의해 일반 관민 학교 생도들이 한 장소에 모일지라도 취체상 지장이 없으리라고 인정하는 때는 한곳에 모여도 무방함. 3) 상장(喪章)은 조선 관습에 따라 왼편 가슴에 검은 헝겊으로 접어 달든지 또는 왼편 팔에 검은 헝겊을 두르는 것을 통례로 함. 4) 반기(半旗)를 달 때는 깃대 꼭대기의 방울을 검정 천으로 싸게 할 것"(「각지 망곡과 당국의 통첩」, 『동아일보』 1926년 5월 1일 자).

26. 「구중 궁외는 경위로 십중. 창일한 누해에 적등이 휘황」, 『동아일보』 1926년 4월 30일 자; 「슬픔의 일야를 경계 중에 경과」, 『조선일보』 1926년 4월 30일 자.

27. 「망곡하는 군중 무리하게 구축」, 『조선일보』 1926년 4월 27일 자.

28. 「철통 같은 경계망」, 『동아일보』 1926년 4월 29일 자; 「곡반(哭班) 취체 방침」, 『조선일보』 1926년 4월 28일 자.

29. 「돌연 각 경찰의 총출동으로 돈화문 앞 일대 대경계」, 『조선일보』 1926년 4월 29일 자.

30. 「이날 밤 경성의 북부 일대는 경관대로 봉쇄된 듯하였다」, 『동아일보』 1926년 4월 30일 자; 「국상 발표 후 8일간. 경찰 제지 2만 8천」, 『동아일보』 1926년 5

월 3일 자.

31. 「망곡 학생에게 무기정학 처분」, 『조선일보』 1926년 5월 7일 자.

32. 「봉도 불허로 속발하는 맹휴」, 『동아일보』 1926년 5월 6일 자.

33. 「봉도 중의 불상사」, 『동아일보』 1926년 5월 5일 자.

34. 「주지육림(酒池肉林)에 집단 폭행까지」, 『동아일보』 1926년 5월 5일 자.

35. 「봉도 중 불근신(不謹愼). 필경 유혈」, 『동아일보』 1926년 5월 2일 자.

36. 「유곽에 위협. 망곡 안 한다고 협박문을 보내」, 『동아일보』 1926년 5월 4일 자.

37. 「일인 사진사를 군중 포위 구타」, 『조선일보』 1926년 4월 28일 자.

38. 「재만 조선인 문제에 관한 대책 각파 총연결의 운동의 필요」, 『조선일보』 1927년 12월 6일 자.

39. 이 때문에 제국의 해체는 곧바로 제국 권역과 그 세력권으로 이산되었던 민족이 다시 한반도라는 기존의 민족지(民族地)의 귀환으로 이어진다.

40. 윤휘탁, 「침략과 저항의 사이에서: 일·중 갈등의 틈바귀에 낀 재만 조선인」, 『한국사학보』 19, 2005.

41. 같은 논문.

42. 재만 조선인에 대한 국내 지식인 및 대중 사회의 대응에 대한 기존 연구들은 크게 다음으로 나뉜다. 첫째, 1927년 배화 폭동을 다룬 연구들(박정현, 「1927년 재만동포옹호동맹의 결성과 화교배척사건」, 『중국학보』 69, 2014; 이정희, 「1927년 조선화교배척사건의 경위와 실태」, 『동양사학연구』 135, 2016; 윤효정, 『신간회 운동 연구』, 고려대학교 박사학위 논문, 2017)과 둘째, 1931년의 배화 폭동을 다룬 연구들(이은상, 「원산 화교와 배화 폭동」, 『중국근현대사연구』 72, 2016; 손승회, 「1931년 식민지 조선의 배화 폭동과 화교」, 『중국근현대사연구』 41, 2009; 이상경, 「1931년의 '배화(排華) 사건'과 민족주의 담론」, 『만주연구』 11, 2011; 민두기, 「만보산사건(1931)과 한국언론의 대응」, 『동양사학연구』 65, 1999; 윤상원, 「만보산사건과 조선인 사회주의자들의 중국 인식」, 『한국사연구』 156, 2012; 최병도, 「만보산 사건 직후 화교 배척 사건에 대한 일제의 대응」, 『한국사연구』 156, 2012; 임준규, 「1931년 식민지 조선에서의 반중국인 폭동: 폭동의 진행 과정을 중심으로」, 『사회와 역사』 131, 2021). 그리고 마지막으로 1927년과 1931년 배화 폭동을 보다 장기적 관점에서 접근한 연구들(김태웅, 「1920·30년대 한국인 대중의 화교 인식과 국내 민족주의 계열 지식인의 내면세계」, 『역사교육』 112, 2009; 전우용, 「한국 근대의 화교 문제」,

『한국사학보』 15, 2003)이다. 여기서 상당수의 연구자들 즉 민두기(1999), 전우용(2003), 김태웅(2009), 이상경(2011), 박정현(2014) 등은 국내 민족주의 운동 세력과 민족주의 언론이 만들어낸 재만 동포 담론이 조선인 사회의 중국인 혐오와 집단 폭력 발발의 선동적 효과를 발휘하고 있었음을 인정한다. 문제는 민족주의 담론이나 그 운동 논리의 어떤 것이 대중 폭력의 '정서'로 이어졌는지를 구체화할 '세밀한 개념 틀'이 없다는 데 있다. 민족주의 운동 세력의 국제정치적 판단이나 목적 의식적인 의도들 또는 노선 경쟁에 따른 결과가 배화 폭동이었다는 접근은 운동 세력 자체에 대한 분석으로서는 유의미할 수 있지만, 대중 폭력의 논리를 설명하기에는 외적 배경 요인으로만 의미 있을 수 있다.

43. 「재만 기근 동포 위하여 동정금이 답지」, 『조선일보』 1921년 8월 13일 자.

44. 같은 신문.

45. 「동포의 안위를 좌우하는 초미의 문제 1」, 『조선일보』 1920년 6월 19일 자.

46. 같은 신문.

47. 「재만 동포의 농황 참상」, 『조선일보』 1920년 7월 6일 자.

48. 「재간도 80만 동포를 위하여」, 『조선일보』 1923년 1월 1일 자.

49. 같은 신문.

50. 「동포를 인질로 납거 후 대금강청(大金强請). 양민 살상」, 『조선일보』 1929년 7월 1일 자.

51. 「동포 압박 혹심」, 『조선일보』 1929년 6월 6일 자.

52. 「동포를 인질로 납거 후 대금강청(大金强請), 양민 살상」, 『조선일보』 1929년 7월 1일 자.

53. "멜랑콜리"를 한국 대중 행위 설명의 키워드로 사용하는 최근의 연구로는 다음을 참조(김정한, 「1980년대 운동사회의 감성: 애도의 정치와 멜랑콜리 주체」, 『한국학연구』 33, 2014; 천정환, 『숭배 애도 적대: 자살과 한국의 죽음정치에 대한 7편의 하드보일드 에세이』, 서해문집, 2021).

54. 「재만 조선인 문제에 관한 대책. 각파 총연결의 운동의 필요」, 『조선일보』 1927년 12월 6일 자.

55. "재만 동포에 대한 중국 관헌의 무리한 압박과 간섭으로 비롯하여 내종(乃終)에는 재산 강탈 인신 구축 등의 보도가 반도에 파전(波傳)되자 정의감과 동족애는 아울러 전 사회의 인심으로부터 격기(激起)하게 되었다. 그리하여 처처(處處)에 일어나는 재만 동포 옹호 운동 그것이 곧 근일의 조선 사회 안에서 일

어나는 주요한 '센세이션'인 것 같이 보인다"(「옹호운동에 대하여」,『조선일보』 1927년 12월 15일 자).

56. 「궐기하라! 구하자! 백만의 조난(遭難) 동포를」,『조선일보』 1931년 12월 19일 자.

57. 같은 신문.

58. 같은 신문.

59. 「중국 인가를 습격. 파괴 후에 방화」,『동아일보』 1926년 5월 13일 자.

60. 「연극 보던 청년 수명 중국 요정 습격」,『동아일보』 1926년 8월 9일 자.

61. 「중국인과 격투. 밥값 관계로」,『동아일보』 1921년 7월 9일 자.

62. 「동포의 안위를 좌우하는 초미의 문제 (1)」,『조선일보』 1920년 6월 19일 자.

63. 「재만 동포의 현상」,『조신일보』 1921년 9월 14일 자.

64. 「동포의 안위를 좌우하는 초미의 문제 (2)」,『조선일보』 1920년 6월 20일 자.

65. 「중국 직공과 대격투 양방 수십 명 중 경상」,『동아일보』 1930년 4월 7일 자.

66. 「3월에만 1만여 명」,『동아일보』 1923년 4월 4일 자;「중국 노동자 대항 방책」,『동아일보』 1923년 6월 25일 자;「조선인은 일본에, 중국인은 조선 노동계의 대문제」,『동아일보』 1923년 4월 4일 자;「가공할 중국인 세력」,『동아일보』 1922년 12월 19일 자.

67. 「검사 출동 혐의자 체포」,『동아일보』 1923년 8월 5일 자.

68. 「50여 명이 대격투」,『동아일보』 1921년 12월 7일 자;「중국인과 격투 밥값 관계로」,『조선일보』 1921년 7월 9일 자;「작년 중 청진 아편범」,『동아일보』 1921년 3월 12일 자;「용산에 대참극」,『동아일보』 1920년 5월 7일 자.

69. 「군산에서도 검거」,『조선일보』 1924년 9월 23일 자;「중국인의 악습」,『동아일보』 1923년 3월 27일 자.

70. 「조선인 중국인 100여 명. 지난밤 용산 대도에서 대난투」,『동아일보』 1925년 8월 3일 자.

71. 「중국인 노동자 오십 명과 일동민(一同民)이 대격투」,『동아일보』 1927년 4월 2일 자.

72. 「재만 조선인 문제에 관한 대책 각파 총연결의 운동의 필요」,『조선일보』 1927년 12월 6일 자.

73. "재만동포옹호동맹" 주도하에 재만 조선인을 돕기 위한 구호금이 다양한 계급, 단체 그리고 개인들에 의해 1931년 연말까지 답지하고 이들을 기리는 문

화제 등이 개최된다. "재만 동포" 옹호는 피식민 조선인 사회 전체를 들썩이게 하는 대중적 신드롬이 되고 있었던 것이다. 이와 관련해서는 다음을 참조(「옹호운동에 대하여」, 『조선일보』 1927년 12월 15일 자; 윤효정, 『신간회 운동 연구』, 고려대학교 박사학위논문, 2017).

74. 「재만 동포 압박에 분개」, 『동아일보』 1927년 12월 8일 자.

75. 「200명 소년이 중인가(中人家)에 시위 행렬」, 『조선일보』 1927년 12월 9일 자.

76. 이정희, 「1927년 조선 화교 배척 사건의 경위와 실태」, 『동양사학연구』 135, 2016.

77. 「양씨족(兩氏族)의 우의 존중. 박(迫)한 동포 적극 옹호」, 『조선일보』 1927년 12월 12일 자.

78. 이 인용문의 ×표는 검열로 삭제된 것이다. 그러나 맥락상 각각 '살해'와 '죽여'였을 것으로 추정 가능하다(「재만 동포 학대 복수를 하고자」, 『조선일보』 1929년 4월 18일 자).

제8장 폭력

1. 「상점 가옥 습격. 행인, 행상에 폭행」, 『조선일보』 1931년 7월 5일 자.

2. 「양처 중인가 습격(兩處中人家襲擊) 함성을 올리고 군중 습격」, 『조선일보』 1931년 7월 5일 자.

3. 「상점 가옥 습격. 행인, 행상에 폭행」, 『조선일보』 1931년 7월 5일 자.

4. 같은 신문.

5. 「중국인 거류지대 수천 군중이 밀집」, 『조선일보』 1931년 7월 5일 자.

6. "피습 상점 ▲홍승루(鴻昇樓), 중화루(中和樓), 식도환(食道圜), 동화루(同和樓), 동승루(東昇樓), 태원루(泰源樓), 경화루(慶華樓), 화성루(華盛樓), 동화원(東華園), 영흥덕(永興德), 경흥덕(慶興德), 덕성호(德盛號), 춘성영(春盛永), 영후탕(永厚湯), 중화상회(中和商會), 태안양행(泰安洋行), 중화화점(中華靴店), 춘성의장(春成衣裝), 창원흥(敞源興), 덕영안호(德永安號), 의합성(議合盛), 동흥덕(東興德), 동원흥(同源興), 덕유흥(德裕興), 동흥덕외대(東興德外大)"(「소상점 수십 처 주택 기타 중국인 관계 가옥 전부 파괴 상품은 도로에 산포」, 『조선일보』 1931년 7월 7일 자).

7. 손승회, 「1913년 일제강점기의 배화 폭동과 화교」, 『중국근현대사연구』 41, 2009, 156쪽.

8. 「소리치며 문호를 격파. 포목과 상품을 파기」, 『조선일보』 1931년 7월 7일 자.

9. 「남북 각지에 파급. 중국인 습격 300여 건」, 『조선일보』 1931년 7월 7일 자.

10. 손승회, 「1931년 식민지 조선의 배화 폭동과 화교」, 155쪽.

11. 국사편찬위원회, 「중국인 습격 사건 재판기록」, 『한민족독립운동사자료집』 56, 2004, 5쪽.

12. 같은 책, 71쪽.

13. 같은 책, 24쪽.

14. 이 책에서 말하는 감성은 들뢰즈의 "정동(affect)"에 가깝다. 또한 공명 역시 들뢰즈가 이 정동의 소통 논리를 설명할 때 들여오는 개념을 차용하고 있다. 그러나 이 책은 들뢰즈나 그의 공명 개념에 대한 기존 연구들이 대부분 이 개념을 새로운 의사소통이론(전체주의적이거나 자유주의적인 소통의 논리를 넘어설 수 있는)의 수단으로 접근하는 것과는 다른 차원에서 이 개념을 차용하고 있다. 들뢰즈가 미시파시즘과 전쟁기계 사이의 차이를 구별하기 어렵다고 말한 바와 같이, 위계와 논리 중심주의를 거부하는 소통의 논리로서 공명이 대중의 소위 건설적 소통뿐만 아니라, 그 폭력을 설명할 때도 동시에 적용된다고 보고 있기 때문이다. 들뢰즈의 공명 개념과 관련한 기존 연구로는 다음을 참조(연효숙, 「들뢰즈에서 정동의 논리와 공명의 잠재력」, 『시대와 철학』 26, 2015).

15. 국사편찬위원회, 『한민족독립운동사자료집』 56, 30쪽.

16. 위에 인용된 이동천과 아래 안원복은 1931년 7월 6일 고양군 봉인면 신설리 조선 경마구락부 경마장 구내 중국인(주금은, 25세)의 주택 방화 사건의 가담자들이다. 이동천은 23세 남성으로 고양군 봉인면 신설리에 사는 떡집의 일용직 노동자로 전과가 없는 무학자(無學者)였다(같은 책, 124~125쪽).

17. 안원복은 21세의 남성으로 고양군 한지면에 거주한 야채 상인으로 전과 없는 무학자다(같은 책, 138쪽).

18. 이런 관점의 기존 연구로는 다음을 참조(정병욱, 「식민지 조선의 반중국인 폭동과 도시 하층민」, 『역사와 담론』 73, 2015; 藤野裕子, 『都市と暴動の民衆史: 東京・1905-1923年』(東京: 有志舍, 2015)).

19. 김동인, 「류서 광풍에 춤추는 대동강의 악몽: 3년 전 조중인 사변의 회고」, 『개벽』 2, 1934년 12월 1일.

20. 오기영, 「평양폭동사건회고」, 『동광』 25, 1931년 9월 4일.

21. 「민중적 여론을 전개케 하라!」, 『조선일보』 1931년 7월 7일 자.

22. 오기영은 당시 평양에서 번지고 있던 중국인과 관련된 유언비어를 다음과 같이 회고한다. "'영후탕에서 목욕하던 조선인 네 명이 살해되었다', '대치령리에서 조선인 30명이 중국인에게 몰살되었다', '서성리에서 중국인이 작당해 무기를 가지고 조선인을 살해하며 성안으로 들어오는 중이다', '장춘에서는 동포 60명이 학살되었단다'"(오기영, 「평양폭동사건회고」, 1931).

23. 국사편찬위원회, 『한민족독립운동사자료집』 56, 91~92쪽.

24. "슈미트의 견해에 있어서 정치적 결정 그 자체는 법적 규칙 또는 '합법/불법'의 구분과 아무런 관계가 없는 것이다. 왜냐하면 법은 표준화된 또는 표준화될 수 있는 결정에만 관여할 수 있기 때문이다. 우적(友敵. 여기서 박상섭이 번역한 슈미트의 우적은 친구와 적을 뜻하는 것으로 '적과 동지'라는 의미다—인용자)은 어떤 지배체계 바깥에서 활동하는 독립적이고 자신만을 섬기는 집합체들 사이의 대결에서 결과하는 것인데, 따라서 그러한 우적 관계는 너무나 중요하고 예측이 어렵기 때문에 그러한 표준(법적 표준—인용자)에 종속시킬 수 없다는 것이다"(잔프랑코 폿지, 박상섭 옮김, 『근대국가의 발전』, 민음사, 1995, 28쪽). 정치를 법에 우선한 결단으로 보는 슈미트의 견해와 관련해서는 다음을 참조(칼 슈미트, 김항 옮김, 『정치신학』, 그린비, 2010).

25. 국사편찬위원회, 『한민족독립운동사자료집』 56, 62~63쪽.

26. 같은 책, 70~71쪽.

27. 「오살(誤殺) 사건 후보(後報)」, 『동아일보』 1923년 3월 23일 자.

28. 「살아(殺兒)한 운전수를 군중이 난타」, 『동아일보』 1927년 6월 26일 자.

29. 「2만여 명의 군중이 전차 습격 소훼(燒毁)」, 『매일신보』 1914년 9월 8일 자; 「력인(轢人)한 전차를 군중이 습격. 전차를 때려 부숴」, 『매일신보』 1916년 9월 1일 자; 「살아(殺兒)한 자동차. 군중이 쇄도. 경관이 출동 해산」, 『동아일보』 1922년 8월 14일 자; 「전차 운전수를 난타」, 『동아일보』 1925년 10월 6일 자; 「살인 전차 포위코 군중이 흥분 포동」, 『동아일보』 1936년 3월 28일 자.

30. 「자동차 살인. 군중이 대소동」, 『동아일보』 1931년 4월 4일 자.

31. 한나 아렌트(Hannah Arendt)는 폭력과 권력을 명확하게 구분 짓는다. 권력이 집단적 제휴의 산물인 반면, 폭력은 일방적 파괴라고 보는 것이다. 이 같은 구분은 권력을 정치적인 것과 동일시하고, 폭력은 정치의 수단이 될 수 있지만 정치 자체일 수는 없다고 보는 관점으로 이어지기도 한다. 그러나 이 책에서는

폭력과 권력을 사실상 같은 의미로 접근한다. 권력과 폭력 모두 방식의 차이가 있을 뿐, 타자에 대한 통제를 통해 자기 의지를 관철시킨다는 측면에서 형식적으로 동일하다고 보기 때문이다. 아렌트의 폭력과 권력의 구분과 관련해서는 다음을 참조(한나 아렌트, 김정한 옮김, 『폭력의 세기』, 이후, 1999).

참고문헌

1차 문헌

『개벽』

『京城日報』

『동광』

『동아일보』

『매일신보』

『별건곤』

『삼천리』

『신동아』

『조선일보』

『중외일보』

국사편찬위원회, 「중국인습격사건재판기록」, 『한민족독립운동사자료집』 56, 2004.

京城商業會議所, 『朝鮮人口統計表』, 京城: 京城商業會議所, 1923.

三田村鳶魚, 『お江戸の話』, 東京: 雄山閣, 1924.

小川平吉, 「米暴動の勃發物質的原因と精神的原因」, 『危険思想は日本國民を侵し得る乎』, 東京: 國勢社, 1921.

全鮮內地人實業家有志懇話會 編, 『全鮮內地人實業家有志懇話會速記錄』, 京城: 京城商業會議所懇話會事務所, 1920.

朝鮮總督府, 『大正八年虎列刺病防疫誌』, 京城: 朝鮮總督府, 1920.

朝鮮總督府官房文書課 編, 『朝鮮の群衆』, 京城: 朝鮮總督府, 1926.

朝鮮憲兵隊司令部, 『(大正八年)朝鮮騷擾事件狀況』, 東京: 極東研究所出版會, 1969.

_____, 『(朝鮮同胞に對する)內地人反省資錄』, 京城: 朝鮮憲兵隊司令部, 1934.

_____, 「조선 소요사건 상황: 대정8년 6월 헌병대장의 경무부장 회의 석상 보고」, 『독립운동사자료집 6: 3·1운동사 자료집』, 독립유공자사업기금운용위원회, 1970-78.

樋口秀雄, 『群衆論』, 東京: 中央書院, 1913.

2차 문헌

논문

강명희, 「20세기 전반기 한국 자유주의의 형성과 굴절」, 『인문논총』 71-4, 2014.

강영걸·정혜영, 「1930년대 대중잡지를 통해 본 식민지 조선의 "대중": 잡지 『조광』을 중심으로」, 『비교한국학』 20-3, 2012.

강정민, 「자치론과 식민지 자유주의」, 『한국철학논집』 16, 2005.

강현구, 「줄다리기의 이해」, 『향토문화』 16, 1997.

곽형덕, 「피포위 공포와 살육의 기억: 일본 문학이 기록한 3·1운동과 조선인」, 『일본비평』 11-2, 2019.

고숙화, 「형평사에 대한 일연구: 창립 배경과 초창기(1923-25) 형평사를 중심으로」, 『사학연구』 38, 1984.

_____, 「제2장 반형평운동의 성격, 형평운동」, 한국독립운동사편찬위원회 편찬, 『한국독립운동의 역사 32』, 독립기념관 한국독립운동사연구소, 2008, 6~7쪽.

고태우, 『일제하 토건업계와 식민지 개발』, 연세대학교 박사학위논문, 2019.

공제욱, 「일제의 민속통제와 집단놀이의 쇠퇴」, 『사회와 역사』 95, 2012.

권보드래, 「1910년대 신문의 구상과 경성유람기」, 『서울학연구』 18, 2002.

김겸섭, 「사건의 유물론과 소수적 탈주의 미시정치학」, 『현대사상』 4, 2009.

김기호, 「일제시대 초기의 도시계획에 대한 연구」, 『서울학연구』 12, 1995.

김명변, 「1920년대 초기 재일 조선인의 사상단체: 흑도회·흑우회·북성회를 중심으로」, 『한일민족문제연구』 1, 2001.

김병구, 「이광수의 '민족성 개조론' 다시 읽기: '문화주의'와 근대 금욕윤리의 이념적 효과를 중심으로」, 『대중서사연구』 23-4, 2017.

김영미, 「식민지기 오락문제와 전통오락 통제에 관한 일고찰: 줄다리기 사례를 중심으로」, 『한국문화연구』 32, 2017.

김일수, 「일제강점기 '예천형평사 사건'과 경상북도 예천지역 사회운동」, 『안동사학』 8, 2003.

김윤희, 「1920년대 자유주의적 시장질서에 대한 언론의 인식: 동아일보를 중심으로」, 『역사학연구』 69, 2018.

김주형·김도형, 「포퓰리즘과 민주주의: 인민의 민주적 정치 주체화」, 『한국정치연구』 29-2, 2020.

김정인, 「일제시기 국민과 시민 개념의 식민성과 반(反)식민성」, 『개념과 소통』 21, 2018.

김정한, 「1980년대 운동사회의 감성: 애도의 정치와 멜랑콜리 주체」, 『한국학연구』 33, 2014.

김재영, 「일제강점기 호서지방의 형평운동」 18, 2017.

김제정, 「식민지기 '지역'과 '지역운동': 1930년대 초반 경성지역을 중심으로」, 『향토서울』 86, 2014.

김중섭, 「일제하 경남 도청 이전과 주민 저항운동」, 『경상남도문화연구』 18, 1996.

_____, 「한국의 백정과 일본의 피차별 부락민의 비교 연구」, 『현상과 인식』 38-1·2, 2014.

김조은, 「프랑스 현대 철학의 사건 개념」, 『철학사상』 70, 2018.

김진애, 「대중운동의 파시즘적인 폭력의 가능성과 그에 대한 아도르노의 비판」, 『철학연구』 143, 2017.

김창석, 「석전의 기원과 그 성격 변화」, 『국사관논총』 101, 1997.

김태웅, 「1920·30년대 한국인 대중의 화교 인식과 국내 민족주의 계열 지식인의 내면세계」, 『역사교육』 112, 2009.

김 항, 「"이광수"라는 과제: 개인, 국민, 난민 사이의 "민족": 이광수 「민족개조론」 다시 읽기」, 『민족문화연구』 58, 2013.

김현주, 「1960년대 후반 "자유"의 인식론적·정치적 전망: 『창작과 비평』을 중심으로」, 『현대 문학의 연구』 48, 2012.

김희헌, 「사건의 철학과 과정 범재신론: 실태, 범경험주의, 범재신론의 존재, 우주론적 연결점으로서의 사건 개념」, 『화이트헤드 연구』 22, 2011.

나종석, 「홉스의 정치철학과 고전적인 정치철학의 붕괴」, 『사회와 철학』 6, 2003.

노지승, 「1920년대 초반, 편지 형식 소설의 의미: 사적 영역의 성립 및 근대적 개인의 탄생 그리고 편지 형식 소설과의 관련에 대하여」, 『민족문학사연구』 20, 2002.

도묘연, 「한국 대중의 포퓰리즘 성향이 시위 참가에 미치는 영향」, 『한국정치연구』 30-1, 2021.

류희식, 「파시즘에서 벗어나기: 들뢰즈와 가타리의 논의를 통해 살펴본 파시즘」, 『인문연구』 58, 2010.

문명기, 「20세기 전반기 대만인과 조선인의 역외이주와 귀환: 역외이주 및 귀환 규모의 추산을 중심으로」,『한국학논총』50, 2018.

민두기,「만보산사건(1931)과 한국언론의 대응」,『동양사학연구』65, 1999.

박숙자,「1920년대 사생활의 공론화와 젠더화:『별건곤』에 나타난 비밀코드와 여성의 기호를 중심으로」,『한국근대문학연구』7-1, 2006.

박정민,「1910-20년대 인천부(仁川府) 상수도 급수의 운영과 지역사회의 '부영화(府營化)' 운동」,『역사교육』157, 2021.

박정현,「1927년 재만동포옹호동맹의 결성과 화교배척사건」,『중국학보』69, 2014.

박찬승,『한국근대정치사상사연구』, 역사비평사, 1992.

박형신·정수남,「거시적 감정사회학을 위하여」,『사회와 이론』15, 2009.

백선례,「1919-20년 식민지 조선의 콜레라 방역활동: 방역 당국과 조선인의 대응을 중심으로」,『사학연구』101, 2011.

백승덕,「'비폭력의 스펙터클'을 넘어서: 3·1운동 100주년의 폭력론」,『역사비평』129, 2019.

성정엽,「칼 슈미트 정치적인 것의 개념」,『민주법학』72, 2020.

손승회,「1931년 식민지 조선의 배화 폭동(排華暴動)과 화교(華僑)」,『중국근현대사연구』41, 2009.

신주백,「3·1운동과 1920년대 초 주체의 사회변동」,『인문과학연구』28, 2019.

신진욱,「사회운동, 정치적 기회구조, 그리고 폭력」,『한국사회학』38-6, 2004.

안외순,「백남운과 자유주의: '식민지 자유주의'에 대한 '조선적 맑스주의자'의 비판적 인식을 중심으로」,『한국철학논집』16, 2005.

안지영,「근면한 '민족'의 탄생」,『한국현대문연구』50, 2016.

이경미,「'문명화'와 '동화' 사이에서 주체 되기: 근대 동아시아에서 르 봉 수용과 이광수의 민족개조론」,『국제정치논총』61-1, 2021.

이명종,「1910년대 조선 농민의 만주 이주와『매일신보』등에서의 '만주식민지'론」,『한국근현대사연구』78, 2016.

이상경,「1931년의 '배화(排華) 사건'과 민족주의 담론」,『만주연구』11, 2011.

이용기,「민중사학을 넘어선 민중사를 생각한다」,『내일을 여는 역사』30, 2007.

이은상,「원산 화교와 배화 폭동」,『중국근현대사연구』72, 2016.

이정우,「들뢰즈와 사건의 존재론」,『시대와 철학』9-1, 1998.

이정은,「근대도시의 소외된 사람들」,『도시연구』10, 2013.

이정희, 「1927년 조선화교배척사건의 경위와 실태」, 『동양사연구』 135, 2016.

이태훈, 「1920년대 초 신지식인층의 민주주의론과 그 성격」, 『역사와 현실』 67, 2008.

_____, 「1910-20년대 초 신지식층의 민주주의 인식과 현실 활용: 일본 유학생과 동아일보의 논의를 중심으로」, 『한국사상사학』 56, 2017.

이형식, 「1910년대 식민지 위생정책과 조선사회」, 『한국일본어문학회 학술발표대회논문집』, 2011.

임준규, 「1931년 식민지 조선에서의 반중국인 폭동: 폭동의 진행 과정을 중심으로」, 『사회와 역사』 131, 2021.

유선영, 「식민지 근대성과 일상 폭력」, 『대동문화연구』 96, 2016.

유인혁, 『식민지 시기 근대소설과 도시공간』, 동국대학교 박사학위논문, 2015.

유해정, 「정치적 애도를 통한 삶의 재건」, 『민주주의와 인권』 18-2, 2018.

윤상원, 「만보산 사건과 조선인 사회주의자들의 중국 인식」, 『한국사연구』 156, 2012.

윤상현, 「관념사로 본 1910년대 '개인' 개념의 수용 양상: 유명론적 전환과 개체로서 '개인' 인식」 76-2, 2019.

_____, 「1920년대 초반 식민지 조선의 자유주의와 문화주의 담론의 인간관·민족관」, 『역사문제연구』 18-1, 2014.

윤해동, 「식민지 근대와 공공성: 변용하는 공공성의 지평」, 『사이』 8, 2010.

_____, 「만보산 사건과 동아시아 기억의 터」, 『SAI』 14, 2013.

윤효정, 『신간회 운동 연구』, 고려대학교 박사학위논문, 2017.

윤휘탁, 「침략과 저항의 사이에서: 일·중 갈등의 틈바귀에 낀 재만 조선인」, 『한국사학보』 19, 2005.

이병례, 「일제하 경성 전차 승무원의 생활과 의식」, 『서울학연구』 22, 2004.

이상경, 「1931년의 '배화(排華) 사건'과 민족주의 담론」, 『만주연구』 11, 2011.

이상길, 「공론장의 사회적 구성」, 『한국언론학보』 4, 2003.

장규식, 「일제하 종로의 민족운동공간」, 『한국근대사연구』 26, 2003.

장동진, 「식민지에서의 '개인', '사회', '민족'의 관념과 자유주의: 안창호의 정치적 민족주의와 이광수의 문화적 민족주의」, 『한국철학논집』 16, 2005.

전성현, 「일제강점기 식민 권력의 지방지배 '전략'과 도청 이전을 둘러싼 '지역정치'」, 『사회와 역사』 126, 2020.

전우용, 「한국 근대의 화교문제」, 『한국사학보』 15, 2003.

_____, 「식민지 도시 이미지와 문화현상」, 『한일역사공동연구보고서』 5, 2005.

전홍우, 「일제강점기 강원지역 형평운동」, 『인문과학연구』 38, 2013.

정근식, 「식민지 위생경찰의 형성과 변화, 그리고 유산」, 『사회와 역사』 90, 2011.

정미량, 「1920년대 재일조선유학생의 자유주의적 문화운동론 연구」 74, 『사회와 역사』, 2007.

정병욱, 「식민지 조선의 반중국인 폭동과 도시 하층민」, 『역사와 담론』 73, 2015.

정수남, 「대중의 집합적 슬픔과 애도의 감정정치」, 『한국사회학회 심포지움 논문집』 11, 2017.

조계원, 「대한제국기 만민/관민공동회(1898년)를 둘러싼 국왕과 독립협회의 갈등: "동포", "민회" 개념을 중심으로」, 『담론』 19-2, 2016.

조미은, 『제59회 국사편찬위원회 한국사학술회의 자료집』, 2022.

_____, 「조선형평사 경제활동 연구」 12·13, 『상산사학』, 1995.

조형근, 「식민지 대중문화, 유행의 혼종과 혼종적 대중」, 『한국일본학회학술대회』, 2015.

조휘각, 「형평사의 민권운동 연구」, 『윤리연구』 34-1, 1995.

주동빈, 「1920년대 경성부 상수도 생활용수 계량제 시행과정과 식민지 '공공성'」, 『한국사연구』 173, 2016.

지수걸, 「일제하 공주지역 유지집단의 도청 이전 반대운동(1930. 11-1932. 10)」, 『역사와 현실』 20, 1996.

진명석, 「사건과 생성의 유물론」, 『현대사상』 4, 2009.

천정환, 「근대적 대중 지성의 형성과 사회주의: 초기 형평운동과 「낙동강」에 나타난 근대 주체」, 『상허학보』 22, 2008.

채관식, 「만주사변 전후 국내 민족주의 계열의 재만 조선인 국적 문제 제기와 민족인식의 논리」, 『한국근현대사연구』 69, 2014.

최병도, 「만보산 사건 직후 화교배척사건(華僑排斥事件)에 대한 일제의 대응」, 『한국사연구』 156, 2012.

최보민, 「1925년 예천사건에 나타난 반형평운동의 함의」, 『사림』 58, 2016.

최주한, 「이광수의 민족개조론 재고」, 『인문논총』 70, 2013.

최창근, 「1950년대 후반 '자유'의 해석을 둘러싼 갈등」, 『어문논집』 67, 2016.

한지원, 「1920년대 경무국 위생과 조사보고서를 통해 본 의료민속 연구」, 『역사민속학』42, 2013.

허　수,「새로운 식민지 연구의 현주소: '식민지 근대'와 '민중사'를 중심으로」,『역사문제연구』16, 2006.

_____,「1920-30년대 식민지 지식인의 '대중' 인식」,『역사와 현실』77, 2010.

허영란,「민중운동사 이후의 민중사: 민중사 연구의 현재와 새로운 모색」,『역사문제연구』15, 2005.

황병주,「1920년대 초반 소유 개념과 사유재산 담론」,『개념과 소통』27, 2021.

張龍經,「民衆の暴力と衡平の條件」, アジア民衆史研究會・歷史問題研究所 編,『日韓民衆史研究の最前線: 新しい民衆史を求めて』, 東京: 有志舍, 2015.

단행본

가브리엘 타르드, 이상률 옮김,『여론과 군중: SNS는 군중의 세계인가 공중의 세계인가?』, 지도리, 2012(가브리엘 타르드, 이상률 옮김,『여론과 군중: SNS는 군중의 세계인가 공중의 세계인가?』, 이책, 2015).

_____, 이상률 옮김,『모방의 법칙: 사회학적 연구』, 문예출판사, 2012.

_____, 이상률 옮김,『사회법칙: 모방과 발명의 사회학』, 아카넷, 2013.

귀스타프 르 봉, 이상돈 옮김,『군중심리』, 간디서원, 2005(귀스타프 르 봉, 강주헌 옮김,『군중심리』, 현대지성, 2021).

고숙화,『형평운동』, 독립기념관 한국독립운동사연구소, 2008

군터 게바우어, 염정용 옮김,『새로운 대중의 탄생: 흩어진 개인은 어떻게 대중이라는 권력이 되었는가』, 21세기북스, 2020.

김경일·윤휘탁·이동진·임성모,『동아시아의 민족 이산과 도시: 20세기 전반 만주의 조선인』, 역사비평사, 2004.

윤치호, 김상태 편역,『윤치호 일기(1916~1943)』, 역사비평사, 2001(윤치호, 김상태 편역,『물 수 없다면 짖지도 마라: 윤치호 일기로 보는 식민지 시기 역사』, 산처럼, 2013).

김중섭,『형평운동: 진주 문화를 찾아서 3』, 지식산업사, 2001.

김학노,『정치: 아와 비아의 헤게모니 투쟁』, 박영사, 2023.

나리타 류이치, 이규수 옮김,『다이쇼 데모크라시』, 어문학사, 2012.

니콜로 마키아벨리, 강정인·김경희 옮김,『군주론』, 까치, 2015.

노명식,『자유주의의 역사』, 책과 함께, 2015.

도노무라 마사루, 신유원·김인덕 옮김, 『재일조선인 사회의 역사학적 연구』, 논형, 2010.

라나지트 구하, 김택권 옮김, 『서발턴과 봉기』, 박종철출판사, 2008.

루이 알튀세르, 서관모·백승욱 옮김, 『철학과 맑스주의: 우발성의 유물론을 위하여』, 새길, 1996(루이 알튀세르, 서관모·백승욱 옮김, 『철학과 맑스주의: 우발성의 유물론을 위하여』, 중원문화, 2023).

로절린드 C. 모리스 외, 태혜숙 옮김, 『서발턴은 말할 수 있는가』, 그린비, 2013.

릴라 간디, 이상길 옮김, 『포스트식민주의란 무엇인가』, 현실문화연구, 2000.

르네 지라르, 김진석 옮김, 『희생양』, 민음사. 1998(르네 지라르, 김진석 옮김, 『희생양』, 민음사, 2007).

빌헬름 라이히, 황선길 옮김, 『파시즘의 대중 심리』, 그린비, 2019.

삐에르 끌라스트르, 변지현·이종영 옮김, 『폭력의 고고학: 정치 인류학 연구』, 울력, 2002(삐에르 끌라스트르, 변지현·이종영 옮김, 『폭력의 고고학』, 울력, 2021).

샹탈무페, 이보경 옮김, 『정치적인 것의 귀환』, 후마니타스, 2007.

_____, 이승원 옮김, 『좌파 포퓰리즘을 위하여』, 문학세계사, 2019.

베네딕투스 데 스피노자, 강영계 옮김, 『에티카』, 서광사, 1990.

엘리아스 카네티, 강두식·박병덕 옮김, 『군중과 권력』, 바다출판사, 2002(엘리아스 카네티, 강두식·박병덕 옮김, 『군중과 권력』, 바다출판사, 2010).

월터 J. 옹, 이기구·임명진 옮김, 『구술문화와 문자문화』, 문예출판사, 1995(월터 J. 옹, 임명진 옮김, 『구술문화와 문자문화』, 문예출판사, 2018).

이나미, 『한국 자유주의의 기원』, 책세상, 2003(이나미, 『한국 자유주의의 기원』, 책세상, 2021).

잔프랑코 풋지, 박상섭 옮김, 『근대국가의 발전』, 민음사, 1995.

제프리 T. 슈나프·매슈 튜스 편, 양진비 옮김, 『대중들』, 그린비, 2015.

조르주 르페브르, 최갑수 옮김, 『1789년의 대공포』, 까치, 2002.

질 들뢰즈·펠릭스 가타리, 김재인 옮김, 『천 개의 고원』, 새물결, 2001.

질 들뢰즈, 신범순·조영복 옮김, 『니체, 철학의 주사위』, 인간사랑, 1994.

_____, 박기순 옮김, 『스피노자의 철학』, 민음사, 1999(질 들뢰즈, 박기순 옮김, 『스피노자의 철학』, 민음사, 2001).

천정환, 『숭배 애도 적대: 자살과 한국의 죽음정치에 대한 7편의 하드보일드 에세

이』, 서해문집, 2021.

토마스 홉스, 최공웅·최진원 옮김, 『리바이어던』, 동서문화사, 2009(토마스 홉스, 최공웅·최진원 옮김, 『리바이어던』, 동서문화사, 2016).

한나 아렌트, 김정한 옮김, 『폭력의 세기』, 이후, 1999.

한스 J. 모겐소, 김태현 옮김, 『과학적 인간과 권력정치』, 나남, 2010.

카를 슈미트, 김효전·정태호 옮김, 『정치적인 것의 개념』, 살림, 2016.

칼 슈미트, 김항 옮김, 『정치신학: 주권론에 관한 네 개의 장』, 그린비, 2010.

橋川文三, 松本三之介, 『近代日本政治思想史』, 東京: 有斐閣, 1970.

藤野裕子, 『都市と暴動の民衆史: 東京·1905−1923年』, 東京: 有志舍, 2015.

식민지의 소란, 대중의 반란

여섯 개의 테마로 본 역사 속 대중 정치의 동학

지은이 기유정
펴낸이 윤양미

펴낸곳 도서출판 산처럼
등 록 2002년 1월 10일 제1-2979
주 소 서울시 종로구 사직로8길 34 경희궁의 아침 3단지 오피스텔 412호
전 화 02) 725-7414
팩 스 02) 725-7404
E-mail sanbooks@hanmail.net
홈페이지 www.sanbooks.com

제1판 제1쇄 2024년 8월 30일

값 24,000원

* 잘못된 책은 바꾸어드립니다.

ISBN 979-11-91400-17-5 93910